· 鼎新校本课程丛书 ·

感恩之心，
人类心田中最美的种子

# 感恩励志
## 100分

CHARACTER NEEDS NOT ONLY JOY
BUT TRIAL AND DIFFICULTY

主　编◦王居春　黄锡山

副主编◦郭从年　丁运涛

编写者◦邵颖华　李小艳　郭　璐

　　　　毕思庆　李佰院　朱瑞华

　　　　郭仁忠　李茂东　葛宏江

　　　　田国瑞

中国发展出版社

**图书在版编目（CIP）数据**

感恩励志100分 / 王居春，黄锡山主编.—北京：中国发展出版社，2012.2
（鼎新校本课程丛书）

ISBN 978 - 7 - 80234 - 751 - 9

Ⅰ.感…　Ⅱ.① 王…② 黄…　Ⅲ.① 品德教育—青年读物 ② 品德教育—
少年读物　Ⅳ.D432.62

中国版本图书馆CIP数据核字（2012）第001642号

书　　　名：感恩励志100分
主　　　编：王居春　黄锡山
出 版 发 行：中国发展出版社
　　　　　　（北京市西城区百万庄大街16号8层　100037）
标 准 书 号：ISBN 978 - 7 - 80234 - 751 - 9
经 销 者：各地新华书店
印 刷 者：北京广益印刷有限公司
开　　　本：787 × 1092mm　1/16
印　　　张：13
字　　　数：269千字
版　　　次：2012年2月第1版
印　　　次：2012年2月第1次印刷
定　　　价：25.00元

咨 询 电 话：（010）68990535　68990692
购 书 热 线：（010）68990682　68990686
电 子 邮 件：kidslion@sina.com
网　　　址：http://www.develpress.com.cn

# 序 | 校本课程：让教育更加多姿多彩

一所普通中学要办成区域名校，除具有较高的教育教学质量之外，关键在于走差异化的特色发展之路。特色发展的路径有很多，而构建具有现代教育理念、适合学生特点并可被广泛使用的校本课程，无疑是较近的一条。

**校本课程开发，是国家教育改革的有机组成部分**

第一，开发独具特色的校本课程，符合国家教育规划的宏观走向。《国家中长期教育改革和发展规划纲要（2010－2020年）》"义务教育"部分第八条指出："注重品行培养，激发学习兴趣，培育健康体魄，养成良好习惯。""高中教育"部分第十二条指出："创造条件开设丰富多彩的选修课，为学生提供更多选择，促进学生全面而有个性的发展。""建立学生发展指导制度，加强对学生的理想、心理、学业等多方面指导。"

第二，开发独具特色的校本课程，是新一轮基础教育课程改革的基本要求。《基础教育课程改革实施纲要》明确指出：为保障和促进课程对不同地区、学校、学生的要求，实行国家、地方和学校三级课程管理。所谓学校课程即校本课程，也就是学校在落实国家和地方课程的前提下，为发展学生个性和体现学校办学特色，在对本校学生发展需要进行科学评估的基础上，充分利用本地区和学校的课程资源，自主规划、设计、实施和评价的课程。这对增强学校课程体系的自主性、均衡性和实效性，促进学生的个性发展、和谐发展，提高教师的专业化水平、打造学校办学特色，都有着至关重要的指导作用和现实意义。

第三，开发独具特色的校本课程，符合我省规划纲要的政策指向。《江苏省中长期教育改革和发展规划纲要（2010－2020年）》指出："坚持德育为先、能力为重、全面发展。切实把德育融入各级各类教育，融入学校、家庭和社会教育的各个方面。……大力开展理想信念教育，用中国特色社会主义理论体系和社会主义核心价值体系引导学生树立正确的世界观、人生观和价值观。……加强道德教育，强化道德修养，培养良好品质。加强公民意识、文明礼貌、可持续发展和民族团结教育，重视劳动教育、安全教育、生命教育、国防教育，培养社会主义合格公民。""加强美育，丰富艺术教育内容和形式，推进高雅艺术进校园。"在二十六条"构建具有江苏特色的课程体系"中指出：中小学要按规定开设科学、艺术和实践活动课程，重视校本课程开发，推进初中综合课程和高中选修课程建设，并保证地方课程与校本课程的自主选择空间。

**校本课程开发，是学校特色发展的前瞻性策略**

第一，从现阶段基础教育发展的问题来看：我们的学校整体而言，都在用主要的精力抓教学质量和考试成绩，这当然无可厚非，但我们必须看到，仅有考试成绩，教育是走不远的，学校是走不远的，学生也是缺乏可持续发展能力的。在抓考试成绩的同时，我们要更加关注学生的心灵成长，应当让教育回归到人的本身。

第二，从学校自身的发展规律来看：构建具有现代教育理念、适合学生使用的校本课程，展现学校特色、优化教育内涵、构建学生精神家园的前瞻性策略，是学校特色化发展、内涵发展、提升品牌价值和核心竞争力的重要路径。

由专业机构策划并引领，开展跨区域、跨机制的校际合作，可以较快地产生开发成果、较快地投入使用，并在实践中检验其效果，再加以修改完善。基于上述认识，南京鼎新教育与江苏省射阳县第二中学（江苏省四星级高中）、江苏省丰县华山中学（江苏省三星级高中）、扬州市高邮赞化学校、连云港市赣榆华杰双语学校、射阳县第二初级中学等一批富有独特教育理念和教育追求的学校开展合作，共同策划、编写了这套"鼎新校本课程丛书"，即《心智成长100分》、《国学智慧100分》、《感恩励志100分》，并由中国发展出版社正式出版，目的就在于以此作为学校的校本课程教材，真正为莘莘学子提供一份精神成长的"心灵鸡汤"。这是我们多所教育机构合力对基础教育倾注人文关怀、着力打造中学生心灵成长读本的有益探索。

这套"鼎新校本课程丛书"的策划出版是一个复杂艰辛而又很愉快的历程。我和策划团队从2011年4月产生动议，经过策划、选择与培训开发班子、编写、反复修订，而今顺利付梓。其中的成就和满足难以言喻，也因为这套校本课程体现了我们对目前基础教育存在问题的认真反思，以及为解决问题而进行的实在行动。

作为这套校本课程丛书的策划牵头人，我要在此表达真诚的谢意：感谢合作学校江苏省射阳二中董事长王伟东先生、校长印众庆先生，江苏省丰县华山中学校长王居春先生、赣榆华杰双语学校校长柏萍女士、高邮赞化学校校长张育芳先生、射阳县第二初级中学校长吕书华女士等领导对我们工作的支持；感谢丛书编委会的同志们，在这套课程的设计、策划、文稿统筹与修改过程中付出的艰辛劳动；感谢中国发展出版社编辑为这套丛书的出版所付出的辛勤劳动。我们希望并期待合作学校做好这套校本课程在教学过程中的利用和再开发，做到有课程目标，有课时安排，有开放性作业，让学生真正从这套课程的学习中获益。

是为序。

马行提

2011年12月28日

于南京玄武湖畔

# 目　录

## 第 八 章　感恩老师

## 第 九 章　感恩朋友

# 第 十 章　感恩陌生人

第一章

学会感恩

## ▌导　语

感恩，看似老生常谈，但真正体会其内涵，颇有深意。

感恩之心，人人应该有之。常怀感恩之心，是一个人的素质体现。所以，我国传统国学历来提倡感恩，佛教也大力推崇感恩。感恩就是"乐于把得到好处的感激呈现出来且回馈他人"，我们生活在这个世界上，实际上包括一草一木在内的所有一切都对我们有恩有情。

首先，感恩是一种认同。这种认同应该是从我们的心灵里迸发出来的一种认同。我们生活在大千世界里，大自然给予我们太多的恩赐。试想，如果没有空气、水、土地和阳光，我们谁也活不下去，这些地球人都知道。因此，我们对太阳感恩，那是对温暖的领悟；对蓝天感恩，那是对纯净的认可；对草原感恩，那是对"野火烧不尽，春风吹又生"的叹服；对大海感恩，那是对胸怀的畅想；对大地感恩，那是对泥土的热恋；对风雨感恩，那是对天籁之声的倾听；对山河感恩，那是对无限生命的赞美……

其次，感恩是一种回报。我们从母亲的腹中降临到人世，而后母亲又用乳汁将我们哺育长大。而更伟大的是，母亲从不希望得到什么，她对子女的爱是无私奉献，没有丝毫的索取。就像太阳每天都会照常升起，普照大地，把她无穷无尽的温暖给予我们，而从不会要求回报。

再次，感恩是一种钦佩。这种钦佩应该是从我们血管里喷涌出的一种由衷的钦佩。我们钦佩每一缕阳光、每一滴雨露，敬意无限；我们钦佩那些所有给予自己帮助的人和事物，铭记在心。无论你是何等的尊贵，或是怎样的卑微；无论你生活在何处，或是你有着怎样特别的生活经历，只要你胸中常怀感恩的心，随之而来的，就必然是温暖、自信、坚定、善良这些美好的处世品格。自然而然地，你的生活中便有了一处处动人的美丽风景。

感恩是每一位不忘他人恩情的人萦绕心间的情感。学会感恩，是为了擦亮蒙尘的心灵而不致麻木；学会感恩，是为了将无以为报的点滴付出永铭于心。譬如，感恩于为我们的成长付出毕生心血的双亲；感恩于教我们文化知识的老师；感恩于一个战壕战斗的同学们；感恩于生活中不可或缺的朋友；感恩于所有帮助、关心、爱护过我们的人……

感恩是一种生活态度，是生活中的大智慧。人生在世，各种矛盾无处不在。学会感恩，就可以消解内心的所有积怨，心底无私天地宽；学会感恩，就可以涤荡世间一切尘埃，坦坦荡荡度人生。

感恩是一种处世哲学，是一种品德。如果人与人之间缺乏感恩之心，必然会导致人际关系的冷淡。学会感恩，这对于现在的孩子来说尤其重要。现在的孩子大多是独生子女，娇生惯养，都是家庭的中心，他们心里只有自己，不知爱别人。所以，让他们学会感恩，就是在教给他们尊重、善良、关怀、友爱的生存之道，就是让他们学会对自己的人生负责，从而学会对别人的关爱。

作为独立的个体，我们都生活在一个多层次的社会大环境之中，首先从这个大环境里获得了一定的生存条件和发展机会。也就是说，社会这个大环境是有恩于我们每个人的。感恩，说明一个人对自己与这个社会大环境的关系有着正确的认识；报恩，则是在这种正确认识之下产生的一种责任感。试想，一个没有感恩和报恩的社会，它怎么能够正常发展下去？

在感恩的空气中，人们对许多事情都可以平心静气；在感恩的空气中，人们可以认真、务实地从每一件小事做起；在感恩的空气中，人们自发地真正做到严于律己宽以待人；在感恩的空气中，人们正视错误，互相帮助；在感恩的空气中，人们将不会再感到寂寞孤独……

人生道路，不知有多少艰难险阻。在危困时刻，有人向你伸出温暖的双手，帮你渡过艰险的难关；有人为你指点迷津，让你明确前进的方向；甚至有人用肩膀、身躯把你擎起来，助你攀上人生的高峰……你最终战胜了苦难，扬帆远航，驶向光明幸福的彼岸。那么，你能不心存感激吗？你能不思回报吗？感恩的关键在于回报意识。真正的回报源于内心中最真实的感激之情，是饮水者自然流露的思源之情。吃完饭，主动帮妈妈刷碗；下雨了，提前为父母准备好雨衣；教师节，给老师送去一句祝福……把他们对我们深深的爱一样地回报给他们，只要有心就能做得到。

我们正在行走的这条路，并非处处都是鲜花。面对多舛的命运，如果我们多一份感恩，也许会在妥协与绝望面前，多一分执著与尊严；多一分感恩，也许会在丑恶与欲望面前，多一分理智与清醒；多一分感恩，也许会在荣誉与责任面前，多一分坦诚与勇气；多一分感恩，也许会在弱小与痛苦面前，多一分良知与豁达。

同学们，让我们从现在起就学会感恩吧。感谢自然的日升日落、斗转星移；感谢亲友的无私关怀、点滴付出；感谢生活的酸甜苦辣、快乐悲伤。感谢为伟大祖国而英勇牺牲的革命者，感谢这没有硝烟、没有饥饿的国度，感谢这个世界所赋予我们的一切的一切！

学会感恩，方为君子；知恩图报，善莫大焉！

**美文悦读**

## 学会感恩 / 肖复兴

**导　读**

> 没有阳光，就没有日子的温暖；没有雨露，就没有五谷的丰登；没有水源，就没有生命；没有父母，就没有我们自己；没有亲情友情和爱情，世界就会是一片孤独和黑暗。这些都是浅显的道理，没有人会不懂，但是，我们常常缺少一种感恩的思想和心理。
>
> 在生活中，我们或多或少都得到过别人的帮助，接受过他人的恩惠。可我们是否用心记住了这些，并因此多了一分感恩之情呢？其实，如果我们能够怀着一颗感恩之心面对生活的话，即使处在最困厄的环境里，我们也能看到沙漠中的绿洲，从而怀着更美好的希望去面对未来。感恩之心也是一粒美好的种子，假如我们不仅懂得收藏，还懂得适时播种，那么就能给他人带来爱和希望。学会感恩，不仅仅意味着要拥有一种宽广的胸襟和高贵的德行，实际上，它更应是一种深刻的能愉悦自我的智慧。

西方有个感恩节。那一天，要吃火鸡、南瓜馅饼和红莓果酱。那一天，无论天南地北，再远的孩子，也要赶回家。

总有一种遗憾，我们国家的节日很多，唯独缺少一个感恩节。我们可以东施效颦吃火鸡、南瓜馅饼和红莓果酱，我们也可以千里万里赶回家，但那一切并不是为了感恩，团聚的热闹总是多于感恩。

没有阳光，就没有日子的温暖；没有雨露，就没有五谷的丰登；没有水源，就没有生命；没有父母，就没有我们自己；没有亲情友情和爱情，世界就会是一片孤独和黑暗。这些都是浅显的道理，没有人会不懂，但是，我们常常缺少一种感恩的思想和心理。

"谁言寸草心，报得三春晖""谁知盘中餐，粒粒皆辛苦"，我们小时候背诵的诗句，讲的就是要感恩。滴水之恩，涌泉相报；衔环结草，以报恩德，中国绵延多少年的古老成语，告诉我们的也是要感恩。但是，这样的古训并没有渗进我们的血液，有时候，我们常常忘记了，无论生活还是生命，都需要感恩。

蜜蜂从花丛中采完蜜，还知道嗡嗡地唱着道谢；树叶被清风吹得凉爽，还知道飒飒地响着道谢。但是，我们还不如蜜蜂和树叶，有时候，我们往往容易忘记了需要感恩。

没错，感恩的敌人，是忘恩负义。但是，真正忘恩负义的人毕竟是少数，大多数的人们常常对别人给予自己的帮助和情谊、恩惠和德泽，以为是理所当然，便容易忽

胡永红 / 摄

略或忘记，有意无意地站在了感恩的对立面。难道不是吗？我们父母给予我们的爱，常常是细小琐碎却无微不至，不仅常常被我们觉得就应该是这样，而且还觉得他们人老话多，树老根多，嫌烦呢。而我们自己呢，哪怕是同学或是情人的生日，都不会错过他们的 PARTY，偏偏记不清父母的生日，就并不是什么奇怪的事情了。

懂得感恩的人，往往是有谦虚之德的人，是有敬畏之心的人。对待比自己弱小的人，知道要躬身弯腰，便是属于前者；感受上苍懂得要抬头仰视，便是属于后者。因此，哪怕是比自己再弱小的人给予自己的哪怕是一点一滴的帮助，这样的人也是不敢轻视、不能忘记的。跪拜在教堂里的那些人，仰望着从教堂彩色的玻璃窗中洒进的阳光，是怀着感恩之情的，纵使我并不相信上帝的存在，但我总是被那种神情所感动。

恨多于爱的人，一般容易缺乏感恩之情。心里被怨愁怨恨涨满的人，便容易像被雨水淹没的田园，很难再吸引进新的水分，便很难再长出感恩的花朵或禾苗。

不懂得忏悔的人，一般也容易缺乏感恩之情。道理很简单，这样的人，往往唯我独尊，一切都是他对，他从来都没有错，对于别人给予他的帮助，特别是指出他的错误弥补他闪失的帮助，他怎么会在意呢？不仅不会在意，而且还可能会觉得这样的帮助是多余是当面让他下不来台呢。这样的人，心如冰硬板结的水泥地板，水是打不湿的，便也就难以再松软得能够钻出惊蛰的小虫来，鸣叫出哪怕再微弱的感恩之声来。

财富过大并钻进钱眼里出不来，和权利过重并沉溺权利欲出不来的人，一般更容易缺乏感恩之情。因为这样的人会觉得他们是施恩于别人的主儿，别人怎么会对他们有恩且需要回报呢？这样的人，大腹便便，习惯于昂着头走路，已经很难再弯下腰、蹲下身来，更难于鞠躬或磕头感恩于人了。

虽说大恩不言谢，但是，感恩一定不要仅发于心而止于口，对你需要感谢的人，一定要把感恩之意说出来，把感恩之情表达出来。美国曾经有这样一则传说，一个村子里，一家人围坐在餐桌前吃饭，母亲端上来的却是一盆稻草。全家都很奇怪，不知道这究竟是怎么一回事，母亲说："我给你们做了一辈子的饭，你们从来没有说过一句感谢的话，称赞一下饭菜好吃，这和吃稻草有什么区别！"连世上最不求回报的母亲都渴望听到哪怕一点感谢的回声，那么我们对待别人给予的帮助和恩情，就更需要把感恩的话说出来。那不仅是为了表示感谢，更是一种内心的交流，在这样的交流中，我们会感到世界因这样的息息相通而变得格外美好。

我在报上看到这样一则消息：湖南两姊妹在小时候一次落水，被一个好心人救起，那人没有留下姓名就走了。两姊妹和他们的父母觉得，生命是人家救的，却连一声感谢的话都没有对人家说，发誓一定要找到这个恩人。他们整整找了 20 年，两姊妹的父亲去世了，她们和母亲接着千方百计地寻找，终于找到了这位恩人，为的就是感恩。两姊妹跪拜在地上向恩人感恩的时候，她们两人和那位恩人以及过路的人们都禁不住落下了眼泪。这事让我很难忘怀，两姊妹漫长 20 年的行动告诉我，到什么时候都不要忘记对有恩于你的人表示感恩。而感恩的那一瞬间，世界变得是那么的温馨美好。

我永远也不会忘记几年前的一件事情。那天，我在崇文门地铁站等候地铁，一个也就四五岁的小男孩，从站台的另一边跑过来。因为是冬天，羽绒服把小男孩撑得圆嘟嘟的，像个小皮球滚动了过来。他问我到雍和宫坐地铁哪边近，我告诉他就在他的那边。他高兴地又跑了回去，我看见那边他的妈妈在等着他。等了半天，地铁也没有来，我走了，准备上去打个"的"。我已经快走到楼梯最上面的出口处了，听见小男孩在后面"叔叔，叔叔"地叫我。我不知道他要干什么，便站在那里等他，看着他一脑门子热汗珠儿地跑到我的面前，我问他有事吗，他气喘吁吁地说："我刚才忘了跟您说声'谢谢'了。妈妈问我说'谢谢'了吗，我说忘了，妈妈让我追你。"我永远不会忘记那个孩子和那位母亲，他们让我永远不要忘记学会感恩，对世界上不管什么人给予自己的哪怕是微不足道的帮助和关怀，也不要忘记了感恩。

（选自中央电视台《子午书简》栏目，2005 年 10 月 22 日）

## 安东尼·罗宾的故事／职 勇

**导 读**

人就好像一个容器，当这个容器被注满水时，它就会流淌！你也许会说，是啊，可惜我这个容器一直也没有人来注入一点水。没错，罗宾有幸在童年时亲身感受到了那种神奇的力量，他由此具有完备的人格。我们可能没有遇到过那个"敲门的高大男子"，但读过这篇文章，我们会发现，世上有太多太多的人，他们付出的都要比"敲门的男子"多得多，你感受到了吗？

感恩有时就像一场永不间断的接力赛，接棒的人是幸福的，递棒的人更是乐在其中，一种行为，多人受益！如果你想成为一个心里充满快乐的人，那么，你就不要只是等在原地，而要有所行动，去做下一个递棒的人吧！

一天清晨，在一个平凡得不能再平凡的家庭里，阳光如利箭般穿透了薄薄的窗纱，射到了墙上，小男孩早早地醒了，但他没作声，他不愿惊醒疲倦的父母，他们还在沉沉地酣睡。

其实，他的父母早已醒了，只不过他们不愿面对儿子那失望的眼睛，因为今天是11月最后一个星期四——感恩节，但是，他们没有能力准备任何节日的礼品与膳食。

丈夫躺在那里想：若是放下脸皮，去和当地慈善团体联系一下，或许就能分到一只火鸡过节了。但他做不到这一点。唉，怎么办呢？

几个小时过去了，他们还是硬着头皮起床了。丈夫没有好心情，妻子当然也是唉声叹气的。这一切小男孩看在眼里，心里十分难过，可他又有什么办法呢？穷人的日子就是这样难挨。母亲终于忍无可忍了，和父亲吵起来："你怎么就不能像别人那样去慈善机构走一趟呢？你不去也行，但你少在我面前耍威风。"丈夫没话说了，是啊，虽然生活很困难，但他觉得去行乞更可怜，他不想被人看不起。

这时，突然一阵有节奏的敲门声响起来。会是谁呢？大家都在猜着，该不会是乞丐吧，我们实在太穷了，根本没有什么能给他呀！男孩跑到门边打开门。门外站着一个高大的男子，他满脸笑容，手里提着齐全的节日膳食，火鸡、罐头应有尽有，全都是过节的必需品。一家人看着他，都愣住了。那人说："这些东西，是一位知道你们有需要的人要我送来的，他希望你们知道，在这个世界上，还有人在关怀并深爱着你们。"

丈夫极力推辞这份厚礼，来人却说："不要推辞了，我只不过是个跑腿的而已。"他面带微笑，把篮子挎在了小男孩的臂弯里，轻轻地说："祝你们感恩节快乐！"之后他就转身离去了，这时，在小男孩的心里，油然升起了一种无可名状的神奇感受，这件发生在童年时的"小事"竟然影响了他的一生，并使他成为一个乐于帮助他人的人。

这件感恩节的小事让他领悟到人性最可贵的一面，使他觉得人生始终都存在着希望，他发誓日后也要以同样的方式尽力去帮助其他有需要的人。

时光飞逝，转眼他18岁了。他的收入仍然很微薄，但他还是坚持在感恩节那一天买很多食物，但不是为自己过节，而是要兑现孩童时的承诺与心愿。

"咚、咚、咚"，同样有节奏的敲门声再次响起，扮成送货员的他出现在了一户人家的门口。开门的是一位西班牙籍的妇女，她家里有六个孩子，然而无情的丈夫抛弃了她。眼下，她和孩子们正在遭受着断炊之苦。此刻她带着充满戒备的眼神望着他。

男孩说："不要害怕，我是来送货的，女士。"之后他拿出了丰盛的节日大餐和佐料，女人惊呆了，立在那里，她身后的孩子们则顿时爆发出欢快的叫喊声……

女人激动得热泪盈眶，她吻着年轻人的手臂，用蹩脚的英语感动地说："哦，你一定是上帝派来的……"年轻人腼腆地说："噢，不，我只是个送货的，是一位朋友要我送来这些东西的。"

随后他递给女人一张小纸条，上边这样写道："我是你的朋友，希望你们一家人都能过个快乐的感恩节。也希望你们知道，有人在默默地爱着你们。今后你们若是有能力，就请同样将这样的礼物转送给其他需要的人。"

当年轻人把食物搬到屋子里时，他的心情格外愉快。当他走在回家的途中时，那种人与人之间的真情和亲密无间的感受，令他也不禁热泪盈眶……

回想自己年少时的种种悲惨经历，没想到它们竟成了导引自己走向坦途的前奏，指引他用一生的时间去帮助别人。童年时的那个送货人是如此深刻地改变了他的世界观和人生观。他觉得，传播爱的人才是最幸福的人。

几年后，这个年轻人几经风雨，成为美国总统的特别顾问，他就是全球著名的心理励志专家、成功学权威——安东尼·罗宾。

（选自《感恩的心》，中国纺织出版社2007年版）

### 安东尼·罗宾经典语录

1. 以前我们总是认为自己很聪明，但是学习了没有很好地去执行，反被聪明误。

2. 主动起来，马上就不一样，能量马上就不同。

3. 没有恐惧，你就动力无穷。

4. 改变感觉的方式，改变做事情的方式，就可以改变世界。

5. 很多人达不成目标就找借口和理由。这所有的借口和理由就是一句话：没有资源。其实资源从来都不是问题，只要你有智慧去整合这些资源。

6. 就算你是一穷二白，只要你有足够的创造性，只要你有足够强大的情绪肌肉，金钱也会源源而来。情绪肌肉和身体肌肉都是需要锻炼和训练的。

7. 人处在很糟糕的情况下会忘记很多东西，也会作出很多错误的判断。人处在颠峰状态下结果就完全不一样了。

8. 每个人要快乐成功，有三件事情非常重要：①每个人都要把自己当作领袖看待；②要正面看待周围的事物；③把愿景变为现实。要实现愿景，必须先改变自己的状态。

9. 看世界要看到真实的世界，千万不要向自己撒谎。你对自己都撒谎，那么你不可能改变人生。很多人要夸大事实因为他们害怕失败。

10. 真正的财富和成功就是快乐，但是在这个世界上，人们对于小成绩和小成功都熟视无睹。小的时候有快乐可以跳起来，现在有快乐却要隐藏以来，说什么乐极生悲。达成目标是一定要庆祝的，不论大小。小成功小庆祝，大成功大庆祝。快乐是不需要理由的。但是有很多人是不需要理由情绪就糟糕的。训练自己快乐的情绪肌肉，你就会永远快乐。

11. 任何谈论都是没有用的，只有去做才有用。

12. 现在的生存状态是过去十年所作的决定。作了好的决定才有好的结果。

13. 人通常所作的三项决定。①决定聚焦在什么点上。聚焦点不同产生的情绪也不同。最成功的人聚焦在现在和未来上，成功者是失败过很多次的人，但是他们从来不把聚焦点放在过去。恐惧时，人们常常作出错误的决定。②看清楚事情的真相，看这个机会是什么，可否控制。聚焦在正确的事情上，看到这件事情的真实含义，那么你一定会成功。③准备采取什么行动。如果我改变我的状态，我就可以改变我的结果。

14. 成功的四个步骤：潜能、行动、结果、信念。假如带着100%的信念去做一件事情你会发现什么结果？大量开发潜能，大量行动，就会得到你想要的结果。

15. 要想获得非凡的人生，有两件事情非常重要。①决定——改变状态，改变决定，改变人生；②信念就是生命的蓝图。电和辐射等这些看不见的东西在影响着世界，爱和信念也影响着这个世界。

16. 解除痛苦的三个方案。①不要抱怨他人——就算自己当年很悲惨，但是你抱怨于事无补。②不要抱怨自己。抱怨是与过去有关系的，但是一点也没有用。③改变自己对生活的设想，才可以真正解除痛苦。

## 感恩是一件幸福的事 / 雪小禅

**导 读**

"不懂得感恩的人不知道幸福的滋味。"这句话发人深省。不懂得感恩的人，只知道索取，而且永远不会得到满足。人家给予的再多，也填不满他的贪欲。这样的人始终生活在痛苦之中。

一个人没有一颗感恩的心，也就不知道从失败中吸取教训，不知道从苦难中品味成长的快乐，不知道父母、老师培育自己的艰辛，也就不能真正懂得理解他人，更不会主动地帮助别人。感恩之心，是我们每个人生活中不可或缺的阳光雨露，一刻也不能少。感恩之心是一种美好的感情，怀一颗感恩的心，"会看到生活细微处的美妙和动人，会听到风在空气里流动的音乐，会期盼着一个春天的约会，会拈花而笑"。有了它，我们就能知道幸福的滋味。

那日，去北京访一位大书画家，之前早就听说过他的名字，简直是如雷贯耳，他的一张画可以卖到几百万元。

去之前，朋友介绍他苦难的历史，说"文革"中差点死掉，但终于隐忍着活了下来。那时，他养菊花，妻子死了，儿女下放了，他每天对着菊花说话，于是，人就活了下来。我觉得这种人一定寡言，或者，喜欢独处。

但恰恰相反。

开了门，先看到他和蔼可亲的笑，然后说，早泡好铁观音等着呢。

屋里飘着兰花的清香，有很多猫和狗，他笑着说，全是他闺女和儿子，一点也不乖，天天围着他。那些书法和绘画作品上，有的还有猫爪子印。那可是几百万元的东西。他叫着它们的名字："东东，娇娇，爸爸有客人，去那边玩。"

我名字中有个"莲"字，他说："莲字好啊，出污泥而不染，来，我送你一个'莲'字。"他的字价值连城，我岂敢要？他却说，别嫌不好，算初次见面的礼物。

阳台上，有各式各样盛开的花，全是他种的，还有几只并不名贵的鸟，屋里，播放着张火丁的《春闺梦》。他说："下个月火丁①在长安上演《春闺梦》，喜欢吗？喜欢我就等你们一起看。"

问他怎么会有这样的心情，他只两个字回答我：感恩。

一切已经很好了，他说，"文革"中没有死，而且生活越来越好，活着是多么有意思的事情。

中午朋友请他去外面吃饭，他说不去，转过头问我："姑娘，会做手擀面吗？"

"当然会。"我说。

"那好，咱吃面条！"

你相信吗？在老书画家的家里，我亲自操刀上阵，一个小时之后吃上了热乎乎的面条！

外面春光正好，屋里鸟语花香，猫和狗在周围来回溜达着，老人时不时哼一段京剧。那是一个多么美妙的下午，我好像听到了禅意，看到了芬芳。

想想自己，每天忙些什么，名？利？房子？车子？永远在嫌钱挣得太少，永远在抱怨生活给予得不够慷慨，永远在说别人亏欠自己。

老人告诉我，不懂得感恩的人不知道幸福的滋味。

是啊，我的痛苦总比幸福要来得快来得多。钱赚得不够多，官升得不够快，老公不够浪漫，房子住得太小了，车子应该换了，同学有的当上了处长，朋友有的赚了千万元……我总是拿别人的长处和自己的短处比。其实，和自己比呢？十年前我没有爱情，现在我有了；十年前我住单位宿舍，现在我住 120 平方米的宅子；我虽然没有宝马良驹，可有一辆还能开的富康；我虽然没有当多大官，可在单位中人缘挺好……原来我这么幸福！

想起一个朋友，曾经是临时工，有一个机会突然转成了公务员，高兴得不行，天天和我说这事。最后我都听烦了，但是他说："我觉得好日子总是没完没了地重复！"

看看人家，一直觉得好日子没完没了，我却总觉得生活欠了我！不懂得感恩的人怎么会懂得幸福？老人说得多对啊。怀一颗感恩的心，会看到生活细微处的美妙和动人，会听到风在空气里流动的音乐，会等待着春天到来，会期盼着一个约会，会在刹那间轻轻笑了。因为，他懂得，生活原本十分美妙，而感恩，是一件幸福的事情。

（选自《小品文选刊》，2007 年第 15 期）

[注]①张火丁，女，京剧青衣演员，京剧著名程派艺术家赵荣琛的弟子。1971 年 1 月生于吉林白城，汉族。张火丁原国家京剧院演员，曾成立张火丁京剧艺术工作室。现为中国戏曲学院教授。国家一级演员，文化部青联委员，中国京剧程派艺术研究会理事。

## 宝贝对不起 / 佚 名

**导 读**

在任何一个母亲心里都有她最珍贵的宝贝，那就是她的孩子。为了孩子的健康成长，母亲愿意去做任何事情。哪怕是让她最终放弃对孩子的监护权，但只要对自己的孩子没有伤害，对他的成长大有裨益，她也愿意放手。这是怎样的胸怀啊！母爱是这个世界上最博大也最无私的一种情感，有时会超出常人的想象。母亲从来不需要子女的回报，但是作为子女的，不能因此而心安理得。在母爱面前，尽管我们的感恩显得那么的微弱，那么的渺小，但是我们也不能忘记母亲的恩情。

有一种爱，叫寻找；还有一种爱，叫放手。

一个母亲很多年前把年幼的儿子丢了。18 年后终于相遇时，母亲激动地上前拥抱儿子，儿子也抬起了手，但是准备拥抱母亲的手臂举到半空却无力地落了下来，他不能想象这样的女人竟是自己的生母，她看上去是那么苍老沧桑，就像是奶奶一样。

女人怎会不苍老？自从孩子丢失，她就放下生活中的一切，根据路人提供的蛛丝马迹，寻找人贩子的去向。寻找的过程中，她又丢失了两样最珍贵的东西——健康和丈夫。她哭坏了自己的眼睛。丈夫受不了，亦离她而去。

但母爱真能创造奇迹，女人终于找到了拐卖她儿子的人贩子，报案后人贩子被警方抓获，却拒绝交代孩子的去向。

她只好动用各种手段继续寻找儿子，包括网络。无果。直到时光又过去了10年，她才接到警方电话，儿子找到了。

儿子离开妈妈时6岁，掐指算来，儿子已经长大成人。

幼小的儿子也曾痛苦挣扎过，现在终于融入养父母家宁静富裕的生活。而眼前女人的形象，与他记忆中的母亲相距太远，母子相见一个小时，整个过程，儿子没有叫一声妈妈。母亲提出想找来丈夫与儿子三口拍张全家福，儿子没答应。

更让母亲接受不了的是，自己找儿子几乎搭上了一生，可是母子相见后，儿子却选择了沉默与疏离，手机关机，QQ号码删除，整整消失了一个月。

全媒体时代，任何事情只要进入公众视线，都会被无限放大。母亲苦寻儿子、儿子"离奇失踪"的事件恼怒了大众，网上对"不孝子"的谴责声一片。

母亲深深后悔，不是后悔自己寻找所作的一切牺牲，而是后悔给原本平静的儿子造成的困扰。

在媒体撮合下母子又见了一面。但从此之后，母亲切断了与世界的联系，消失在茫茫人海中。

她的全部努力，只是为了道一句：宝贝对不起。

丢失了你，对不起！找到了你，更加对不起！

（选自《青年文摘·彩版》，2011年第1期）

## ▎延伸阅读

## 荒漠里的泪滴 / 江南雨

这是一个真实的故事。故事发生在青海省，一个极度缺水的沙漠地区。这里每人每天的用水量严格地限定为三斤，这还得靠驻军从很远的地方运来。日常的饮用、洗漱、洗菜、洗衣，包括喂牲口，全都依赖这三斤珍贵的水。

人缺水不行，牲畜也一样。渴啊！终于有一天，一头一直被人们认为憨厚、忠实的老牛渴极了，挣脱了缰绳，强行闯入沙漠里唯一的也是运水车必经的公路。终于，运水的军车来了，老牛以不可思议的识别力，迅速地冲上公路，军车一个紧急刹车戛然而止。老牛沉默地立在车前，任凭驾驶员呵斥驱赶，不肯挪动半步。五分钟过去了，双方仍然僵持着。运水的战士以前也碰到过牲口拦路索水的情形，但它们都不像这头牛这般倔犟。人和牛就这样耗着，最后造成了堵车，后面的司机开始骂骂咧咧，性急的甚至试图点火驱赶，可老牛不为所动。

最后，牛的主人寻来了，恼羞成怒的主人扬起的长鞭狠狠地抽打在瘦骨嶙峋的牛背上。牛被打得皮开肉绽，哀哀叫唤，但还是不肯让开。鲜血沁了出来，染红了鞭子，老牛的凄厉哞叫和着沙漠中阴冷的酷风，显得分外悲壮。一旁的运水战士哭了，骂骂咧咧的司机也哭了，最后，运水的战士说："就让我违反一次规定吧，我愿意接受处分。"他从水库中取出半盆水——三斤左右，放在牛面前。

出人意料的是，老牛没有喝以死抗争得来的水，而是对着夕阳，仰天长哞，似乎在呼唤什么，不远的沙滩背后跑来一头小牛，受伤的老牛慈爱地看着小牛贪婪地喝完水，伸出舌头舔舔小牛的眼睛，小牛也舔舔老牛的眼睛，静默中，人们看到了母子眼中的泪水。没等主人吆喝，在一片寂静无语中，它们掉转头，慢慢地往回走。

20世纪的一个晚上，当我从电视里看到这让人揪心的一幕时，我想起了幼时家里的贫穷困窘，想起了我那至今在乡下劳作的苦难的母亲。我和电视机前的许多观众一样，流下了滚滚热泪。

（选自《少年心世界》，2009年第5期）

## 天使穿了我的衣裳／朱成玉

那个春天，妹妹看到所有的枝头都开满了同样的花朵：微笑。

大院里的人们热情地和妹妹打着招呼，问妹妹有没有好听的故事，有没有好听的歌谣，妹妹回报给人们灿烂的笑脸，忘却了自己瘸着的腿，感觉到自己快乐的心，仿佛要飞起来。

妹妹感觉自己好像刚刚降临到这个世界，一切都那么新鲜。流动着的空气，慢慢飘散的白云，耀眼的阳光，和善的脸庞。

妹妹知道，这个阳光明媚的美丽世界，都是姐姐变戏法一样给予的。

妹妹和姐姐是孪生姐妹，长得一模一样，唯一不同的地方，妹妹是个瘸子。于是，妹妹怨恨上帝的不公平，怨恨一切……碗、杯子、花盆，所有她能接触到的东西都会是她的出气筒，她的世界越来越窄小，小得容不下任何一双关爱的眼神。

由于天生的残疾，走起路来不得不很夸张地一瘸一拐。如果这张脸不美也就罢了，上帝却偏偏给了妹妹一张令人惊艳的美丽容颜。这两根丑陋的枝条怎么也无法配得上那朵娇艳的花朵，妹妹总是这样评价她的双腿和她的脸，少女敏感的心让妹妹很少走出屋子，更不敢来到大院，每天躲在家里。

妹妹就像一个怕见人的孩子，惊恐地张望着外面的世界。

她给自己留了一扇窗子，可以看到外面的事物。看到健康的人，看到那些笔直的腿，看到那些漂亮的衣服，看到那些蹦蹦跳跳的快乐的身影，都让她的悲伤更加浓烈，无法自拔。

生日的时候，仅仅比她大几分钟的姐姐送给她一件礼物——一个会跳舞的洋娃娃。她当时就把它扔到了一边，她歇斯底里地喊："明知道我是个瘸子，还送给我这个能跳舞的东西，你是不是故意刺激我啊！"

那一刻，眼泪在姐姐的眼眶里打圈，可姐姐却仍在不停地安慰妹妹。其实妹妹的心里也明白，姐姐很无辜。

因为那双瘸腿，妹妹死活不肯去学校上学，父母只好节衣缩食，为她请了家教。学习的内容和学校里的课程同步。由于她的刻苦，学习成绩一直很好，每次和姐姐做相同的试卷，她都会比姐姐高出几分。每次考完，父母都会夸奖她一番，相反会责怪姐姐在学校里还好好不用功，总是贪玩。这让妹妹的心里很平衡，下决心要好好学习，一定要用广博的知识来弥补自己身体的缺陷。

那个夏天，妈妈为妹妹买了一件漂亮的粉色套裙。她偷偷地穿上，感觉自己像一只翩翩欲飞的蝴蝶，只是不敢走动，生怕自己的丑陋显露无遗。妹妹喜欢这件粉色套裙，爱极了那种灿烂的颜色，只是，她依旧悲伤，对着镜子，悲伤地望着那只一动不动的蝴蝶，哀叹自己是断了翅膀的蝴蝶。

由于身子虚弱，每天中午妹妹都必须补上一觉。可是最近，她总觉得睡不踏实，总有一种似梦非梦、恍恍惚惚的感觉。

那天中午，她在恍惚中听到有人蹑手蹑脚地走进来，朦胧中她看到姐姐，偷偷拿走了她的粉色套裙。她很生气，但又觉得好奇，想知道姐姐到底要做什么，便假装发出鼾声。

透过窗子，她看到了姐姐穿起她的粉色套裙来到了大院。她尽力压制着心中的怒火，想看看姐姐到底在耍什么把戏。她看到姐姐热情地和每个人打着招呼，让她惊讶的是，姐姐竟然学着她一瘸一拐的样子走路，简直惟妙惟肖，妹妹感觉到那个走在大院里人就是自己。而她心里清清楚楚，她是没有勇气走到大院去的。

　　一连很多天，姐姐都会在中午趁她午睡的时候，来偷穿她的衣服。

　　有好几次，妹妹想揭穿姐姐，但最后都强忍下去了。人都是爱美的，姐姐也不例外，况且姐姐的舞跳得那么好，应该有件好衣服来配她的；只是她不理解的是，为什么姐姐不好好走路，偏偏要学她的样子一瘸一拐的呢？

　　每天中午，妹妹都会透过窗子，看着姐姐一边帮奶奶们擦玻璃一边唱着动听的歌谣，一边帮阿姨们洗菜一边讲着她听来的笑话，逗得人们哈哈大笑。妹妹不得不承认，姐姐才是真正的蝴蝶啊，姐姐让这个沉寂的大院春意盎然。

　　但是对这一切，妹妹在家人面前依然装作什么都不知道。

　　忽然有一天，姐姐对妹妹说要带她到大院去走走。其实妹妹的心是一直渴望走出去的，整天闷在家里，真让人透不过气来。可妹妹犹豫不决，姐姐却很执拗，帮妹妹穿上了那件粉色的套裙，硬是架着妹妹走出了房门。

　　就在走出门口的那一瞬间，妹妹的眼前一亮：噢，多么美好的春天啊！

　　妹妹深深地呼吸着新鲜的空气，满眼都是绚烂的颜色。人们对妹妹微笑，把好吃的、好玩的都争着抢着给她，妹妹却不明白为什么人们对自己那么好，没有一点排斥和嘲

弄，没有一点让人难堪的同情和怜悯，有的只是微笑，让人心旷神怡的微笑。

人们都说，有一个穿着粉色套裙、扎着两个小辫的活泼快乐的残疾小姑娘，给他们带来了很多欢乐，她是这里的天使。

尽管她走起路来一瘸一拐的，左右摇晃，姿态滑稽而夸张，但所有的人都认为那是天使的舞蹈。

后来她知道了，姐姐学她的样子，是为了让人们能够接受她，姐姐只想让她走出那个晦暗发霉的屋子。所有人都把姐姐当成了她。

后来妹妹知道了，那件粉色套裙是父母给姐姐买的，准备让姐姐穿着去省里参加舞蹈大赛。可是姐姐说，让妹妹穿吧，到时候管妹妹借就行了。

后来妹妹还知道了，每一次她们同时做试卷的时候，姐姐总是故意做错几道题，总是让自己的分数比姐姐高，姐姐说那样妹妹会高兴。

那一天，妹妹噙着泪，把这句话写到了自己的日记里："人们只当那个天使是我，其实不是，天使只是穿了我的衣服。""感谢上帝，赐一个天使来做我的姐姐。是姐姐让我觉得自己是那么幸福，是姐姐给了我拥抱阳光的勇气。"

（选自《天使知道我爱你》，湖南少年儿童出版社 2009 年版）

## 知识链接

### 安东尼·罗宾

安东尼·罗宾（Anthony Robbins）本来是一名贫穷潦倒的小伙子，26 岁时仍然住在仅有 10 平方米的单身公寓里，碗盘也只能在浴缸里洗，生活一团糟，人际关系恶劣，前途十分黯淡。

安东尼·罗宾在他的自传里说道，他当时并不希望这样的日子一直延续下去，他希望有一天能够改变。

终于有一天，他的一个朋友跑来告诉他，有一种课程非常有效，可以帮助他脱离困境，那是一个潜能大师的课程，当时收费要 1200 美金，对于总共只有 900 美元家当的安东尼·罗宾来说，简直太贵了！然而他那种想要改变的巨大决心促使他去借钱来修读这门课程，他跑遍了所有的亲戚朋友，还向 44 家银行提出贷款，没有一个人愿意借给他，也没有一家银行相信他有偿还能力，最后，他洗厕所所在的那个银行的经理看到他这么有决心想要改变，就个人掏腰包借给他 1200 美金，从此以后安东尼·罗宾踏上了一条自我成长的道路。自从他发现内心蕴藏着无限的潜能之后，生活便开始大为改观，最终成为一名充满自信的成功者。

如今，他是一位白手起家、事业成功的亿万富翁，是世界第一成功导师，是世界名人、国家领导的教练。他协助职业球队、企业总裁、国家元首激发潜能，渡过各种困境及低潮。曾辅导过多位皇室的家庭成员，被美国前总统布什及克林顿、戴安娜王妃聘为个人顾问；曾为众多世界名人提供咨询，包括南非总统曼德拉、苏联总统戈尔巴乔夫、世界网球冠军安德烈·阿加西等。

1993年安东尼·罗宾被评为"全球五大演说家"；1994年获评"杰出人类活动家"与"布莱恩·怀特公正奖"。1995年安东尼·罗宾当选为"美国十大杰出青年"，同年被授予其最高奖项"金锤奖"。

安东尼·罗宾的著作在全世界已有十数种译本，受益的人不计其数，主要有《激发个人潜能Ⅱ》《激发无限的潜力》《唤起心中的巨人》《巨人的脚步》和《一分钟巨人》等。这些著作都已成为最佳畅销作品，他的CD教材更是个人成长类产品销量的第一名。

### 感恩节的由来

每年11月的第四个星期四是感恩节（Thanksgiving Day）。感恩节是美国人民独创的一个古老节日，也是美国人合家欢聚的节日，因此美国人提起感恩节总是倍感亲切。

感恩节的由来要一直追溯到美国历史的发端。1620年，著名的"五月花"号满载不堪忍受英国国内宗教迫害的清教徒102人到达美洲。1620年和1621年之交的冬天，他们遇到了难以想象的困难，处在饥寒交迫之中，冬天过去时，活下来的移民只有50人左右。这时，心地善良的印第安人给移民送来了生活必需品，还特地派人教他们怎样狩猎、捕鱼和种植玉米、南瓜。在印第安人的帮助下，移民们终于获得了丰收，在欢庆丰收的日子，按照宗教传统习俗，移民规定了感谢上帝的日子，并决定为感谢印第安人的真诚帮助，邀请他们一同庆祝节日。

在第一个感恩节的这一天，印第安人和移民欢聚一堂，他们在黎明时鸣放礼炮，列队走进一间用作教堂的屋子，虔诚地向上帝表达谢意，然后点起篝火举行盛大宴会。第二天和第三天又举行了摔跤、赛跑、唱歌、跳舞等活动。第一个感恩节非常成功。其中许多庆祝方式流传了300多年，一直保留到今天。

初时感恩节没有固定日期，由各州临时决定。直到美国独立后的1863年，林肯总统宣布每年11月的第四个星期四为全国性节日——感恩节。

**关于感恩的名言**

• 孝子之至，莫大乎尊亲；尊亲之至，莫大乎以天下养。　　　　　——孟　子

• 做人就像蜡烛一样，有一分热，发一分光，给人以光明，给人以温暖。

　　　　　　　　　　　　　　　　　　　　　　　　　　　　　——萧楚女

• 生活需要一颗感恩的心来创造，一颗感恩的心需要生活来滋养。　——王　符

• 人家帮我，永志不忘；我帮人家，莫记心上。　　　　　　　　——华罗庚

• 不当家不知柴米贵，不养儿不知父母恩。　　　　　　　　　——中国谚语

• 感恩是精神上的一种宝藏。　　　　　　　　　　　　　　　　——洛　克

• 感恩即是灵魂上的健康。　　　　　　　　　　　　　　　　　——尼　采

• 没有感恩就没有真正的美德。　　　　　　　　　　　　　　　——卢　梭

• 人世间最美丽的情景是出现在当我们怀念到母亲的时候。　　　——莫泊桑

• 羊有跪乳之恩，鸦有反哺之义。　　　　　　　　　　　　　——中国谚语

• 父母的美德是一笔巨大的财富。　　　　　　　　　　　　　　——贺拉斯

• 全世界的母亲是多么的相像！她们的心始终一样，都有一颗极为纯真的赤子之心。

　　　　　　　　　　　　　　　　　　　　　　　　　　　　　——惠特曼

• 父母之恩，水不能溺，火不能灭。　　　　　　　　　　　——苏联谚语

• 忘恩比之说谎、虚荣、饶舌、酗酒或其他存在于脆弱的人心中的恶德还要

厉害。　　　　　　　　　　　　　　　　　　　——英国谚语

• 忘恩的人落在困难之中，是不能得救的。　　　　——希腊谚语

• 感恩是美德中最微小的，忘恩负义是品行中最不好的。　——英国谚语

• 卑鄙小人总是忘恩负义的，忘恩负义原本是卑鄙的一部分。　——雨　果

• 蜜蜂从花中啜蜜，离开时营营地道谢。浮夸的蝴蝶却相信花是应该向它道谢的。　　　　　　　　　　　　　　　　　——泰戈尔

• 慈善的行为比金钱更能解除别人的痛苦。　　　　——卢　梭

• 不管一个人取得多么值得骄傲的成绩，都应该饮水思源，应该记住是自己的老师为他们的成长播下了最初的种子。　　　　　——居里夫人

### 《感恩的心》

词：陈乐融　曲：陈志远

我来自偶然\像一颗尘土\有谁看出\我的脆弱

我来自何方\我情归何处\谁在下一刻\呼唤我

天地虽宽\这条路却难走\我看遍这人间\坎坷辛苦

我还有多少爱\我还有多少泪\要苍天知道\我不认输

感恩的心\感谢有你\伴我一生\让我有勇气做我自己

感恩的心\感谢命运\花开花落\我一样会珍惜

## ▌感悟思考

## 湖北5名贫困大学生受助不感恩被取消受助资格

受助一年多，没有主动给资助者打过一次电话、写过一封信，更没有一句感谢的话，襄樊5名受助大学生的冷漠，逐渐让资助者寒心。

8月中旬，襄樊市总工会、市女企业家协会联合举行的第九次"金秋助学"活动中，主办方宣布：5名贫困大学生被取消继续受助的资格。

去年8月，襄樊市总工会与该市女企业家协会联合开展"金秋助学"活动，19位女企业家与22名贫困大学生结成帮扶对子，承诺4年内每人每年资助1000元至3000元不等。入学前，该市总工会给每名受助大学生及其家长发了一封信，希望他们抽空给资助者写封信，汇报一下学习生活情况。

但一年多来，部分受助大学生的表现令人失望，其中2/3的人未给资助者写信，

有一名男生倒是给资助者写过一封短信，但信中只是一个劲儿地强调其家庭如何困难，希望资助者再次慷慨解囊，通篇连个"谢谢"都没说，让资助者心里很不是滋味。

今夏，该市总工会再次组织女企业家们捐赠时，部分女企业家表示"不愿再资助无情贫困生"，结果 22 名贫困大学生中只有 17 人再度获得资助，共获善款 4.5 万元。

多年来为资助贫困生东奔西走、劳神费力的襄樊市总工会副主席周萍，为此十分尴尬，她感觉部分贫困生心理上"极度自尊又极度自卑"，缺乏一种正确对待他人和社会的"阳光心态"，有的学生竟自以为"成绩好，获资助是理所当然的"，缺乏起码的感恩之心。

（摘自：李剑军、周华玲、姚武，《楚天都市报》，2007 年 8 月 22 日）

**调查一：**

你如何看待贫困大学生受助不感恩被取消资格？

1. 应该取消，不知感恩的人很难期望他们将来回馈社会。

2. 不应该取消，既然主动资助别人，主观上就不应图回报。

3. 不好说，也许事情没那么简单。

**调查二：**

1. 你觉得我们社会里人与人的关系怎样？

   A. 比较冷漠　B. 说不好　C. 比较温暖

2. 你感觉生活中的温暖通常来自于谁？（可多选）

   A. 亲人　B. 朋友　C. 陌生人　D. 其他

3. 你认为有必要向陌生人传递温暖吗？

   A. 有必要　B. 没什么必要

4. 你认为，人与人之间应该怎样传递温暖？（可多选）

   A. 从身边做起，善待家人、老人　　　　B. 主动帮助别人

   C. 对每一个人微笑　　　　　　　　　　D. 发自内心的赞美

   E. 没必要刻意做什么，自然而然就好

第二章

感恩自然

## 导 语

人类是属于自然的，但自然绝不仅属于人类。

——印第安人的谚语

小草野花、阳光雨露、青山绿水、满天星空，甚至是台风、洪水、沙暴、雷电、地震……人之所有，包括灵性、情思、感悟乃至忧患，皆源于自然的馈赠。今天的地球之上，生活着 70 亿人口。正是大自然的慷慨赐予，让人类过着丰衣足食的生活。因此，我们应该对大自然心存感恩。

你可能不知道，在冬夏温差近 90℃的塔里木盆地，有一种千年不死、千年不朽、根茎深达 20 米的胡杨；你可能不知道，在苔藓和青苔中有一种只能在显微镜下观察到的叫"水熊"的动物，它们能在沸水中和北极冰冻环境下生存，能承受得住人类所能承受的千倍以上的辐射；你可能不知道，那些弱小的麻雀，可以从容地和我们一起生活在喧嚣的城市和宁静的村庄，但它们一旦被人类捕捉，却会绝食，以死来抗争豢养……自然界中的每一种生物，时时刻刻都在显示着无穷的力量、智慧和生命的尊严。自然界的一切生物，无论是伟岸还是渺小，它们的生命都是无比尊贵的，都拥有着独特的美丽和尊严。自然界所有美丽而尊贵的生命，都值得我们尊重，都让我们深深感动。

然而，人类又是怎样对待自己赖以生存的自然环境的呢？一个世纪以来，已经有不计其数的物种因人类不当行为而消失；当我们惬意地享受着汽车带来的便利和空调带来的舒适的时候，大量排放的废气却足以让海平面上升、亚马逊雨林消失、两极海洋的冰块全部融化，让不计其数的野生动植物濒临灭顶之灾；土地沙漠化、冰川消融等自然灾害，已经让人类的生存环境越来越局促。人类只用了一百多年，就将地球数亿年储存的能源消耗殆尽，在不远的将来，人类将何以为生？可怕的是，我们在不断向大自然索取的同时，却忘记了思考：地球，我们脚下的地球，是目前已知的唯一存在生命的星球，是人类唯一的家园。

人类认为自己拥有一颗善于思考的头脑就可以主宰一切，殊不知，每一条生命都有它生存的法则和轨迹，任谁也改变不了；人类认为自己拥有无比坚定的意志和庞大的群体，殊不知，当大地颤抖、江海咆哮的时候，人类显得那么的渺小和不堪一击。

其实，和人的生命一样，大自然也很脆弱，她需要人类像呵护自己的生命一样去呵护她；自然不自私，但她需要索取者温情的回报。仰望星空，俯首大地，我们的内心应该充满对大自然的敬畏。我们不是大自然命运的主宰者，我们不是大自然的主人。我们只是大自然的一部分。毁掉了大自然，破坏了地球，就等于毁灭了我们自己。

自然，有时候像个孩童，可爱而任性；有时候像母亲，亲切而宽容；有时候又像位老者，慈祥而坦然。想要走进自然的心灵之所，与自然对话，所需要的就是一颗感恩、仁善、平等之心。敬畏自然、感恩自然，其实是在拯救我们人类自己。

## ▌美文悦读

# 神奇的丝瓜／季羡林

**导读**

能让无法承担重量的瓜停止生长，给处在有利地形的大瓜找到承担重量的地方，让悬垂的瓜平身躺下。丝瓜极其从容淡定地一步一步地解决了生长过程中遇到的所有难题，作者也从这充满了神奇色彩的生长过程中领略到丝瓜智慧，这智慧不仅在于适应环境顽强地生存，也在于它毫不张扬的静默与自我约束的自由。简单文字平淡叙事和自然情感真实流露的背后，蕴含的是一种生活态度，一种生活情趣，一种对生命的创造力的赞美。文章最后的一句"怡然泰然悠然坦然，含笑面对秋阳"该是我们追求的生活境界。

今年春天，孩子们在房前空地上，斩草挖土，开辟出来了一个一丈见方的小花园。周围用竹竿扎了一个篱笆，移来了一棵玉兰花树，栽上了几株月季花，又在竹篱下面随意种上了几棵扁豆和两棵丝瓜。土壤并不肥沃，虽然也铺上了一层河泥，但估计不会起很大的作用，大家不过是玩玩而已。

过了不久，丝瓜竟然长了出来，而且日益苗壮、长大。这当然增加了我的兴趣。但是我们也并没有过高的期望。我自己每天早晨工作疲倦了，常到屋旁的小土山上走一走，站一站，看看墙外马路上的车水马龙和亚运会招展的彩旗，顾而乐之，只不过顺便看一看丝瓜罢了。

丝瓜是普通的植物，我也并没有想到会有什么神奇之处。可是忽然有一天，我发现丝瓜秧爬出了篱笆，爬上了楼墙。以后，每天看丝瓜，总比前一天向楼上爬了一大段；最后竟从一楼爬上了二楼，又从二楼爬上了三楼。说它每天长出半尺，绝非夸大之词。丝瓜的秧不过像细绳一般粗，如不注意，连它的根在什么地方，都找不到。这样细的一根秧竟能在一夜之间输送这么多的水分和养料，供应前方，使得上面的叶子长得又肥又绿，爬在灰白色的墙上，一片浓绿，给土墙增添了无量活力与生机。

这当然让我感到很惊奇，我的兴趣随之大大地提高。每天早晨看丝瓜成了我的主要任务，爬小山反而成为次要的了。我往往注视细细的瓜秧和浓绿的瓜叶，陷入沉思，

胡永红 / 摄

想得很远，很远……

　　又过了几天，丝瓜开出了黄花。再过了几天，有的黄花就变成了小小的绿色的瓜。瓜越长越长，越长越长，重量当然也越来越增加，最初长出的那一个小瓜竟把秧坠下来了一点，直挺挺地悬垂在空中，随风摇摆。我真是替它担心，生怕它经不住这一份重量，会整个儿地从楼上坠落到地上。

　　然而不久就证明了我这种担心是多余的，最初长出来的瓜不再长大，仿佛得到命令停止了生长。在下面，在三楼一位102岁的老太太的窗外台上，却长出来两个瓜。这两个瓜后来居上，发疯似的猛长，不久就长成了小孩胳膊一般粗了。这两个瓜加起来恐怕有五六斤重，那一根细秧怎么能承担得住呢？我又担心起来。没过几天，事实又证明了我是杞人忧天。两个瓜不知从什么时候忽然弯了起来，把躯体放在老太太的窗台上，从下面看上去，活像两个粗大弯曲的绿色牛角。

　　不知道从哪一天起，我忽然又发现，在两个大瓜的下面，在二三楼之间，在一根细秧的顶端，又长出来了一个瓜，垂直地悬在那里。我又犯了担心病：这个瓜上面够不到窗台，下面也是空空的；总有一天，它越长越大，会把上面的两个瓜也坠了下来，一起坠到地上，落叶归根，同它根部聚合在一起。

　　然而今天早晨，我却看到了奇迹。同往日一样，我习惯地抬头看瓜：下面最小的那一个早已停止生长，孤零零地悬在空中，似乎一点分量都没有；上面老太太窗台上那两个大的，似乎长得更大了，威武雄壮地压在窗台上；中间的那一个却不见了。我看看地上，没有看到掉下来的瓜。等我倒退几步抬头再看时，却看到那一个我认为失踪了的瓜，平着身子躺在抗震加固时筑上的紧靠楼墙凸出的一个台子上，这真让我大吃一惊。这样一个原来垂直悬挂在空中的瓜怎么忽然平身躺在那里了呢？这个凸出的台子无论是从上面还是从下面都是无法上去的，绝不会有人把丝瓜摆平的。

我百思不得其解，徘徊在丝瓜下面，像达摩老祖一样，面壁参禅。我仿佛觉得这棵丝瓜有了思想，它能考虑问题，而且还有行动，它能让无法承担重量的瓜停止生长；它能给处在有利地形的大瓜找到承担重量的地方，给这样的瓜特殊待遇，让它们疯狂地长；它能让悬垂的瓜平身躺下。如果不是这样的话，无论如何也无法解释我上面谈到的现象。但是，如果真是这样的话，又实在令人难以置信。丝瓜用什么思想呢？丝瓜靠什么来指导自己的行动呢？上下数千年，纵横几万里，从来也没有人说过，丝瓜会有思想。我左考虑，右考虑，越考虑越糊涂。我无法同丝瓜对话，这是一个沉默的奇迹。瓜秧仿佛成了一根神秘的绳子，绿叶上照旧浓翠扑人眉宇。我站在丝瓜下面，陷入梦幻。而丝瓜则似乎心中有数，无言静观，它怡然泰然悠然坦然，仿佛含笑面对秋阳。

（选自《季羡林散文》，人民文学出版社 2007 年版；有删改）

## 大地上的事情／苇　岸

**导读**

苇岸一生文字很少，不足二十万字，两本书，其中一本就是《大地上的事情》，这本书成为新生代散文的代表性作品。作者苇岸敏锐地感受着大自然中季节转换所带来的生命力，以饱含深情的笔墨以最接近生命本源的方式写观看落日，写麻雀在地面上觅食，写鸟的建筑，写放蜂人，写庄稼，细致精到的描写，好似一幅幅素描，为我们展现了土地的博大和自然的美好。同时也书写了许多态度直接而尖锐的让我们为之深深反思的文字。作者在表达对大地的感恩和敬祝的同时，也引导我们认识大自然中生命的意义、价值及其对人类的启示。

### 一

我观察过蚂蚁营巢的三种方式。小型蚁筑巢，将湿润的土粒吐在巢口，垒成酒盅状、灶台状、坟冢状、城堡状或疏松的蜂房状，高耸在地面；中型蚁的巢口，土粒散得均匀美观，围成喇叭口或泉心的形状，仿佛大地开放的一只黑色花朵；大型蚁筑巢像北方人的举止，随便、粗略、不拘细节，它们将颗粒远远地衔到什么地方，任意一丢，就像大步奔走撒种的农夫。

## 五

麻雀在地面的时间比在树上的时间多。它们只是在吃足食物后，才飞到树上。它们将短硬的喙像北方农妇在缸沿砺刀那样，在枝上反复擦拭。麻雀蹲在枝上啼鸣，如孩子骑在父亲的肩上高声喊叫，这声音蕴含着依赖、信任、幸福和安全感。麻雀在树上就和孩子们在地上一样，它们的蹦跳就是孩子们的奔跑。树木伸展的愿望，是给鸟儿送来一个个广场。

## 六

穿越田野的时候，我看到一只鹞子。它静静地盘旋，长久浮在空中。它好像看到了什么，径直俯冲下来，但还未触及地面又迅疾飞起。我想像它看到一只野兔，因人类的扩张在平原上已近绝迹的野兔，梭罗在《瓦尔登湖》中预言过的野兔："要是没有兔子和鹧鸪，一个田野还成什么田野呢？它们是最简单的土生土长的动物，与大自然同色彩、同性质，和树叶、土地是最亲密的联盟。看到兔子和鹧鸪跑掉的时候，你不觉得它们是禽兽，它们是大自然的一部分，仿佛飒飒的树叶一样。不管发生怎样的革命，兔子和鹧鸪一定可以永存，像土生土长的人一样。不能维持一只兔子的生活的田野一定是贫瘠无比的。"

看到一只在田野上空徒劳盘旋的鹞子，我想起田野的往昔的繁荣。

## 十五

我时常忆起一个情景，它发生在午后时分，如大兵压境滚滚而来的黑云很快占据了整面天空。随后，闪电迸绽，雷霆轰鸣，豆大的雨点砸在地上，烟雾四起，骤雨是一个丧失理性的对人间复仇的巨人。就在这万物偃息的时刻，我看到一只衔虫的麻雀从远处飞回，雷雨没能拦住它，它的儿女在雨幕后面的屋檐下。在它从空中降落飞进檐间的一瞬，它的姿势和蜂鸟在花丛前一样美丽。

## 二十二

立春一到，便有冬天消逝、春天降临的迹象。整整过了一冬的北风，已经从天涯返回。看着旷野，我有一种庄稼满地的幻觉。踩在松动的土地上，我感到肢体在伸张，血液在涌动。我想大声喊叫或疾速奔跑，想拿起锄头拼命劳动一场。爱默生认为，每一个人都应当与这世界上的劳作保持着基本关系。劳动是上帝的教育，它使我们自己与泥土和大自然发生基本的联系。

但是，在这个世界上，有一部分人，一生从未踏上土地。

## 三十六

尽管我很喜欢鸟类，但我无法近距离观察它们。每当我从鸟群附近经过，无论它们在树上，还是在地面，我都不能停下来，不艰盯着它们看，我只能侧耳听听它们兴高采烈的声音。否则，它们会马上警觉，马上做出反应。终止议论或觅食，一哄而起，迅即飞离。

我的发现，对我，只是生活的一个普通认识；鸟的反应，对鸟，则是对生命的一个重要的经验。

### 三十八

秋天，大地上到处都是果实，它们露出善良的面孔，等待着来自任何一方的采取。每到这个季节，我便难于平静，我不能不为在这世上永不绝迹的崇高所感动，我应当走到土地里面去看看，我应该和所有的人一道去得到陶冶和启迪。

太阳的光芒普照原野，依然热烈。大地明亮，它敞着门，为一切健康的生命。此刻，万物的声音都在大地上汇聚，它们要讲述一生的事情，它们要抢在冬天到来之前，把心内深藏已久的歌全部唱完。

第一场秋风已经刮过去了，所有结满籽粒和果实的植物都把丰足的头垂向大地，这是任何成熟者必至的谦逊之态，也是对孕育了自己的母亲一种无语的敬祝和感激。手脚粗大的农民再次忙碌起来，他们清理了谷仓和庭院，他们拿着家什一次次走向田里，就像是去为一头远途而归的牲口卸下背上的重负。看着生动的大地，我觉得它本身也是一个真理。它叫任何劳动都不落空，它让所有的劳动者都能看到成果，它用纯正的农民暗示我们：土地最宜养育勤劳、厚道、朴实、所求有度的人。

### 三十九

人类与地球的关系，很像人与他的生命的关系。在无知无觉的年纪，他眼里的生命是一口取之不尽、用之不竭的井，可以任意汲取和享用。当他有一天觉悟，突然感到生命的短暂时，他发现，他生命中许多宝贵的东西已被挥霍一空。面对未来，他开始痛悔和恐惧，开始锻炼和保健。

不同的是，人类并不是一个人，它不是具有一个头脑的整体。今天，各国对地球的掠夺，很大程度上已不仅仅为了满足自己国民的生活。如同体育比赛已远远超出原初的锻炼肌体的意义一样，不惜牺牲竞争和较量，只是为了获得一项冠军的荣誉。

### 四十二

在生命世界，一般来讲，智慧、计谋、骗术大多出自弱者。它们或出于防卫，或出于猎取。

假死是许多逃避无望的昆虫及其他一些弱小动物，灾难当头拯救自己的唯一办法。地巢鸟至少都要具备两种自卫本领：一是能使自身及卵的颜色随季节变化而改变；

二是会巧设骗局引开走近己巢的强敌。蛛网本身就是陷阱，更有一种绝顶聪明的蜘蛛，会分泌带雌蛾气味的小球，它先把小球吊在一根丝上，然后转动，引诱雄蛾上钩。在追捕上低能的蛇，长于无声的偷袭；澳大利亚还有一种眼镜蛇，能以尾尖伪装小虫，欺骗蛙鼠。强者是不屑于此的。非洲的猎豹出猎时，从不使用伏击。动物学家说，鲨鱼一亿年来始终保持着它们原初的体型。没有对手的强大，使它抵制了进化。

看历史与现实，人类的状况，大体也是这样。

（节选自《大地上的事情》，中国对外翻译出版公司1999年版）

# 班公湖边的鹰／王　族

> **导读**
>
> 眼含屈辱与坚毅的泪水，拖着沉重臃肿的身体一步步艰难地登上山巅，而后又在一瞬间将自己直射云霄。从鹰的身上，我们看到了自然界的神奇与伟力，也明白了自然界之所以能够生生不息的原因。真正的强者应该和这些鹰一样，始终对天空心存向往，不失望，不灰心，从失败中积聚更多的力量，等待着新的机遇。只有不懈的坚持，才能离梦想越来越近。

几只鹰在山坡上慢慢爬动着。

第一次见到爬行的鹰，我有些好奇，于是便尾随其后，想探寻个仔细。他们爬过的地方，沙土被沾湿。回头一看，湿湿的痕迹一直从班公湖边延伸过来，在晨光里像一条明净的布条。我想，鹰可能在湖中游水或者洗澡了。高原七月飞雪，湖水一夜间便可结冰，这时若是有胆下湖，顷刻间肯定叫你爬不上岸。

班公湖①是个奇迹。在海拔四五千米的高原上，粗糙的山峰环绕起伏，幽蓝的湖泊在中间安然偃卧。与干燥苍凉的高原相对比，这个不大的湖显得很美。太阳已经升起来了，湖面便扩散和聚拢着片片刺目的光亮。远远的，人便被这片光亮裹住，有眩晕之感。

这几只鹰已经离开了班公湖，正在往一座山的顶部爬着。平时所见的鹰都是高高在上，在蓝天中飞翔。它们的翅膀凝住不动，像尖利的刀剑，沉沉地刺入远天。

据说，西藏的鹰来自雅鲁藏布江大峡谷，它们在江水激荡的涛声里长大，在内心听惯了大峡谷的音乐，因而形成了一种要永远飞翔的习性。它们长大以后，从故乡的音乐之中翩翩而起，向远处飞翔。大峡谷在它们身后渐渐疏远，随之出现的就是无比高阔遥远的高原。它们苦苦地飞翔，苦苦地寻觅故乡飘远的音乐……在狂风大雪和如血的夕阳中，它们获取了飞翔的自由和欢乐；它们在寻找中变得更加消瘦，思念与日俱增，爱变成了没有尽头的苦旅。

而现在，几只爬行的鹰散瘫在地上，臃肿的躯体在缓慢地往前挪动，翅膀散开着，拖在身后，像一件多余的东西。细看，它们翅膀上的羽毛稀疏而又粗糙，上面淤积着厚厚的污垢。羽毛的根部，半褐半赤的粗皮在堆积。没有羽毛的地方，裸露着红红的皮肤，像是刚刚被刀剃开的一样。已经很长时间了，晨光也变得越来越明亮，但它们的眼睛全都闭着，头颅缩了回去，显得麻木而沉重。

几只鹰就这样缓缓地向上爬着。这应该是几只浑身落满了岁月尘灰的鹰，只有在低处，我们才能看见它们苦难与艰辛的一面。人不能上升到天空，只能在大地上安居，而以天空为家园的鹰一旦从天空降落，就必然要变得艰难困苦吗？

我跟在它们后面，一旦伸手就可以将它们捉住，但我没有那样做。几只陷入苦难中的鹰，是与不幸的人一样的。

一只鹰在努力向上爬的时候，显得吃力，以致爬了好几次，仍不能攀上那块不大的石头。我真想伸出手推它一把，而就在这一刻，我看到了它眼中的泪水。鹰的泪水，是多么屈辱而又坚韧啊，那分明是陷入千万次苦难也不会止息的坚强。

几十分钟后，几只鹰终于爬上了山顶。

它们慢慢靠拢，一起爬上一块平坦的石头，然后，它们停住了。过了一会儿，它们慢慢开始动了——敛翅、挺颈、抬头，站立起来。片刻之后，忽然一跃而起，直直地飞了出去。

它们飞走了。不，是射出去了。几只鹰在一瞬间，恍若身体内部的力量迸发了一般，把自己射出去了。

太伟大了，完全出乎我的意料。

几只鹰转瞬间已飞出很远。在天空中，仍旧是我们所见的那种样子，翅膀凝住不动，刺入云层，如若锋利的刀剑。

远处是更宽阔的天空，它们直直地飞掠而入，班公湖和众山峰皆在它们的翅下。

这就是神遇啊！

我脚边有几根它们掉落的羽毛，我捡起，紧紧抓在手中。

下山时，我泪流满面。

鹰是从高处起飞的。

（选自《经典美文》，2007年第7期）

[注]①班公湖又称错木昂拉红波，藏语意为"长脖子天鹅"，有世界上海拔最高的鸟岛，位于阿里地区日土县城西北约12公里处。

# 最后一只旅鸽 / 申赋渔

**导　读**

羽毛艳丽、性情温顺的旅鸽，曾经遍布美洲大陆，数量高达50亿，但在外来的殖民者踏上美洲大陆之后，不到一个世纪，这些美丽可爱的精灵就在人类的枪火下销声匿迹了。作者真实地记录了旅鸽的悲惨遭遇，以此凭吊那些人类永难再见的美丽生灵。其实，遭受如此噩运的，还远不仅仅只有旅鸽……"地球物种的灭绝速度已经越出自然灭绝率的1000倍"，这也绝不仅仅只是个简单的数字，当物种灭绝的多米诺骨牌以加速度的趋势应声倒下时，作为生物链条其中一环的人类面临的将是什么？

1914年9月1日，美国所有的新闻电台都报道了这样一则消息：玛莎于当日下午1时，在辛辛那提动物园去世。玛莎是地球上最后一只旅鸽。

当旅鸽灭绝之后，人们常常会怀着怨恨之情提起俄亥俄州派克镇的那个小男孩，是他在1900年3月24日这一天，射下了天空中最后那只野生的旅鸽。终于醒悟的人们，试图将幸存在动物园里的旅鸽进行培育。可是，失去了蓝天的旅鸽，已经失去了一切。1909年，剩下最后3只，1914年，剩下最后1只——人们守在鸟笼外，绝望地看着它们一一死去。

谁又能相信，旅鸽，曾经是地球上数目最多的鸟儿呢。

仅仅100年，漫长，却又如此短暂。

那是1813年一个寻常的午后，天空中传来一阵巨大而杂乱的鸣叫，奥杜邦先生抬起头来：庞大的鸟群，慢慢地遮盖了北美森林的上空，阳光不见了，大地一片昏暗。16公里宽的鸽群，在奥杜邦先生的头顶，飞了三天。这位当时最有名的鸟类学家预言："旅鸽，是绝不会被人类消灭的。"

这时美洲大陆的旅鸽多达50亿只，是当时人类总数的5.5倍。

可是，欧洲人来了。

我简直不能复述他们施之于旅鸽的酷刑。他们焚烧草地，或者在草根下焚烧硫黄，让飞过上空的鸽子窒息而死。他们甚至坐着火车去追赶鸽群。枪杀、炮轰、放毒、网捕、火药炸……采用丰富想象力所能想出的一切手段，他们无所不用其极。捕杀旅鸽不仅用来食用，还用来喂猪，甚至仅仅是为了取乐。曾经，一个射击俱乐部一周就射杀了5万只旅鸽，有人一天便射杀了500只。他们把这些罪恶一一记录下来——那是他们比赛的成绩。

甚至有人想出这样的方法——把一只旅鸽的眼睛缝上，绑在树枝上，张开罗网。

它的同伴们闻讯赶来，于是一一落网。有时候，一次就能捉到上千只。

1878 年，除了密歇根州，美洲已经看不到成群的旅鸽了。人们都清楚这一点，可是密歇根州的枪声从未停止。这一年，密歇根州人为了 6 万美元的利润，就在靠近佩托斯奇的旅鸽筑巢地，捕杀了 300 万只旅鸽。两年之后，曾经可以遮盖整个天空的鸟群，只剩数千只了。1914 年，第一次世界大战爆发，当人类忙于相互屠杀时，世界上最后的旅鸽死在了它的鸟笼里。

灰色的后背，似乎还有些发蓝，鲜红的胸脯，像一团火在燃烧，绚丽迷人的玛莎，站在美国华盛顿国家自然历史博物馆的一根树枝上，长长的嘴，尖尖的尾巴，展翅欲飞。可是，它再也不能动，不能吃，不能鸣叫了。

懊丧的美国人为旅鸽立起了纪念碑，上面写着："旅鸽，是因为人类的贪婪和自私而灭绝的。"

纪念碑只是一块冰冷的石头。近百年来，在人类干预下的物种灭绝比自然速度快了 1000 倍。全世界每天有 75 个物种灭绝，每小时有 3 个物种灭绝。很多物种还没来得及被科学家描述就已经从地球上永远地消失了。

在旅鸽纪念碑下，环境伦理学大师利奥波德哀伤地叹息道："那些在年轻时曾被一阵活生生的风摇动的树仍然活着，但是十年后，只有最老的栎树还记得这些鸟，而最后，只有沙丘认识它们。"

（选自《青年博览》，2008 年第 3 期）

## ▌延伸阅读

<h3 align="center">逃跑的火焰／周 涛</h3>

进入冬季以后，则克台[①]就成了最单调的世界，大地上失去了连绵的、起伏无尽的绿草鲜花，从脚下一直望到天尽头，再没有一点变化，只剩下茫茫雪野。这个位于伊犁河谷深处的大草原，它的冬天是那样单调，那样沉静。

那天早晨我备好了马，去场部送一些文件。我给青马最后紧了肚带，跨上马，把皮帽子放下来，拉过军大衣下摆盖住膝部，就放马朝雪原走去。在这晴朗的天气里纵马雪原，有一种特殊的滋味。人在马背上，视野一下子变得开阔了。

我策马驰上一处高地，马在雪地上喘息着似乎不太乐意。过了一会儿，它自己渐渐减慢了速度。这时，忽然从远处传来杂乱的犬吠声，我在马鞍上转过身，惊奇地看到了一幕原野冬猎的景象。

在白皑皑的深雪里，一群狂怒的牧犬正在追逐三只亡命的狐狸，牧犬的后面，是一伙骑马的猎人。雪太深了，狐狸跃动得非常艰难，它们每次跃起，身后都扬起一阵雪雾，然后落下去，身体又陷进雪里，有时只露出尖尖的红脑袋……它们身后的牧犬虽然也一样在深雪里，但那些狗高大凶猛得多，在雪里冲撞过来，杀气腾腾势如疾风。

三只狐狸拼命地夺路而逃，还不时地回头顾看。它们在这片茫茫的雪原上显得太弱小、太危险了，雪原那么空旷，狐狸却醒目得如同一簇簇跳跃的火焰，火红耀目，无遮无碍。十几条猛犬看来是可以追上的，所以骑马围猎的人并不开枪射击。

一只最红的狐狸掉头向我这边跑来，我心下一喜，纵马朝它奔去。要是我抢它一马鞭，肯定得打昏过去。正在这样想着，我的马忽然站住不动了，它竖起两耳，看着前方，我正感到莫名其妙，那只狐狸从坡下突然跳上来，恰恰落在我的马前。可以看出，那狐狸刹那间惊呆了，它可能万万没有想到这里埋伏着一支人马。惊恐之下，它也许料定自己必死无疑，竟伏在马前惊惶地望着我。

我第一次在野外与一只狐狸这么近距离地对视……

它这样绝望，这个生灵，这团火焰。"让我活下去吧——"我感到它这样对我恳告。

我提着马鞭的右臂垂落了，不由自主地拨转了马头，让开一条路。

它很有礼貌地看我让开，然后才低下头，迅速从我的旁边奔跑过去。

我伫马立在高地上，目送这只红狐狸继续奔逃。在一片闪烁着阳光的雪野上，它跃动着，窜跳着，一起一伏，特别清晰。它那条漂亮的大尾巴飘动招摇，宛似一股被风曳动的火红烈焰，燃烧、跃动在洁白的雪上。

"快跑吧！快点，再快点！"我望着这只狐狸，突然满心都生出怜爱和担忧，仿佛它已经不是一只野兽，而是一团美丽的火焰，是雪原的精灵，太阳城的儿女。

这时，暴怒狂吠的牧犬追过去了，它们拥挤着，表情极其愤怒，情绪处在高度亢奋之中，它们争先恐后，有时不惜将同伙撞倒，好像对狐狸有不共戴天的仇恨。

它们会撕碎那只可怜的红狐狸的！它们追过去的时候，远处，那团逃跑的火焰还在一窜一窜地跳动着。

我呆呆地坐在马鞍上，满心里只装着两个字：快点，快点！……

许多年以后，我在拉卜楞寺外的小街上买了一张完整的、火红的狐狸皮。我不很清楚自己为什么要花几百元钱买这张狐皮，但是我买了。

这张狐皮和我在则克台遇到的那团逃跑的火焰，颜色非常相近。我不知道那只狐狸最后的命运，但我相信它死了。

一团火炭不管跑到哪里，都会有人把它熄灭。它最后的结局，也是变成一张完整的皮。

被悬挂起来，成为装饰。

（选自《逃跑的火焰》，华艺出版社 2002 年版；有删改）

[注]①则克台：则克台镇系蒙古语"种公羊"的意思，位于伊犁河谷支流巩乃斯河下游，镇区北依阿布热勒山，东接新源县吐尔根乡农场，西临尼勒克县，国道 218 线东西横贯全境与省道 316 线交汇。地理位置较为突出，素有新源"北大门"之称。

1. 选文第七段写道："我第一次在野外与一只狐狸这么近距离地对视。"请根据上下文，发挥你的想象，补写一段话描述当时的情景。（50 字左右）

_____

_____

2. 文中对茫茫雪原上红狐奔逃的情景，描写得非常精彩。请从第 4、5、11 三段中选择你最喜欢的一段进行赏析。

_____

_____

_____

3. 选文讲述的故事是作者周涛 1970 年的一次亲身经历，他还曾就此事写过一首短诗，他写道——

　　有一年冬天

　　我遇到一个童话

　　它并没有什么深刻的含义

　　但我觉得它很美丽

　　……

　　阳光在雪面镀上炫目的幻想

　　这时，雪原上跑过来一只狐狸

　　……

　　让这火红的生命在雪原跳动吧

　　没有它，旷野该多么孤寂

　　……

从这些摘引的诗句和上面选文 18、19 两段文字的含义看，你认为《冬天里遇到的童话》和《逃跑的火焰》分别表现了怎样的主题？

《冬天里遇到的童话》：_____

《逃跑的火焰》：_____

# 一窠①八哥的谜 / 牛 汉

小时候，我不会养鸟，却有探险和猎取神秘事物的野性。有一年的麦收季节，听说城墙上出现了一窠八哥，我在城墙下绕来绕去寻找。果然，听到了一丝儿很稚嫩而清脆的声音，似出壳不久的雏鸡的叫声。顺着细微的声音找去，终于望见了在高高城墙上的一孔洞穴里，四五张鲜红的小嘴正张着，像一束喇叭花悬挂在崖畔上，好看极了。我当下就想把它们掏下来。但壁立的城墙太高太陡，无法攀登。八哥的窠在城墙的上方，用梯子够不着，从城墙上用绳子縋②下来一定可以掏着，但我不敢。我只能立在城墙跟前，仰起头望着那一窠神秘的八哥。

记得父亲曾对我说过，县城墙最早是隋朝时筑的土城，明朝时包的青砖。墙面上已经有一些砖朽烂成窟窿，我异想天开，想攀登上去掏这窠八哥。

全村的孩子中，我最会爬墙上树，我相信自己会手扣着脚登着那些孔洞往上攀登，总有一天能把这窠八哥掏到手。

我天天练攀登，苦练了一二十天，一天比一天攀登得高。小八哥的爹妈从天空嗖的一声回到窠里喂食，翅膀又黑又亮，在我眼前一闪而过，随后从窠里伸出头，朝下望着我，吱吱地叫，我知道它们在咒骂我。有几次，头发上落了雨点似的鸟粪，还有脏土。我心里明白，这是大八哥在对我进行反抗。

小八哥抖动着茸茸的羽毛，我闻到了奇异的鸟的气味，再往上攀登三五尺，就能够着八哥了。

一天清早，我来到城墙下，感到有点异样——没有听到小八哥的声息。前几天，我已听出小八哥的声音变得洪亮了起来，不再是嗷嗷待哺，而是牙牙学语，已经很像在歌唱。八哥的歌，一定不同于鸽子那种柔媚而混浊的声音，更不是麻雀粗糙的吵叫，也不同于村里八音会上的任何一种乐器声。

整个城墙显得铁青铁青，千疮百孔，像死了一样。我顿然明白，八哥一家已经飞走了，已经移居到不可知的远方。

叫卖黄酒的小栽根告诉我，天亮前后，他看见有一朵黑亮的云彩，向滹(hū)沱河那个方向飞走了，那一定就是八哥一家。我伤心地扒在城墙上哭了半天。我知道小八哥还没长到该出飞的时候，它们如何在大鸟翅羽的扶托下逃到了远方，真是一个猜不透的谜。我为它们担忧。

我曾在村子上空看见成千上万只蜜蜂嗡嗡叫着，扶托着它们不会飞的蜂王，像金黄色的云朵从天空飞过，后来落在我家院子的老槐树下，父亲用涂了蜜的大笊篱③把抱成团儿的蜂小心地收了下来，于是我家有了一窠蜜蜂，养在西房的屋顶上。

我想连那么小的蜜蜂都能扶托着蜂王飞，那窠小八哥一定能够让自己的父母扶托着飞走。但是我不大相信它们能飞得很远。我在村里村外到处寻找，没有发现八哥的踪影。它们究竟飞到什么地方？难道真的飞过了滹沱河，飞到了二十里以远的北山上？是的，一定飞到了那个郁郁葱葱的鸟的世界。

我这一辈子不会忘记这窠小八哥。而且直到现在也不明白：它们在大难临头的时候，如何能神奇地飞到了远方？

前几天，有个诗人听我讲述这个故事，沉思了一会儿，对我说："是小鸟自己飞的。在灾难面前，翅膀一下子就会长大长硬。"

我有点相信这个解释了。

真的，是小八哥自己飞走的。我怎么会想不到这一点？

（选自《向着太阳歌唱》，商务印书馆 2003 年 4 月版；有删改）

[注]①窠（kē）：鸟兽昆虫的窝。②縋（zhuì）：用绳子拴住人或东西往下送。③笊篱（zhào li）：用金属丝、竹篾或柳条等制成的，能漏水的用具，有长柄，用来捞东西。

1. "一窠八哥的谜"主要指什么？对此可能的谜底有哪些？

_____

_____

2. 在本文中作者对八哥的感情有什么变化？

_____

_____

3. 结合你的成长经验或阅读积累，谈谈你从文中获得的启示。

_____

_____

_____

## 雨丝如期而至 / 卢惠龙

雨丝如期而至，细细碎碎，却并不停歇。一阵一阵，随风飘忽。我的石屋被雨丝的沙沙声紧紧裹住。

　　我小小的石屋，石块砌的墙，石板盖的顶，孤寂地横陈在花溪吉林村一座土山的半腰。石屋四周是包谷林。雨丝中，包谷林散发着阵阵泥土的气息，厚实黝黑的叶面，昭示这成片的包谷正在旺盛期，夜深时听得见包谷秆上蹿的拔节声。山脚是漠漠的水田，雨丝飘洒，翠绿的秧苗一阵阵随风起伏，像在深情地获取地母的营养。

　　这是夏季了。夏季是生长的季节。水溪里的青蛙，这期间活泼极了。它们四肢饱满，四下里蹦跳，蛙声频率很高，包围我的石屋。青蛙常年生活在地底的洞里，季风带来雨水，它们便纷纷出洞。青蛙头的两侧有两个声囊，能产生共鸣，放大鸣叫。每每，一入夜晚，青蛙出来捕食，这时候就是它们的天下了。蛙声骤起，如鼓如鼙（pí），如醉如狂，浓郁，浩荡，大肆将雨夜渲染。这明亮、雄浑而又神秘的音乐体积，生阴阳，孕万千，俨然一部熟悉、壮阔、悦耳的合唱。蛙鸣，蕴含着无有穷尽的生命密码，几乎就是大自然永远的歌咏，一首田野之歌。"稻花香里说丰年，听取蛙声一片。"有蛙鸣就有播种的希望，有蛙鸣就有收获的喜悦！

　　当雨丝飘忽，蛙鸣如潮时，我的心沉淀下去，静静地融入大自然的夜。我闭了眼，恍惚，万象在傍。动与静，虚与实，远与近，升为一种生命状态。这时候，我犹如处于一种亦真亦幻的情景中，仿佛摘一根草茎放到嘴里咀嚼，总有山野泥土的味儿，清香的，苦涩的。这情景可以体味，可以触摸，并与人性纠结，呈现一种毛茸茸的真实。我们每个人，是不是都生活、生存于一种规定的情景中呢？无论是一种怎样的情景。情景好像就是一种宿命，就是我们念兹在兹以至生死与之的，己身所属的情景。这样，情景就是我们每个人终身的襁褓了。我此时此地的情景，在雨夜里，在蛙声中，就像一幅写意山水，有一股气荡漾其间，氤氲环绕，诠释生命。

　　对了，这时候，大抵需要确认的是，我们不必过于自负，人类其实并不是这个星球的唯一主人。人类要给大自然以恩泽，与大自然共生共存。就像《鱼王》里的那个伊格纳齐依奇，他看见柳叶尖上，一滴露珠凝敛不动，都以为是露珠因害怕自己的堕落会毁坏这个世界。这就是一种敬畏了，敬畏我们生死与之的情景。再深一步说呢，我们必须像敬畏自己的生命意志一样，敬畏所有的生命意志，敬畏我们赖以生存的地球。如果没有对所有生命的尊重，对地球的尊重，人对自己的尊重也是没有保障的。

　　至此，内心曾经的一些东零西碎仿佛慢慢平息，获得一种透悟的解脱。

　　雨丝依旧飘洒，我屋顶的青石板沁润了一圈一圈的水渍，有浓有淡。雨声听着听着小了下去，不一会儿，又急促起来，响亮起来，也许它会彻夜不歇的。而蛙声呢，像浪潮拍岸，渐渐有了规律。唔，山的呼吸浓烈，水的气息可辨，这是一种原本，一种落定，是大自然的脉动，一种浸淫了的博大气象。

（选自《贵阳日报》，2009 年 5 月 20 日）

1. 文章对雨中景致的描写细致入微，清新怡人，你比较喜欢哪一部分，为什么？

_____

_____

_____

2. 读完全文，说说你对本文的主题的理解。

_____

_____

_____

## 知识链接

### 季羡林简介

季羡林（1911 年 8 月 6 日 ~ 2009 年 7 月 11 日），字希逋，又字齐奘（zàng）。中国著名文学家、语言学家、教育家和社会活动家、翻译家、散文家，精通 12 国语言。曾历任中国科学院哲学社会科学部委员、北京大学副校长、中国社科院南亚研究所所长。2009 年 7 月 11 日北京时间 8 点 50 分，季羡林在北京 301 医院病逝，享年 98 岁。著名文集有《天竺心影》、《朗润集》、《留德十年》、《牛棚杂忆》。

2006 年感动中国颁奖辞（季羡林）：智者乐，仁者寿，长者随心所欲。一介布衣，言有物，行有格，贫贱不移，宠辱不惊。学问铸成大地的风景，他把心汇入传统，把心留在东方。季羡林：最难时也不丢掉良知。

### 已灭绝的动物名单

毛里求斯渡渡鸟于 1681 年灭绝；

白令海峡史德拉海牛于 1768 年灭绝；

新西兰恐鸟于 1800 年以后灭绝；

南非拟斑马于 1883 年绝迹；

西非狮于 1865 年灭绝；

非洲阿特拉斯棕熊于 1870 年灭绝；

阿根廷南极狼于 1875 年灭亡；

美国缅因州海鼬于 1880 年灭亡；

牙买加仓鼠于 1880 年灭绝；

中国白臀叶猴于 1882 年灭亡；

南非斑驴于 1883 年灭绝；

澳大利亚小兔猣于 1890 年灭绝；

澳大利亚昆士兰州毛鼻袋熊于 1900 年灭绝；

印度洋圣诞岛虎头鼠于 1900 年灭绝；

澳大利亚米氏弹鼠于 1901 年灭绝；

澳大利亚白足澳洲林鼠于 1902 年灭绝；

南加利福尼亚猫狐于 1903 年灭绝；

澳大利亚大陆纹兔袋鼠于 1906 年灭绝；

澳大利亚西袋狸于 1910 年灭绝；

澳大利亚东袋狸于 1940 年灭绝；

北美白狼于 1911 年灭绝；

卡罗莱纳鹦哥鸟于 1914 年灭绝

北美旅鸽于 1914 年灭绝（数十亿只不到一个世纪时间灭绝）；

美国阿拉斯加州基奈山狼于 1915 年灭绝；

北美佛罗里达黑狼于 1917 年灭绝；

印度洋塞舌尔群岛马里恩象龟于 1918 年灭绝；

堪察加棕熊于 1920 年灭绝；

新墨西哥狼于 1920 年灭绝；

中国犀牛于 1922 年灭绝；

澳大利亚豚足袋狸于 1926 年灭绝；

澳大利亚花袋鼠于 1927 年灭绝；

澳大利亚巨兔袋狸于 1930 年灭绝；

澳大利亚新南威尔士白袋鼠于 1930 年灭绝；

澳大利亚塔斯马尼亚狼于 1933 年灭绝；

印度尼西亚巴厘虎于 1937 年灭绝；

胡永红／摄

巴基斯坦沙猫于 1940 年灭绝；

大西洋沿岸岛屿大海雀于 1944 年灭绝；

印度亚洲猎豹于 1948 年灭绝；

北美喀斯喀特棕狼于 1950 年灭绝；

墨西哥灰熊于 1964 年灭绝；

中国台湾云豹于 1972 年灭绝；

西亚虎于 1980 年灭绝；

爪哇虎于 1980 年灭绝；

危地马拉巨䴙䴘于 1987 年灭绝；

加拿大黑足雪貂于 90 年代灭绝；

亚欧水貂于 20 世纪末灭绝；

据统计，20 世纪有 110 种和亚种的哺乳动物以及 139 种和亚种的鸟类在地球上消失了。

### 世界环境日

1972 年 6 月 5 日,联合国人类环境会议在瑞典首都斯德哥尔摩召开,会议通过了《人类环境宣言》,并提出将每年的 6 月 5 日定为"世界环境日"。同年 10 月,第 27 届联合国大会通过决议接受了该建议,并要求联合国系统和各国政府在这一天开展各种活动来强调保护和改善人类环境的重要性。

世界环境日的意义在于提醒全世界注意地球状况和人类活动对环境的危害。它的确立，反映了世界各国人民对环境问题的认识和态度，表达了我们人类对美好环境的向往和追求。

历年环境日主题如下。

1974年：只有一个地球

1975年：人类居住

1976年：水，生命的重要源泉

1977年：关注臭氧层破坏、水土流失、土壤退化和滥伐森林

1978年：没有破坏的发展

1979年：为了儿童的未来——没有破坏的发展

1980年：新的十年，新的挑战——没有破坏的发展

1981年：保护地下水和人类食物链，防治有毒化学品污染

1982年：纪念斯德哥尔摩人类环境会议10周年——提高环保意识

1983年：管理和处置有害废弃物，防治酸雨破坏和提高能源利用率

1984年：沙漠化

1985年：青年、人口、环境

1986年：环境与和平

1987年：环境与居住

1988年：保护环境、持续发展、公众参与

1989年：警惕全球变暖

1990年：儿童与环境

1991年：气候变化——需要全球合作

1992年：只有一个地球——关心与共享

1993年：贫穷与环境——摆脱恶性循环

1994年：一个地球一个家庭

1995年：各国人民联合起来，创造更加美好的世界

1996年：我们的地球、居住地、家园

1997年：为了地球上的生命

1998年：为了地球的生命，拯救我们的海洋

1999年：拯救地球就是拯救未来

2000 年：环境千年——行动起来吧！

2001 年：世间万物 生命之网

2002 年：让地球充满生机

2003 年：水——二十亿人生命之所系！

2004 年：海洋存亡，匹夫有责

2005 年：营造绿色城市，呵护地球家园！

　　　　中国主题：人人参与 创建绿色家园

2006 年：莫使旱地变为沙漠

　　　　中国主题：生态安全与环境友好型社会

2007 年：冰川消融，后果堪忧

　　　　中国主题：污染减排与环境友好型社会

2008 年：促进低碳经济

　　　　中国主题：绿色奥运与环境友好型社会

2009 年：地球需要你：团结起来应对气候变化

　　　　中国主题：减少污染——行动起来

2010 年：多样的物种，唯一的地球，共同的未来

　　　　中国主题：低碳减排 绿色生活

2011 年：森林：大自然为您效劳

　　　　中国主题：共建生态文明，共享绿色未来

## 感悟思考

1. "一粒沙中见世界"，季羡林从一棵小小的丝瓜身上洞见生命的神奇与伟力，感悟到其中寓含的人生哲理。这些微小但并不平凡的生命你可曾关注过呢？选择身边自己认为平常而又有点"特别"的动植物，仔细观察并说出你最真实的感受。

2. "世界环境日"的设立已有 40 年，这 40 年里，地球和人类世界发生了翻天覆地的变化，你如何看待这种变化呢？

3. 搜集目前已知的自然灾害的相关信息。选取一种，试着探索其产生的原因。为减轻灾害给我们带来的损失，作为学生，我们可以做些什么？

4. 小调查：寻访一些老人，询问 50 年前自己所在的地区是什么样子，发生了哪些变化？如何客观地看待这些变化？

# ▎参考答案

**《逃跑的火焰》**

1. 示例：我看见狐狸嘴边喘出的白气，胡子上凝着的冰霜，它那双褐色的圆圆的眼睛盯着我看，眼神里充满了哀告、祈求。（能对狐狸有一定的描写，表现出狐狸的惊惶、绝望，与下文衔接自然、语言通顺即可）

2. 示例：（1）第4段：描写了猎犬追狐，红狐夺命奔逃的紧张情景。其中对狐狸每次跃起过程的描写，生动地反衬出狐狸的弱小，让人不免为其命运担忧。（2）第5段：以苍茫空廓的雪原为背景，把奔逃的红狐比作跳跃的火焰，生动贴切地描绘出狐狸在雪原上起伏跳跃、艰难奔逃的情状，火红与雪白相衬，鲜明耀目，让人感受到一种凄美。（3）第11段：作者以闪烁着阳光的雪野为背景，把奔逃着的红狐的尾巴比作随风曳动的火红烈焰，为我们展示了一幅红狐在茫茫雪原上跃动奔逃的绝美画面。（能结合三段文字中某一段的主要内容，进行全面、具体的分析，语言通顺即可）

3. （1）《冬天里遇到的童话》表现的主题是火红的狐狸在雪原上跃动，美丽炫目，给孤寂的旷野带来了生机和活力。（2）《逃跑的火焰》表现的主题是美的事物被毁灭，充满活力的生命被扼杀。（也可从关爱生命、与自然要和谐相处的角度进行理解）

**《一窠八哥的谜》**

1. "谜"主要指小八哥是如何飞走的（或"究竟飞到哪里去了"）。可能的谜底：大八哥用翅羽扶托着小八哥走的；小八哥自己飞走的。

2. 开始是好奇喜欢，后来是担忧，最后是对八哥怀着敬意和歉疚。

3. 参考示例①：突然的灾难往往使人更早直面人生，练就坚强的意志。比如说文学家胡适，他幼年丧父，家道中落，在贫寒中苦读，终有所成。参考示例②：自然界中，动物们有极强的生存和应变的能力，如提早离窝的小鸟也能搏击风雨，壁虎断了尾巴又会再生……面对这些动物朋友，我们应该充满敬意并与他们和谐相处。（可从内容、形式两方面谈，言之成理即可）

**《雨丝如期而至》**

1. 示例：比较喜欢对青蛙的描写。既写了蛙的形态，又写了蛙的叫声，形象贴切。结合诗句，让人从蛙声中体会到播种的希望和收获的喜悦。（结合文章说出真实感受，言之成理即可）

2. 我们应学会欣赏自然，体会生活中的美，与自然和谐相处。（从人与自然的角度言之成理即可）

第三章

感恩祖国

# ▍导 语

为什么我的眼里总含着泪水，因为我对这片土地爱得深沉！

——艾 青

祖国是什么？有人回答：祖国是祖先开辟的生存之地，后经生生不息的传宗接代繁衍至今而形成的"一片固定疆土"，是与你有血缘关系的一片土地以及生活在其中的人。然而，当岳飞歌吟着"八千里路云和月"的时候，当苏轼放歌"大江东去"的时候，当文天祥在"零丁洋里叹零丁"的时候，当毛泽东慨然于"江山如此多娇"的时候，当于右任悲鸣"山之上，国有殇"的时候，"祖国是什么"的答案会这样简单刻板吗？

祖国是一条蕴含无限风光的风景线。她有黄河壶口的惊涛骇浪，有群山之巅的万里长城；她是金光灿灿的雪城朝阳，是大漠孤烟中的一抹星光；她是繁华都市林立的大厦、现代化的工厂，是隽秀江南丹青画图里的水乡。祖国，亲爱的祖国，给了我们一个安身的土地、锦绣的家园！

祖国是洒满热血与热泪的史卷。这史卷上记录着秦汉大唐的盛世雄风，也记录着金戈铁马狼烟四起的土地山河；记录着列强入侵岗楼林立的苦难与屈辱，也记录着人民共和国的风采与光荣。她为我们留下了大气磅礴的自强精神，保住了中华民族不灭的命脉。祖国，亲爱的祖国，给了我们高傲的风骨、挺拔的脊梁！

祖国是无私无畏的母亲。她给我们以黑眼睛，让我们在黑暗中也能找到光明；她给我们以黄皮肤，让我们能像黄河一样与命运抗争。她教会我们在坎坷人生中收获真理，教会我们在蹉跎中珍惜友谊与爱情，更教会我们在关山危崖上摘取不屈和韧性。她提醒我们在平凡中创造奇迹，也指点我们怎样在失望中播种希望。祖国，亲爱的祖国，给了我们不屈的灵魂、开阔的方向。

因为祖国，我们有了共同的名字：那就是炎黄子孙、龙的传人；因为祖国，我们有了共同的使命：那就是努力拼搏，振兴中华。祖国是我们的根，是我们的源。没有祖国，就没有我们的安栖之所；没有祖国，就没有我们做人的尊严；没有祖国，就没有我们所拥有的一切！我们应该感恩祖国。

正因为对祖国的感恩，苏武才能够忍辱负重，牧羊风雪；谭嗣同才能够去留肝胆，笑傲刀丛；孙中山才能够百折不回，上下求索；周恩来才能够为中华之崛起而读书。正因为感恩祖国，才会有一方有难，八方支援；才会有奥运赛场上高高飘扬的国旗和激昂的国歌；才会有罗布泊升起的蘑菇云；才会有珠峰登顶、"神州"飞天……

感恩祖国，报效祖国。祖国，需要我们拥有"捐躯赴国难，视死忽如归"的热血情怀，需要我们拥有"位卑未敢忘忧国"的公民责任。但是，在今日之盛世中国，并不是每一个人都有冲锋陷阵、浴血疆场的机会和必要，更需要我们莘莘学子做的，是学好每一门课，写好每一篇文章，走好每一步路，过好每一天……在祖国母亲的天平上，轰轰烈烈、壮怀激烈的天之骄子和坚守岗位、默默奉献的普通公民，分量都是一样的重，因为我们对祖国母亲付出了同样真挚、热烈的爱恋。

让我们每个人都在自己的学习和工作岗位上，对祖国尽到自己的责任吧。这，就是我们对祖国最好的、最大的感恩！

## ▌美文悦读

### 草堂·诗魂／高　放

**导　读**

南宋朝乃多事之秋，然而乱世出英雄，时代也培育和造就了许多赤心爱国的仁人志士，诗人陆游就是当时杰出的一位。"僵卧孤村不自哀，尚思为国戍轮台""王师北定中原日，家祭无忘告乃翁"等等都是我们耳熟能详的诗句，从这些诗句中，我们能深刻地体会到他强烈而深厚的忧国爱民的情感。也正是受到陆游这样的志士仁人的鼓舞，无数炎黄子孙才能在国家和民族危难之际，置个人身家性命于不顾，使中华民族一次次战胜内忧外患，永远屹立在世界的东方。

细雨蒙蒙，落叶飘飘。

当我来时，又是茅屋为秋风所破的季节。老天像在有意营造一份思古幽情，有意让人来品味一种人生意蕴——文章憎命达！

茅屋而草堂，草堂而杜甫草堂，这绝代诗圣生命的一大栖息处，这和着一个风雨飘摇的时代、一个伟大灵魂沉吟的处所——杜甫草堂，早已成了成都的杜甫草堂公园。草堂公园由大廨（xiè）、诗史堂、工部祠和柴门等景观组成，给成都人一个清幽的休息场所，也给远方慕名而来的游客以精神的慰藉。设施是对过往的纪念，也是对现在的经营。只是草堂，作为一个诗人艺术生命的凝结处，作为中国文学史的一个纠结点，作为一段历史的现象台，太有特点了，情绪也太浓重了。"千秋万岁名，寂寞身后事"，读清人顾复初的"异代不同时，问如此江山，龙盘虎卧几诗客；先生亦流寓，有长留天地，月白风清一草堂"那副对联，更让人欷歔不已。草堂的文化意义与杜甫在世时命运的反差也太大了。然而，又让人坚信：只要确实灿烂过，也就注定会占有辉煌。

草堂足供观赏，甬道曲折，尽可徜徉，更何况又是细雨迷蒙，黄叶铺地！草堂，草堂，此时此际的草堂在诉说什么呢？从开元到天宝，《壮游》《三吏》《三别》《北征》《秋兴八首》，直到《茅屋为秋风所破歌》……一代诗史再现了一个时代，仅这些就足以彪炳青史了。这是杜甫的不朽，这是杜甫的辉煌，这也是杜甫的价值所在。舍此，我们又何以了然在一个大起大落的时代里，有一个愈老大愈清瘦愈苦寒的杜工部！这些是不必说的。但仅仅如此，还远不能了然杜甫诗歌抑郁沉雄的内在生命力，也远不能了然士人的用世之志与命运悲剧。这正是文章憎命达的命意所在，是其深层的人生意蕴所在，也是中国历史上人才的成就与命运的二律悖反。

中华传统，士人总有一份天下之志、用世之心，更何况出生于奉儒守官世家的杜甫！杜甫曾抒写人生抱负："甫昔少年日，早充观国宾。""自谓颇挺出，立登要路津。致君尧舜上，再使风俗淳。"他希望一出山就占据要津，而且充满理想色彩——要让君王赶上传说中的尧舜，要使全国民风淳朴敦厚。志莫大焉！然而，命运总是跟人开玩笑，历史也总在捉弄志士仁人。由开元而天宝，张九龄罢相，李林甫上台，唐王朝也已今非昔比，贤能之人想说什么做什么都已不可能了。这是国家的不幸，时代的不幸，也注定了杜甫一生宏图大志的落空。肃宗即位后，杜甫表面上拥有一官半职，比如左拾遗、华州司功参军、工部员外郎，而实际上却难有作为，薪俸也不足以养家。

离开中原后，其行迹大略是同谷——锦城——夔州——潭州，同时他的生命也如一片黄叶飘到了尽头。

可是，他的诗作却从此更加如长河激浪，深潭照物，映现出一代河山的风云、生灵的状貌。它们如钟，如鼓，回响在中华历史的长空。杜甫的命运就这样确定了，杜甫的历史角色及其创作成就也就这样确定了。这时我们再吟味《茅屋为秋风所破歌》的诗句，就会发现，个人的遭际，在诗圣眼中已不算什么了，此时他所想的只是"安得广厦千万间，大庇天下寒士俱欢颜"，苦寒到此已极矣，而忧患、仁慈至此亦已极矣！杜甫之胸怀，杜甫之心地足以光照日月！"致君尧舜上，再使风俗淳"，或者说经邦济世，要的不就是这种德与才吗？但是，风雨飘摇中的唐王朝抛弃了杜甫，而历史却于风雨飘摇中造就了另一个杜甫。这究竟是杜甫的不幸，还是杜甫的幸运呢？历史总是把一份生命的朴素，让人咀嚼得百味丛生。

流连一番，天色已晚，该走了。细雨依然。

(选自《作文周刊·中考版》，2010 年第 31 期)

# 钱伟长轶事：一生都为了国家 / 佚　名

**导　读**

文科两个满分，数理化总分只有 25 分，却弃文从理，因为他要学造飞机大炮，抗日救国；已经成为一名国际知名科学家，却悄然回国，并出现在清华大学的讲台上，因为祖国需要他回来建设新中国：力排众议，极力主张优先发展原子弹，因为诞生不久的新中国需要它们来扬眉吐气；年已 60 岁，却又迷上了计算机，只因为一个最简单的理由："国家需要我干，我就学。"钱伟长一生中每一次重大的改变和选择，都是因为国家的需要，都是为了祖国的繁荣富强。钱伟长用他98 年的人生践行着两个字：爱国。

2010 年 7 月 30 日 6 时 20 分，中国近代力学奠基人、著名科学家、上海大学校长钱伟长，在上海逝世，享年 98 岁。

钱伟长的生命历程曾经有过数次重大转变：第一次，当他以高分考取清华大学历史系时，因为国家的内忧外患而转学物理；第二次，当他有机会出国从事研究工作时，因为不愿"效忠"外国而毅然放弃；第三次，当他制订自己的专业计划时，放弃专长而转入国家急需的自动化等全新领域。

**因九·一八事变弃文从理**

小时候，钱伟长便喜欢读古典文学，岳飞、杨家将精忠报国的故事和范仲淹"先天下之忧而忧，后天下之乐而乐"的名言，都曾激荡过他幼小的心灵。

九·一八事变发生时，钱伟长刚刚跨进清华的校门。他本来是立志学历史的，可是国家的危亡和民族的灾难却让他感到，要改变国家的落后面貌，不受别国的欺负，就必须有强大的科技。他毅然决定弃文从理。在他的心中："国家的需要，就是我的专业。"正是这种爱国信念的激励，钱伟长走上了科学之路。

**不愿效力美国，放弃赴美工作机会**

1946年，在国外生活得很好的钱伟长回到国内，到清华大学任教。他曾回忆说："我是中国人，我要回去。虽然回国后，第一个月的工资只够买一个暖水瓶，但我从来没有后悔过，更从来没有对国家丧失过信心。"

1947年，钱伟长获得一个赴美从事研究工作的机会。当他到美国领事馆填写申请表时，发现最后一栏是："如果中国和美国开战，你会为美国效力吗？"钱伟长毅然填上了"NO"。对此，钱伟长后来回忆说："我忠于我的祖国，时时刻刻，心口如一。"

**放弃专长转入国家急需领域**

新中国成立后，他积极参与制订第一个科学技术发展远景规划。他提出的专业计划包括原子能、导弹航天、自动化、计算机和自动控制等。面对质疑"钱伟长怎么不要自己的专业"，他说，国家的需要就是自己的专业。

一切从国家的需要出发，这一理念贯穿了钱伟长的一生，也成就了他不平凡的一生。

（节选自《潇湘晨报》，2010年7月31日）

# 我只是做了一个儿子应该做的事
## ——全国抗震救灾模范代表陈岩事迹报告／陈 岩

**导 读**

陈岩，只是参与抗震救灾的无数志愿者的一个缩影。灾难面前，是对生命的敬、对祖国的爱将这些职业不同、身份各异的人们团结在一起。在救灾第一线，这些大多没有留下姓名的志愿者的身影给了我们太多感动，他们以坚强和大爱共同塑造出中华民族伟大的抗震救灾精神。"祖国母亲给了我们生命，而今祖国母亲有难，我们怎能不顾！我只是做了一个儿子应该做的事。"在他们身上，我们看到了对祖国母亲的拳拳赤子之心；也是他们，让世界对中国有了崭新的认识。

各位领导，同志们：

我叫陈岩，现在成都东冠实业有限公司工作。四川汶川特大地震发生后，我和千千万万志愿者一样，怀着"尽自己一份力、减祖国一份忧"的朴素愿望，为灾区奉献我们的热血和汗水。

地震发生时，我正在成都宽窄巷子签订合同。一瞬间，地动山摇，我马上意识到：地震了！我曾经参加过 1996 年云南丽江地震救援，深知时间对于救灾意味着什么。当时，我的心中只有一个念头——赶快到灾区去，那里的人们需要我们的帮助！于是，我立刻加入了团省委组织的志愿者队伍。匆匆忙忙作了一些简单的准备，当晚就驱车赶往都江堰。都江堰聚源中学已经限制进入。看到这一情况，想到一路上许多群众招手搭车，我毅然决定先开车送需要离开灾区的群众出城。一趟又一趟，这个晚上，我在成灌高速公路上往返 7 次，护送几十名受灾群众到成都安顿下来。

5 月 13 日，灾情信息越来越多，我心急如焚。上午 9 点，我驾车从成都奔赴卧龙，但当时通往卧龙的道路已完全被山石阻断，通信也已中断，进去救援难度很大。与其坐等交通恢复，不如转战其他灾区。我曾在绵竹市汉旺镇清平乡工作，我对那里十分熟悉。于是，我马上调转车头，向绵竹市汉旺镇赶去，并在路上购买了大量瓶装水和食品。5 月 14 日凌晨，终于赶到了东汽中学。

现场的景象触目惊心！东汽中学一栋教学楼已全部倒塌，另一栋教学楼倒塌了一半，砖块、水泥板、钢筋随处可见，残存的教学楼摇摇欲坠，孩子们在废墟里痛苦地呻吟。我的心中只有一个念头：快救孩子！

凭借以往的救援经验，我立即加入了国家地震灾害紧急救援队，与队员们一起制订方案，一起救人。为了寻找幸存者，我们对着废墟大声呼喊；为了不伤到废墟下的学生，我们徒手在瓦砾、钢筋中刨挖；为了争取时间，我们顾不上休息，五天五夜连续奋战在救人现场。我的嗓子喊哑了，十指划破了，衣服淋湿了，可当我看到一个又一个孩子被救出来，浑身又充满了力量！

在东汽中学救出最后一名幸存者之后，5 月 18 日凌晨 2 点，我又赶到了北川中学，废墟下已几乎没有生命迹象。于是，我立即转向组织和发放救灾物资。当天晚上，我就马不停蹄地来到了绵竹市汉旺镇，给灾区群众带去了帐篷、水、食品等救灾物资。在许多志愿者的支持下，截至 6 月初，我给灾区送去了 520 顶帐篷、7000 多件食品。在运送物资的过程中，我发现援助的物资和群众的需求存在不对接的情况，于是我当起了义务"牵线员"，为捐赠物资和捐赠对象牵线搭桥。在以后的日子里，我又四处奔波，一边搜集受灾老人、孩子的信息，呼吁更多志愿者帮助他们；一边到湖南、天津等地筹集食品和帐篷，为最需要帮助的学校联络了一批活动板房。

曾经有人问过我，为什么参加志愿者队伍？为什么舍命救人？我回答，因为我是四川人，我是中国人！此时，我更想说：因为我活着！祖国母亲给了我们生命，而今祖国母亲有难，我们怎能不顾！我只是做了一个儿子应该做的事，党和人民却给了我那么高的荣誉，这给予了我莫大的鼓励。只要我活着，我就要为伟大的祖国母亲贡献自己的全部力量！谢谢大家！

（选自中国网络电视台网站，2008年10月8日）

## 我的故事以及背后的中国梦 / 白岩松

**导　读**

本文是2009年3月，中央电视台主持人白岩松和央视摄制组赴美国拍摄专题片《岩松看美国》时在耶鲁大学向耶鲁师生发表的一篇演讲。这篇演讲以自己出生的年份1968年作为开始，讲述了1968年、1978年、1988年、1998年、2008年五个年份的故事，讲述了自己如何从一个边远小城的绝望孩子，成长为见证无数重要时刻的新闻人，并以个人命运为线索折射了四十年中美关系发生的深刻变化。其实，不仅白岩松，还有一个又一个普通的中国人和他们的家庭，在用自己的故事诠释着这样的中国梦，这些中国梦的实现都是以祖国的和平团结、繁荣富强为前提的。

过去的二十年，中国一直在跟美国的三任总统打交道，但是今天到了耶鲁我才知道，其实它只跟一所学校打交道。透过这三位总统我也明白了，耶鲁大学的毕业生的水准也并不很平均。

接下来就进入我们今天的主题——我的故事以及背后的中国梦。

**就在我看不到希望的1978年，中国发生了非常巨大的变化**

我要讲五个年份，第一要讲的年份是1968年。那一年我出生了。但是那一年世界非常乱，在法国有巨大的街头骚乱，在美国也有，然后美国的总统肯尼迪遇刺了，但是，的确这一切的原因都与我无关。那一年，我们更应该记住的是马丁·路德·金先生遇刺，虽然那一年他倒下了，但是"我有一个梦想"这句话却真正地站了起来，不仅在美国站起来，在全世界站起来。但是当时很遗憾，不仅仅是我，几乎很多的中国人并不知道这个梦想，因为当时中国人，每一个个人很难说拥有自己的梦想。中国与美国的距离非常遥远，不亚于月亮与地球之间的距离。但是我并不关心这一切，我只关心我是否可以吃饱。

1978年，10年之后。我10岁，依然生活在我出生的地方，那个只有20万人的非常非常小的城市。它离北京的距离有2000公里，它要想了解北京出的报纸的话，要在3天之后才能看见。所以对于我们来说，是不存在新闻这个说法。那一年我的爷爷去世了，而在两年前的时候我的父亲去世了，所以只剩下我母亲一个人要抚养我们哥俩，她一个月的工资不到 10 美元。因此即使 10 岁了，"梦想"这个词对我来说，依然是一个非常陌生的词汇，我从来不会去想它。我看不到这个家庭的希望。就在我看不到希望的 1978 年，不管是中国这个国家，还有中国与美国这两个国家之间，发生了非常巨大的变化，那是一个我们在座的所有人，今天都该记住的年份：1978 年的 12 月 16 日，中国与美国正式建交，那是一个大事件。两天之后，12 月 18 日，中国的十一届三中全会召开了，那是中国改革开放 31 年的开始。历史将两个伟大的国家、一个非常可怜的家庭，就如此戏剧性地交织在一起，不管是小的家庭，还是大的国家，其实当时谁都没有把握知道未来是什么样的。

**1988，"美国"不再是一个很遥远的国家，而是变成了生活中很多的细节**

1988 年，那一年我 20 岁。这个时候我已经从边疆的小城市来到了北京，成为一个大学生。虽然今天在中国依然有很多的人在抨击中国的高考制度，认为它有很多很多的缺陷，但是必须承认正是高考的存在，让我们这样一个又一个非常普通的孩子，拥有了改变命运的机会。当然，这个时候美国已经不再是一个很遥远的国家，它变得很具体，它也不再是那个过去口号当中的"美帝国主义"，而是变成了生活中很多的细节。这个时候，我已经第一次尝试过可口可乐，而且喝完可口可乐之后会觉得中美两个国家真的是如此接近，因为它几乎就跟中国的中药是一样的。

那个时候我已经开始非常狂热地去喜欢摇滚乐。那个时候，正是迈克尔·杰克逊还长得比较漂亮的时候。更重要的是，这个时候的中国，已经开始发生了非常大的变化，因为改革已经进行了 10 年。那一年，中国开始尝试放开很多商品的价格。这在你们觉得是非常不可思议的事情，但是在中国当时是一个很大的迈进，因为过去的价格都是由政府来决定的。但是，就在那一年，因为放开了价格，引起了全国疯狂地抢购，大家都觉得这个时候会有多久，于是要把一辈子都用的食品和用品买回到家里。这一年也就标志着中国离市场经济越来越近了。当然，那个时候没有人知道市场经济也会有次贷危机。当然，我知道 1988 年那一年对于耶鲁大学来说格外的重要，因为你们耶鲁的校友又一次成为美国的总统。

**1998，我主持了克林顿的演讲直播，还开上了我人生的第一辆车**

1998 年，那一年我 30 岁。我已经成为中央电视台的一个新闻节目主持人。更重要的是，我已经成为一个一岁孩子的父亲。我开始明白我所做的很多事情不仅要考虑我自己，还要考虑孩子及他们的未来。那一年，在中美之间发生了一个非常重要的事件，主角就是克林顿。也许在美国你记住的是性丑闻，但是在中国记住的是，他那一年访问了中国。在 6 月份他访问中国的时候，在人民大会堂和江泽民主席进行了一个开放的记者招待会，然后又在北京大学进行了一个开放的演讲，这两场活动的直播主持人都是我。

当克林顿总统在上海即将离开中国的时候，记者问道："这次访问中国，您印象最深的是什么？"他说："我最想不到的是这两场讲座居然都直播了。不过直播让中国受到了表扬，而美国却受到了批评。"当然，只是一个很小的批评。在北大的演讲当中，由于整个克林顿总统的演讲，用的全是美方所提供的翻译，因此翻译的那个水准远远达不到今天我们翻译的水准。我猜想有很多的中国观众，知道克林顿一直在说话，但是说的是什么，不太清楚。所以我在直播结束的时候，说了这样的一番话，我说："看样子美国需要对中国有更多的了解，有的时候要从语言开始，而对于中美这两个国家来说，面对面永远要好过背对背。"当然也是在这一年年初，我开上了我人生的第一辆车。这是我在过去从来不会想到的，中国人有一天也可以开自己的车。个人的喜悦，也会让你印象很久，因为往往第一次才是最难忘的。

**2008，北京奥运会召开、中国人第一次在太空当中行走，那是我们期待了很久的梦想**

2008 这一年，我 40 岁。很多年大家不再谈论的"我有一个梦想"这句话，在这一年我听到太多的美国人在讲。看样子奥巴马的确不想再接受耶鲁占领美国 20 年这样的事实了。他用"改变"以及"梦想"这样的词汇，让耶鲁大学的师生在他当选总统之后举行游行，甚至庆祝。在这个细节里，让我看到了耶鲁师生的超越。

这一年，也是中国梦非常明显的一年。它就像全世界所有的伟大的梦想，注定要遭受很多挫折才能显现出来一样，无论是期待了很久的北京奥运会，还是神舟七号中国人第一次在太空当中行走，那都是很多年前我们期待了很久的梦想。但是，突如其来的四川汶川大地震，让这一切都变得没有我们期待中的那么美好。8 万个生命的离开，让整个 2008 年中国人度日如年。我猜得到在耶鲁校园里头，在每一个网页、电视以及报纸的前面，也有很多的来自中国以及世界各地的人们，为这些生命流下眼泪。但是就像 40 年前马丁·路德·金先生倒下，却让"我有一个梦想"这句话站得更高，站得更久，站得更加让人觉得极其有价值一样，更多的中国人也明白了，梦想很重要。但是生命更重要。

在北京奥运会期间，我度过了自己的 40 岁的生日。那一天，我感慨万千，因为时间进入到我的生日那一天的时候，我在直播精彩的比赛。24 小时之后，当这个时间要走出我生日这一天的时候，我也依然在直播。但是这一天我觉得我非常的幸运。因为正是这样一个特殊的、在北京奥运会期间的 40 岁，让我意识到了我的故事背后的中国梦。正是在这样的 40 年的时间里头，我从一个根本不可能有梦想的、一个遥远边疆的小城市里的孩子，变成了一个可以在全人类欢聚的一个大的节日里头，分享以及传播这种快乐的新闻人，这是一个在中国发生的故事。

而在这一年，中国和美国相距并不遥远，你中有我，我中有你，彼此需要。布什总统据说度过了他作为总统以来在国外一个国家待的最长的一段时间，就是在北京奥运会期间。菲尔普斯在那儿拿到了8块金牌，而他的家人都陪伴在他的身边，所有的中国人都为这样一个特殊的家庭祝福。当然，任何一个这样的梦想都会转眼过去。在这样的一个年份里头，中美两国历史上几乎是第一次同时发出了"我有一个新的梦想"的时候，如此的巧合，如此的应该。

**中国人看美国，似乎用望远镜放大了所有的美好；美国人看中国，望远镜好像拿反了**

美国面临了一次非常非常艰难的金融危机，当然不仅仅是美国的事情，也对全世界有重大的影响。昨天我到达纽约，刚下飞机，我去的第一站就是华尔街，我看到了华盛顿总统的雕像，他的视线是那么永久不变地在盯着证券交易所上那面巨大的美国国旗。而非常奇妙的是，在这个雕像后面的展览馆里正在举行"林肯总统在纽约"这样的一个展览，因此林肯总统的大幅的画像也挂在那上面，他也在看那面国旗。我读出了一种非常悲壮的历史感。在离开那个地方的时候，我对我的同事说了这样一句话，我说，很多很多年前如果美国发生了这样状况的时候，也许中国人会感到很开心。因为大家会说，你看，美国又糟糕了！但是今天中国人会格外地希望美国尽早地好起来，因为我们有几千亿的钱在美国，我们还有大量的产品等待着装上货船，送到美国来，如果美国的经济进一步好起来的话，在这些货品的背后，就是一个又一个中国人增长的工资，是他重新拥有的就业岗位以及家庭的幸福。因此，你明白，这不是一个口号的宣传。

在过去的30年里，你们是否注意到了，与一个又一个普通的中国人紧密相关的中国梦。我不知道世界上还有哪个国家，在过去这30年的时间里，让个人的命运发生了这么大的变化。一个边远小城市里的孩子，一个绝望中的孩子，今天有机会在耶鲁跟各位老师同学交流。中国经历了这30年，有无数个这样的家庭。他们的爷爷奶奶依然守候在土地上，仅有微薄的收入，千辛万苦。他们的父亲母亲，已经离开了农村，通过考大学，在城市里已经有了很好的工作，而这个家庭的孙子孙女也许此刻就在美国留学。三代人，就像经历了三个时代。但是在中国，你随时可以看到这样的家庭。如果我没有说错的话，现场的很多个中国留学生，他们的家庭也许就是这样，对吗？那么，在我们去观察中国的时候，也许你经常关注的是"主义"、"社会主义"或其他庞大的政治词汇，或许该换一个视角去看13亿非常普通的中国人——他们并不宏大的梦想、改变命运的那种冲动、依然善良的性格和勤奋的品质。今天的中国是由刚才的这些词汇构成。

在过去的很多年里头，中国人看美国，似乎在用望远镜看。美国所有的美好的东西，都被这个望远镜放大。经常有人说美国怎么怎么样，美国怎么怎么样，你看我们这儿什么时候能这样。在过去的好多年里头，美国人似乎也在用望远镜在看中国，但是我猜测可能拿反了。因为他们看到的是一个缩小了的、错误不断的、有众多问题的一个中国。他们忽视了13亿非常普通的中国人，改变命运的这种冲动和欲望，使这个国家发生了如此巨大的变化。但是我也一直有一个梦想。为什么要用望远镜来看彼此？我相信现场很多个来自中国的留学生，他们会用自己的眼睛看到最真实的美国，用自己的耳朵去了解最真实的来自美国人内心的想法。无论再用什么样的文字也很难再改变他们对美国的看法，因为这来自他们内心的感受。当然我也希望非常多的美国人，有机会去看看中国，而不是在媒体当中去看中国。你知道我并不太信任我的所有的同行。

开一个玩笑。其实美国的同行是我非常尊敬的同行。我只是希望越来越多的美国朋友去看一个真实的中国。因为我起码敢确定一件事情，即使在美国你吃到的被公认为最好的中国菜，在中国都很难卖出好价钱。就像很多很多年之前，在中国所有的城市里流行着一种加州牛肉面，加利福尼亚牛肉面。相当多的中国人都认为，美国来的东西一定非常非常好吃，所以他们都去吃了。即使没那么好吃的话，由于觉得这是美国来的也就不批评了。这个连锁的快餐店在中国存在了很多年，直到有越来越多的中国人来到美国，在加州四处寻找加州牛肉面，但是一家都没有找到的时候，越来越多的中国人知道，加州是没有这种牛肉面的。于是这个连锁店在中国，现在处于陆续消失的过程当中。这就是一种差异。但是当人来人往之后，这样的一种误会就会越来越少。

所以，最后我只想再说一句。40年前，当马丁·路德·金先生倒下的时候，他的那句话"我有一个梦想"传遍了全世界。但是，一定要知道，不仅仅有一个英文版的"我有一个梦想"。在遥远的东方，在一个几千年延续下来的中国，也有一个梦想。它不是宏大的口号，并不是仅仅在政府那里存在，它是属于每一个非常普通的中国人，而它用中文写成"我有一个梦想"！

（选自白岩松的博客）

## 延伸阅读

# 一条小渠 / 舒　乙

我对这位传奇英雄的认识，有一个突变。

为了寻找盖文学馆新馆舍所用国产装饰石材，我和我的同事来到了新疆。

我知道，鸦片战争之后，林则徐曾被充军新疆，一直发配到伊犁，是真正的受罚。多少年过去了，当地的政府和人民，为了纪念他，特地给他在老的伊犁将军府附近盖了一座纪念馆。我决定抽空去看看。

在去纪念馆的路上，我看见路旁一条很长很规矩的小河，大概有 5 米宽，河水流得很冲，岸两旁有高大的树。开车的司机说：它是渠，是人工开凿的，叫"皇渠"，是林则徐大人当年留下来的，为的是把天山上的雪水引下来，灌溉土地，变荒地为良田。这水渠至今已有 160 年的历史了。

这个小故事极感人。

它一下把这位举世闻名的英雄老人拉得很近很近了。我对他，不是一般的崇敬了。复杂了，真的，复杂得多了。该怎么说呢？往大里说，牵扯到人该怎么活，怎样做人，做什么样的人，甚至，整个儿的，人生的价值是什么，都可以由这个故事中派生出一些认真的思考来。往具体里说，想想看，那时怎样的逆境啊：硝烟弥漫之后，戴罪受罚，背井离乡，充军万里，凄凉之至。然而，他去依然一副大将风度，在别人的监控之下，指挥黎民百姓和部分官兵，披星戴月，风尘仆仆，终日挖渠引水不止。何等坦荡，何等乐观，何等大度，何等潇洒！简直就是一个活生生的样板，一个树在你我面前的，伟大的，不说教的，默默的，摸得着看得见的，平凡的，可以效仿的楷模。

总之，这条小渠给我带来了心灵震撼，令我激动不已。它给我一个巨大的感动。

林则徐的一生与其说是官运亨通，不如说是充满了大起大落。他多次受罚，比如连降四级，连降五级，竟有许多次。最大的处罚是发配新疆。然而他的态度是：

苟利国家生死以 岂因祸福避趋之

一个真正以国家利益为重的人的处世哲学便是如此鲜亮简明，有小渠可以作证。

新疆土地极肥沃，天生一块大宝地：风和日丽，日照长，有利于植物的光合作用；只要有水，种什么长什么，而且硕大，丰产。林则徐抓住这个关键，挖渠引水，做了表率。而他做这一切的时候，偏偏是个犯人的身份，而且年老体弱，精神上又遭到了极大的打击。

在最倒霉的时候，在最倒霉的地点，在最倒霉的情况下，顶着最倒霉的屈辱，干着最普通、最费力、最不容易露脸的事。但只要有利于人民，有利于国家，有利于后代，便在所不辞，管他是沉是浮。这就是林则徐的风格。

这个风格是铮铮硬骨头的作风。

这个风格是民族脊梁的象征。

这个风格是真正人生价值的体现。

我为那遥远的小渠而骄傲，它不是什么"皇"渠，它是地道的"人"渠。

一个姓林名则徐的神人，用这小渠，在天地之间，龙飞凤舞地书写了一个大大的"人"字。

什么时候再去看看那小渠，用清澈冰凉的渠水洗洗脸，当做接受一次沁人肺腑的人生洗礼吧。

（节选自《思维与智慧》，2009 年第 18 期；有删改）

1. 作者为什么称"皇渠"为"人渠"呢？

_____

_____

_____

2. 作者开篇就说对林则徐的认识"有一个突变"，结合全文，谈谈这个突变的具体内容。

_____

_____

## 武侯祠：一千五百年的沉思 / 梁　衡

中国历史上有无数名人，但没有谁能像诸葛亮这样引起人们长久不衰的怀念；中国大地上有无数祠堂，但没有哪一座能像成都武侯祠这样，让人生无限的崇敬、无尽的思考和深深的遗憾。

武侯祠坐落在成都市区略偏南的闹市。两颗古榕为屏，一对石狮拱卫，当街一座朱红飞檐的庙门。你只要往门口一站，一种尘世暂离而圣地在即的庄严肃穆之感便油然而生。进门是一庭院，满院绿树披道，杂花映目。刘备殿飞檐翘角，雄踞正中。过刘备殿，又一四合院，东西南三面以回廊相通，正北是诸葛亮殿。由诸葛亮殿沿红墙翠竹之夹道就到了惠陵，这是刘备的墓。这些树、殿、陵都被一线红墙环绕，墙外车马喧，墙内柏森森。诸葛亮能在一千五百年后依旧享此前配天子庙、右依先帝陵之祀地，并千百年来香火不绝，这气象也真绝无仅有了。

　　我穿过一座座院落，悄悄地向诸葛亮殿走去。殿柱矗立，贯天地正气；殿门前敞，容万民之情。诸葛亮端坐龛台上，头戴纶巾，手持羽扇，正凝神沉思。他的左右是其子诸葛瞻，其孙诸葛尚。殿后有铜鼓三面，为丞相当初治军之用，已绿锈斑驳，却余威尚存。殿的左右两壁书着他的两篇名文，左为《隆中对》，右为《出师表》。我透过他深沉的目光，努力想从中发现这位东方"思想家"的过去。我看到他在国乱家丧之时，布衣粗茶，耕读山中；我看到他初出茅庐，羽扇轻轻一挥，八十三万曹兵灰飞烟灭；我看到他在斩马谡时那一滴难言的浊泪；我看到他在向后主自报家产时那一颗坦然无私的心。记得小时候读《三国》，总希望蜀国能赢，那实在不是为了刘备；而是为了诸葛亮。这样一位才比天高、德昭宇宙的人不赢，真是天理不容。但他还是输了，上帝为中国历史安排了一出最雄壮的悲剧。

　　一千五百年前，诸葛亮输给了曹魏，但他却赢得了从此以后所有人的心。我从大殿上走下，沿着回廊在院中漫步。这个天井式的院落像一个历史的隧道，我们随手可翻检到唐宋遗物，甚至还可以驻足廊下，与古人聊上几句。杜甫是到这祠里最多的。他的名句"出师未捷身先死，长使英雄泪满襟"，唱出了这个悲剧的主调。南面东面两廊的墙上嵌着岳飞草书的前后《出师表》，我默读着"临表涕零，不知所言"，读着"汉贼不两立，王业不偏安"，看那墨迹笔走龙蛇，倒海翻江，如涕如泪，如枪如戟，我似乎听到了两位忠臣良将遥隔九百年的灵魂共鸣。这座天井式的祠院一千五百年来就这样始终为诸葛君的英气所笼罩，我看到一个个的后来者，他们在这里扼腕叹息，或仰天长叹，或沉思默想。不管是什么人，只要在这个天井小院里一站，就受到一种庄严的召唤。人人都为他的凛然正气所感召，都为他的忠义之举而激动，都为他的淡泊之志所净化，都为他的聪明才智所倾倒。人有才不难，有德也不难，难得的是德才兼备，有才又肯为天下人兴利，有功又不自傲。

　　历史已经过去，我们对诸葛亮却更觉亲切。诸葛亮在那场历史战争中并不单纯地为克曹灭魏，他不过是要实现自己的治国理想，是在实践自己的做人规范，他在试着把聪明才智发挥到极限。他借此实现了作为一个人，一个历史伟人的价值。史载公元247年，"桓温征蜀，尤见武侯时小吏，年百余岁。温问曰：'诸葛丞相今谁与比？'答曰：'诸葛在时，亦不觉异，自公没后，不见其比。'"此事未必可信，但诸葛亮确实实现了超时空的存在。古往今来有两种人，一种人为现在而活，拼命享受，死而后已；一种人为理想而生，鞠躬尽瘁，死而后已。一个人不管他的官位多大，总要还原为人；不管他的寿命多长，总要变为鬼；而只有极少数人才有幸被百姓筛选，历史擢拔而为神，享四时之祀，得到永恒。

（选自《历史这堵墙：中国近现代名家历史散文集》，中国华侨出版社2009年版）

1. 文章开头就说"中国大地上有无数祠堂，但没有哪一座能像成都武侯祠一样，让人生无限的崇敬、无尽的思考和深深的遗憾"，作者崇敬、思考和遗憾的是什么？请分别举一例说明。

_____

_____

2. 根据本文内容，用简洁的语言举例说明诸葛亮是一个怎样的人？

_____

_____

3. 你怎样理解"一个人不管他的官位多大，总要还原成人；不管他的寿命多长，总要变为鬼；而只有少数人才有幸被百姓筛选，历史擢拔而为神，享四时之祀，得到永恒"？

_____

_____

## 知识链接

### 陆游爱国诗词名句

| | |
|---|---|
| 少年志欲扫胡尘，至老宁知不少伸！ | ——《书叹》 |
| 位卑未敢忘忧国，事定犹须待阖棺。 | ——《病起书怀》 |
| 夜视太白收光芒，报国欲死无战场。 | ——《陇头水》 |
| 平生万里心，执戈王前驱。战死士所有，耻复守妻孥。 | ——《夜读兵书》 |
| 忧国孤臣泪，平胡壮士心。 | ——《新春》 |
| 我亦思报国，梦绕古战场。 | ——《鹅湖夜坐书怀》 |
| 报国计安心，灭胡心未休。 | ——《枕上》 |

我欲登城望大荒，勇欲为国平河湟；才疏志大不自量，东家西家笑我狂。

——《大风登城》

胡未灭，鬓先秋，泪空流。此生谁料。心在天山，身老沧州！

——《诉衷情》

壮心未与年俱老，死去犹能作鬼雄。　　　　——《书愤》（其二）

## 《国家》

词：王久平　曲：金培达

我爱我的国 \ 我爱我的家 \ 国是我的国 \ 家是我的家 \ 我爱我的国 \ 我爱我的家

一玉口中国 \ 一瓦顶成家 \ 都说国很大 \ 其实一个家

一心装满国 \ 一手撑起家 \ 家是最小国 \ 国是千万家

在世界的国 \ 在天地的家 \ 有了强的国 \ 才有富的家

国的家住在心里 \ 家的国以和矗立 \ 国是荣誉的毅力 \ 家是幸福的洋溢

国的每一寸土地 \ 家的每一个足迹 \ 国与家连在一起 \ 创造地球的奇迹

## 中国"三钱"

1956 年中国制定了第一个 12 年科学规划，钱学森、钱伟长和钱三强，三人一起，被周恩来总理称为中国科技界的"三钱"。"三钱"为我国科学事业作出了卓越的贡献。在"实力决定地位"的国际背景下，他们在给我们国家带来更多安全感的同时，也赋予了我们一个时代的自豪感。

### 钱学森

中国共产党优秀党员、忠诚的共产主义战士、享誉海内外的杰出科学家和中国航天事业的奠基人，中国两弹一星功勋奖章获得者之一。曾任美国麻省理工学院教授、加州理工学院教授，曾担任中国人民政治协商会议第六、七、八届全国委员会副主席、中国科学技术协会名誉主席、全国政协副主席等重要职务。

钱学森是用美军战俘换回来的。美国人一时疏忽放走了他们曾经控制下的、这位当年美国海军次长认为"至少等于五个师兵力"、后来享誉世界的航空火箭专家、空气动力学家、应用软科学家和系统工程学家。钱学森的脑袋的确与众不同，仿佛里面藏着一座智慧的金山，又似乎装有一堆留给明天的秘密。

### 钱伟长

享誉海内外的杰出华人科学家，教育家，社会活动家。国际上以钱氏命名的力学和应用数学科研成果就有"钱伟长方程"、"钱伟长方法"、"钱伟长一般方程"、"圆柱壳的钱伟长方程"等等，他先后担任中国多所名牌大学（清华大学、南京大学、上海大学、暨南大学、江南大学）的校长、副校长、名誉校长、校董事会董事长、名誉董事长，并且曾连续四届当选中华人民共和国全国政协副主席和中国民主同盟第五、六、七届中央委员会副主席，第七、八、九届名誉主席等中央要职。

年轻时的钱伟长就显示出超乎寻常的卓越才智。二战时，伦敦遭到德国 V-2 火箭的威胁，英国首相丘吉尔向美国求援。钱伟长、林家翘等人根据自己的研究，提出了运行火箭受到干扰缩短旅程的对策，有效地阻遏了德国的飞弹。丘吉尔在他的回忆录中谈及此事时，不胜感慨，由衷地称赞："美国青年真厉害！"他哪里知道，使他避免厄运的实际上是黑头发的中国青年。而"钱伟长智救伦敦"的传奇故事不胫而走，成为20世纪科坛上的一段佳话。

### 钱三强

原名钱秉穹，核物理学家，中国科学院院士。父亲钱玄同是中国近代著名的语言文字学家。他与妻子何泽慧被西方称为"中国的居里夫妇"，他是中国发展核武器的组织协调者和总设计师，中国"两弹一星"元勋。

1936年，钱三强从清华大学毕业后，赴法国留学，在巴黎大学镭学研究所从事原子能核物理研究，师从居里夫人（著名科学家居里夫人的女儿）。10年后，钱三强学成回国，主持建立了中国原子能研究所并任所长，主持并制成了共和国第一个核装置——原子能反应堆。这位蜚声海内外的科学巨子把他的后半生献给了中国核科学组织工作。钱三强知人善任，是他大胆起用年仅26岁的邓稼先出任我国第一颗原子弹的总设计师。诚如邓稼先的老同学、诺贝尔奖得主、著名物理学家杨振宁博士所言："钱三强独具慧眼的睿智和超凡的组织才能，促成了中国原子弹的爆炸成功。"

### 耶鲁大学

耶鲁大学是一所坐落于美国康乃狄格州纽黑文市的私立大学，始创于1701年，初名"大学学院"，是美国历史上建立的第三所大学，今为常青藤联盟的成员之一。该校最强的学科是社会科学、人文学以及生命科学。经过漫长而辉煌的300年历史风雨，耶鲁不仅为美国输送了大批精英，也为世界培养了许多栋梁之才。

最让耶鲁引以为豪的学生莫过于1773级的学生、被美国人称为民族英雄的内森·黑尔了。具有炽热爱国热情的内森·黑尔在美国独立战争中深入英军防线搜集情报时被捕，并被处以绞刑。就义前，他留下了世代相传的豪言壮语："我唯一的憾事就是没有第二次生命献给我的祖国。"还有5位美国总统毕业于耶鲁。他们分别是美国第27任总统威廉·霍华德·塔夫脱、第38任总统杰拉尔德·福特、第41任总统乔治·赫伯特·沃克·布什、第42任总统比尔·克林顿以及美国第43任总统小布什。耶鲁创造了惊人的奇迹：连续3届总统都出自耶鲁！另外，民主党总统候选人乔·利伯曼以及前任美国第一夫人、已经成功当选美国国务卿的希拉里·克林顿等也都出自耶鲁。在耶鲁大学众多的学术精英中，有13位学者曾荣获诺贝尔奖。

耶鲁曾培养出一大批杰出的中国留学生，包括容闳、詹天佑、颜福庆、马寅初、晏阳初、李继侗、杨石先、施汝为、陈嘉、王家楫、高尚荫、唐耀、杨遵仪、应开识、林耀等等。其中，容闳是第一位取得美国大学学士学位的中国人。

**全国防灾减灾日**

2008年5月12日14时28分04秒，四川汶川、北川，8级强震猝然袭来。这是新中国成立以来破坏性最强、波及范围最大的一次地震。此次地震重创约50万平方公里的中国大地！为表达全国各族人民对四川汶川大地震遇难同胞的深切哀悼，国务院决定，2008年5月19日至21日为全国哀悼日。自2009年起，每年5月12日为全国防灾减灾日。

## ▌感悟思考

1. 正如《国家》歌词里所说的"有了强的国，才有富的家"，我们每个人的成长都是与祖国息息相关的，回想自己的生活经历，看看祖国这些年来发生了哪些重大事件？对你和你的家产生了哪些影响？说出来和同学们分享。

2. 2011年3月日本地震并引起核泄漏，给日本造成了极大的灾难，很多国人对中国的援日行动不理解，甚至还有的人对日本的受灾拍手称快……不妨作一个调查，看看周围的人在对日救灾方面有什么样的看法和做法，他们的理由是什么。对于他们的看法和做法，你是怎么想的呢？

3. "红歌"：赞扬歌颂革命和祖国的歌曲。在流行歌曲大行其道的今天，很多优秀的"红歌"逐渐为人所淡忘。你听说过哪些，会唱哪些"红歌"？可以和同学们组织一个"红歌会"，最好邀请父母或祖父祖母参加，听他们讲述与"红歌"有关的事情，和他们一起重温祖国走过的那段历程。

## ▌参考答案

**《一条小渠》**

1. 因为这是林则徐在被贬的情况下还心系百姓，为百姓修的渠；它体现了大写的"人"的风格和精神。

2. 由对英雄的一般性崇敬，引发了对人生价值的思考（或找到了人生效仿的楷模）。

**《武侯祠：一千五百年的沉思》**

1. 答案要点如下：

（1）崇敬：①他为理想而生，鞠躬尽瘁：我看到他在国乱家丧之时，布衣粗茶，耕读山中。②他聪明机智，才比天高：我看到他初出茅庐，羽扇轻轻一挥，八十三万曹兵灰飞烟灭。③他坚持原则，依法办事：我看到他在斩马谡时那一滴难言的浊泪。④他德昭宇宙，克己奉公：我看到他在向后主自报家产时那一颗坦然无私的心。（答出其中任一点均可）

（2）思考：①人应德才兼备，为天下人兴利：人有才不难，有德也不难，难得的是德才兼备，有才又肯为天下人兴利，有功又不自傲。②人是为现在而活，还是为理想而生：古往今来有两种人，一种人为现在而活，拼命享受，死而后已；一种人为理想而生，鞠躬尽瘁，死而后已。③人不在官多大，寿命多长，而在于被人民承认：一个人不管他的官位多大，总要还原为人；不管他的寿命多长，总要变为鬼；而只有极少数人才有幸被百姓筛选、历史擢拔而为神，享四时之祀，得到永恒。（答出其中任一点均可）

（3）遗憾：诸葛亮输了，诸葛亮输给了曹魏（或"上帝为中国历史安排了一出最雄壮的悲剧"）。

2. 诸葛亮是一个德才兼备的人。他具有治国理想：国乱家丧之时，布衣粗茶，耕读山中。他具有聪明才智：初出茅庐，羽扇轻轻一挥，八十三万曹军灰飞烟灭。他坚持原则：挥泪斩爱将马谡。他克己奉公：向后主自报家产时坦然无私。

3. 一个人的官位再大，最终也会失去；一个人的寿命再长，总是要死的（也不会永恒）。只有那些有才有德，为人类的发展、为人民的利益，终生奋斗，鞠躬尽瘁，死而后已，作出巨大贡献的极少数人，才能世世代代被人们长久不衰地怀念。（注意此点：作者的原意是说，做官和做人比起来，做人更重要；长寿和为理想而鞠躬尽瘁比起来，为理想而鞠躬尽瘁的人更能永恒。官位大，为现在而活，拼命享受的人，"死而后已"——死了也就算了，不存在了。为理想而生的人，鞠躬尽瘁，一直奋斗到死，"死而后已"——死了也就算了，此外什么都不追求。）（意思基本相同即可）

第四章

感恩社会

## ▌导 语

释迦牟尼说，一滴水怎样才能不干涸？答案是把它放到大海里去。

社会在现代意义上是指为了共同利益、价值观和目标的人的联盟。就如同一粒粒沙尘汇集成了大地、一棵棵树木汇集成了森林、一滴滴水珠汇集成了海洋一样，我们一个个人，生活在同一片蓝天下，我们聚集成了社会。

日本作家幸田露伴说："真正的文明是所有人种植幸福的结果。"常常听到人们在抱怨：物价太高、压力太大、贫富不均、人际关系冷漠……似乎社会上到处充斥着很多的不公与欺骗。我们的社会真的这样一个情形吗？这是我们每个人的真实感觉吗？

很多时候，正是因为缺少一颗感恩的心，我们的心底才会沉积着那么多的不满。作为青年学子，在求学生涯中，我们一直都是在象牙塔里，似乎和社会没有什么接触。但是我们的生活从来没有离开社会，校园也是一个小社会，社会的安定与和谐是校园安定与和谐的前提。在我们成长的过程中，会体会到家庭的温暖、学校的温暖、集体的温暖、社会的温暖，始终贯穿在这温暖之中的一股力量，它的名字是爱。爱是一种温暖的力量。社会，给了我们家庭，给了我们权利，给了我们生活，给了我们所需要的一切。对于这个默默守在我们身边的社会，我们应该拥有一种感恩的情怀。

感恩社会，首先要学会自省。今天所做的事，处理是否得当？怎样做有可能会出现更好的结果？今天是否说过不当的话？是否做过损害别人的事？某人对我不友善，是否另有原因？……在自省中清醒，在自省中明辨是非，在自省中变得更加睿智。懂得自省的人更容易得到他人的信任，更容易赢得真正的朋友，更容易融入社会。自省，让社会更加理性。

感恩，就是学会理解。很多时候，我们会抱怨、指责、牢骚满腹，常常因为别人的一点小失误而心存芥蒂。这个时候如果能站在别人的立场上，从对方的角度考虑问题，将心比心，以心换心，人与人之间就会少了许多的矛盾和误会，取而代之的是顺畅的沟通和默契的协作。理解，让社会更加和谐。

感恩，就是学会宽容。宽容是一种力量，在冲突与不愉快发生时，宽容是"以柔克刚"，保持"忍一时风平浪静，退一步海阔天空"的心境。宽容也是一种幸福，我们饶恕别人，不但给了别人机会，也取得了别人的信任和尊敬。宽容，让社会更具温情。

感恩，就是承担责任。社会责任是人生存于这个社会之中的必备意识，承担自己对社会的责任，是对社会的积极接受，也是把握在这个社会中更好的生存机会。当一个人能够用感恩的心态意识到自己的社会责任时，他就在人生道路上迈出了一大步。当每个人都能用感恩的心态来履行自己的社会责任时，社会的发展将会有很大的飞跃。自觉承担社会责任，让社会更具活力。

感恩，就是懂得回报。生命与生命的相逢是相互的感恩，生命与生命的相逢是相互地付出！如果每个人在需要帮助的时候都得到帮助，如果每个得到帮助的人都记得回报，如果人与人之间这付出与回报的链条永不中断，那么，人们就永远生活在爱的链条中懂得回报，让社会充满爱。

感恩是一颗美好的种子，我们不仅要懂得收藏，还懂得适时播种，那么我们的社会将会满眼绿色，遍地美景！

## ▍美文悦读

### 爱，从来不卑微 / 杨 进

**导 读**

慈善是一项庞大而繁复的社会工程，它需要社会中的每个人用热心和诚意去积极参与。一位在人们眼中"渺小而卑微"的贫苦老人，把帮助他人当作自己应尽的一份责任，而不是所谓的"义务"。相比于那些一掷千金的慈善家，他确实做了一件普通人容易做到，但是又不容易做到的事。他们的爱心与人生境界，让我们感动和惭愧。这位老人让我们看到了人间真情，也给我们带来了思考和改变：只要我们的心不"冷"，社会就会充满爱，人生也会焕发出光彩。

很长一段时间，我一直为生命的某些命题所困扰，关于人生价值，关于人间真情等等。心灵的空间里满是楼宇隔绝起来的如壁的冷漠，使我因为这个年龄而丰盈起来的心像一株水仙在沙漠里渐渐枯竭。

一个午后，校园里播放着一首不知名的美国歌曲，我和几个同学站在一栋楼房的角落里聊天。面前的桌子上，摆着为灾区孩子们募捐的纸箱。为了引起过往路人的注意，我们把一组放大的黑白照片贴在一块长幅的红布上。相片上的那些孩子们坐在用帐篷搭起的教室里，纯真而渴求的目光齐刷刷地望着前方。

在离我们不远的地方——学校西三食堂前的路旁，放着几只超负荷的垃圾箱，我们每次拎着饭盒掩鼻而过时，总看到一个老头儿正专注地在垃圾箱里翻腾着什么。久而久之，我们便带着很强的不屑，眼熟了这个蓄着半撮白胡子的可怜的老头。

我没有在意这个拾垃圾的老头儿的到来。他正佝偻着身子很吃力地背着脏兮兮的

胡永红 / 摄

尼龙袋从我面前走过，忽然停下来，在那幅红布前站定，眯着眼很仔细地瞧着那组照片，很久才从一张移向另一张。我不禁哑然失笑。一旁的伟子搋搋我："小心点，别不留神让他把捐赠的几件衣服当垃圾收走了！"我笑笑，低头清理那些或大或小、或新或旧的捐款。突然感觉眼前有什么东西在晃动，我吃惊地抬起头，老头儿不知何时已来到了我的面前，一只枯黑得像老松树皮的手抖抖地递过来十元钱。

我惊讶得不知怎么办才好，回过神时，他已把钱放在了桌上，摆摆手，像完成了一个伟大的使命似的微昂着头离开了……

我仍呆呆地站着，望着他伛偻着远去的背影，一股莫名的敬意从心底缓缓流过。这个曾在我眼中渺小而卑微的生命，以他朴实的力量深深地震撼了我！

在真情有些消瘦的年代里，这位或许因为贫穷而被人们淡忘了的老人，却用生命里那条流淌着朴实的爱的血脉，尽了许多人冷漠地认为是义务的一点责任。

心中种种命题忽然有了答案——在我们只用华丽的文字呼喊爱渐迷失的时候，又有多少真正宝贵的东西被自己不屑地丢掉。老人弓腰拾到的，仅仅是我们丢弃的垃圾吗？

（摘自《抒情哲学》，长江文艺出版社 1996 年版）

# 拖着破吉他的男孩／彭　杰

## 导　读

　　作者讲述了一个寒冷冬日里简单而又充满温情的故事：双腿瘫痪、生意清淡的丽莎为了帮助擦鞋男孩完成心愿，换上皮鞋照顾男孩生意；而男孩在拥有了梦寐以求的吉他之后，在寒冷冬日走街串巷为丽莎的花店打起了广告……丽莎不经意的善举得到了男孩的倾心回报。故事的结尾，丽莎明白了"用双手焙热对方的双手，既温暖了他人，也温暖了自己"。如果每个人都能像丽莎一样在别人需要帮助时施以援手；如果每个人都像这个男孩一样知恩图报，那么在这付出与回报不间断的循环中，我们的社会将会充满爱与温暖。

　　丽莎在一场车祸中双腿瘫痪，只能靠轮椅出行，整个冬天，她的花店的生意像她的心情一样冷清。丽莎习惯了透过玻璃门望着店外熙熙攘攘的街道独自伤感，每次她都会看到一个小男孩在勤快地擦着皮鞋，风雨无阻。

　　一次，丽莎经过男孩的鞋摊时，无意听到了男孩和一个前来擦鞋的老人的对话，原来男孩喜欢弹吉他，因为家里贫穷没有多余的钱让他学吉他，他只好擦鞋来挣学费。

　　男孩的脸蛋冻得通红，双手满是皲裂的口子。帮老人擦完鞋，男孩站起身送老人离开，丽莎发现男孩的腿有些瘸。原来，男孩和自己一样不幸，丽莎决定帮帮他。

　　当丽莎再一次坐着轮椅经过男孩的擦鞋摊时，她成了男孩的顾客。此后，几乎每个星期她都会照顾几次小男孩的生意，常年穿运动鞋的她换上了皮鞋。

　　冬季的夜晚，寒风凛冽，花店的生意却有了起色。丽莎忙完生意，坐着轮椅回家，一路上她一直在想刚才那位顾客那句奇怪的话——"你们花店打广告的方式真特别。"丽莎疑惑不解，自己何时给花店打过广告了？

　　丽莎在回家的路上意外遇见了擦鞋的小男孩，矮小瘦弱的他，斜挎着一把大大的吉他。近了，丽莎听见小男孩对一个人说："您点一首歌吧，不要钱的，只要您下次买花的时候到彼德路的丽莎花店就行了，卖花的是个有点残疾的好心姐姐，我希望您能帮帮她。"说完，男孩深深地鞠了一躬。

　　丽莎没有想到，眼前这个小男孩居然把她给他的帮助，用这样的方式悄悄地回报给了她。感动从心底涌上眼角，变成温暖的液体。丽莎对着小男孩大喊："杰瑞，雪越下越大，我送你回家吧。"

　　小男孩跑到丽莎面前："姐姐，我知道花店的生意一直都不好，你却经常来帮助我，我真的不知道该怎样感谢你，只好擦完鞋后……"小男孩的鞋子破得脚趾都露出来了，他穿着打了补丁的棉衣，肩膀上有碎雪融化后湿湿的痕迹。丽莎知道。这段时间擦完鞋后，他一定是拖着这把破吉他，瘸着腿冒着大雪艰难地跑了一条又一条街道。

丽莎明白了，用双手焐热对方的双手，既温暖了他人，也温暖了自己。

（选自《有爱不觉天涯远》，吉林摄影出版社 2011 年版）

# 张仁杰：感动中国的七年和一生／张妍娟

> **导　读**
>
> 张仁杰给自己的公益网站起名"感恩中国"，他认为，每个中国人都应该有一颗知恩、感恩的心。"现在我吃的住的都很好，最起码年轻，有一个好的身体，还有'宝马'（自行车）、'办公室'……残疾人、将死之人他们才真正穷困，他们连生存的空间都没有，他们才需要帮助，能帮一点就帮一点。"这也许是张仁杰对于感恩的最朴素的理解和表达。如果每个人都能带着这样的心态来对待社会中的那些弱势群体，我们的社会将越来越温馨美丽！

他没有钱，可通过他募捐的救助资金和衣物价值每年就超过上亿，他坚持了七年。

他不是星，可报道他和他的感恩中国网站事迹的媒体从中央到地方几乎全部覆盖。

他是凡人，可称呼他为"活菩萨"和好人的人包括从 18 岁的少年到 80 岁的老太太。

从 20 岁到 27 岁，七年来他做着同样的一件事，他和他的鞋子走在煌煌中国一切被文明和富裕遗忘的地方。他把除了吃饭睡觉之外所有的时间都用在了行走、采写、编辑上。他忙得一年到头没时间回安徽看年迈的父母，他忙得没有空和女孩子约会谈恋爱，他忙忘了采写还得去兼职做教练和家教赚取生活费……

**铁人张仁杰的24个小时**

2010 年 3 月的时候，张仁杰正行走在贵州的山路上，贵州这个全国最贫困的省份是张仁杰多年来最关注的地方之一。

真实是张仁杰对自己采写最基本的要求，每一条求助信息都是他亲自去拜访本人，按原话纪实写出来的。七年来，他的足迹遍及甘肃、青海、河南、安徽、四川、贵州等地。记者有幸找到了一份和他曾经一起去采写过的志愿者的日记，里面有一段真实地记录了张仁杰拍摄和采写的辛苦："为了拍摄一家几个人光着下身和脚丫站在家门口怯生生的情景，张仁杰蹲在屋前的牲口家禽粪便和烂泥混着的地面。在杨光勇家拍摄主人喂猪时，他跳进又脏又臭的猪圈去拍摄。在乃扒村采访马学英时，在烈日下跟着她去离家很远的山上水坑边挑水，爬山采草药。在犀牛洞村采访李开秀老人时，跟着他们走了几里的山路去到老人儿子的坟前，拍摄他们痛哭流涕的场景。在没有山路可走、很远的地方，杂草丛生，荆棘遍布，乱石嶙峋，我们举步维艰……有时床上

睡着生病的人，家里又没凳子坐，张仁杰就坐在地上采访，一边采访一边还得从身上捉跳蚤。长时间的早出晚归，饥饿和干渴以及睡眠不足，精力过度透支，在乃扒村采访的第五天，在马绍云家去找户口本间隙，张仁杰居然倒在床上睡着了！要不是看见他在采访间隙睡着，我还以为他不是肉身而是铁人了。"

　　每隔几天，他都要进县城一趟，寻找网吧。对他而言，网吧有着非同寻常的意义，是他和感恩中国网站以及爱心人士最多的联系方式。"感恩中国网站建立之初我就做过承诺，承诺要一周内回复捐赠人的来信，但是每天能收到三百来封信，一下子邮箱就挤爆了。"为了节省钱，也因为有太多的资料需要整理上传，张仁杰常常在天亮的时候才离开网吧。

　　张仁杰说他不觉得自己感动了别人，而常常是这些志愿者和捐助的好心人感动了他。他给记者讲了一个北京老太太的故事："她最初找到我，要和我一起去给流浪人员送饭，她每次带的饭都有很多的肉，很好的那种，我还以为她生活优越。后来有一次，我去买方便面，看到有家店在打折，一袋便宜两毛钱，我就排在队伍里，结果就看到了老太太气喘吁吁地拎着两大包方便面出来了，见到我还笑着说一下子节约了十几块钱，我的眼泪一下子就下来了，70岁的人了，为了节约这点钱这么累，而她每年还几百几百地资助孩子上学。"张仁杰动情地说，就是这些温暖和无数渴求救助的眼睛，支撑着他走过最艰难的时候，做到现在。

### 生命中两个重要的女孩

一切源于2004年，这一年，在北京有着安稳工作和4万存款的张仁杰在菜市场抓拍照片的时候，无意中发现了四肢外翻的小乞丐王雪萍。知道雪萍的可怜身世和处境后他毅然将自己多年来积攒的4万块钱捐赠给她，帮助她做矫正手术，可是对20万的手术费来说，这是远远不够的。无奈的他开始求助北京的各大媒体和一些富裕的人，然而即使下跪也遭到了一次次的拒绝，而上司以他最近常常请假为由辞退了他。

那一段时间，张仁杰边找工作边为小雪萍筹措手术费，他着急得不得了。这个时候，同在北京打工的哥哥张仁俊给他出了个求助网络的主意，他把王雪萍的情况用文字和照片的形式发到博客上。让他没想到的是，很多人打电话来表示愿意捐助。小雪萍终于能站起来走路了，这让他受到了很大的鼓舞。而这个博客后来就发展成为中国最大的公益网站——感恩中国网站。

一个叫杨丹的女孩子却没有小雪萍这么好运。患有先天心脏病的杨丹，每天和爸爸在五道口桥下乞讨，想筹够钱做手术。张仁杰从遇到她开始就天天拍，并和他们一起睡在冰冷的桥洞下。2000年底，小杨丹回老家了。张仁杰每天都为筹措资金的事奔波着，不久后终于有基金会愿意出手术费了，张仁杰高兴地给杨丹打电话，想通知她来北京做手术，但他只听到了杨丹姥爷的一句话："丹丹头天夜里走了，走前还在念叨，'张叔叔一定会来救我'。"

时至今日，张仁杰都不能原谅自己："如果我早一点，哪怕再早一点点，丹丹就还有希望。"他忘不了七岁的丹丹雪花一样美丽的眼睛和那句"张叔叔一定会来救我"。杨丹的事儿让张仁杰心里觉得时间总是不等人，他想帮助更多像丹丹一样的孩子。也恰在此时，他曾经拍摄的杨丹的照片获得了一家媒体的摄影大奖，这组照片让无数人流下眼泪的同时也知道了"感恩中国"这个网站。

截至目前，张仁杰和他的感恩中国网站和爱心团体已经捐助了超过三万的人，而更可贵的是，借助媒体和口口相传的力量，这个团队在不断壮大，爱心也越播越远。"有一些被捐助的孩子已经毕业工作，又开始资助别人，一些资助人和被资助者建立了长期的亲人般的关系，也是我觉得高兴的一个地方。"要去看望一个流浪老人的张仁杰匆匆结束了记者的采访，留下他"人生无常，说不定明儿就没了，能帮一个是一个"的话音儿。

（选自感恩中国博客，2011年3月13日）

# 我来过，我很乖 / 羽　毛

> **导　读**
>
> 　　出生就遭遗弃，身患急性白血病无钱医治，小佘艳无疑是不幸的，但她遇到了"爸爸"佘仕友，遇到了傅艳这样的许多好心人。对于这一切，不满八岁的小佘艳深深懂得并感恩，以自己的"乖"回报养育她的父亲，以自愿放弃治疗，将捐款分赠给"那些和我一样病的人"的方式回报关爱她的人和社会。在这个不满八岁的小女孩身上我们看到了什么是人间大爱。当我们为着社会中充斥的虚伪和冷漠而感慨和抑郁不平时，"我来过，我很乖"叩击着每一个人的灵魂。

　　有一个美丽的小女孩，她的名字叫做佘艳，她有一双亮晶晶的大眼睛，她有一颗透亮的童心。她是一个孤儿，她在这个世界上只活了 8 年，她留在这个世界上最后的话是"我来过，我很乖"。她希望死在秋天，纤瘦的身体就像一朵花自然开谢的过程。在遍地黄花堆积，落叶空中旋舞时候，她会看见横空远行雁儿们。她自愿放弃治疗，把全世界华人捐给她的 54 万元救命钱分成了 7 份，把生命当成希望的蛋糕分别给了 7 个正徘徊在生死线的小朋友。

## 我自愿放弃治疗

　　她一出生就不知亲生父母，她只有收养她的"爸爸"。

　　1996 年 11 月 30 日，那是当年农历 10 月 20 日，"爸爸"佘仕友在永兴镇沈家冲一座小桥旁的草丛中发现被冻得奄奄一息的这个新生婴儿时，发现她的胸口处插着一张小纸片，上面写着："10 月 20 日晚上 12 点。"

　　家住四川省双流县三星镇云崖村二组的佘仕友当时 30 岁，因为家里穷一直找不到对象，如果要收养这个孩子，恐怕就更没人愿意嫁进家门了。看着怀中小猫一样嘤嘤哭泣的婴儿，佘仕友几次放下又抱起，转身走又回头，这个小生命已经浑身冰冷哭声微弱，再没人管只怕随时就没命了！咬咬牙，他再次抱起婴儿，叹了一口气："我吃什么，你就跟我吃什么吧。"

　　佘仕友给孩子取名叫佘艳，因为她是秋天丰收季节出生的孩子。单身汉当起了爸爸，没有母乳，也买不起奶粉，就只好喂米汤，所以佘艳从小体弱多病，但是非常乖巧懂事。春去春又回，如同苦藤上的一朵小花，佘艳一天天长大了，出奇的聪明乖巧，乡邻都说捡来的娃娃智商高，都喜欢她。尽管从小就多病，在爸爸的担惊受怕中，佘艳慢慢地长大了。

　　命苦的孩子的确不一般，从 5 岁起，她就懂得帮爸爸分担家务，洗衣、煮饭、割草她样样做得好，她知道自己跟别家的孩子不一样，别家的孩子有爸爸有妈妈，自己的家里只有她和爸爸，这个家得靠她和爸爸一起来支撑，她要很乖很乖，不让爸爸多一点点忧心生一点点气。

上小学了，佘艳知道自己要好学上进要考第一名，不识字的爸爸在村里也会脸上有光，她从没让爸爸失望过。她给爸爸唱歌，把学校里发生的趣事一样一样讲给爸爸听，把获得的每一朵小红花仔仔细细贴在墙上，偶尔还会调皮地出道题目考倒爸爸……每当看到爸爸脸上的笑容，她会暗自满足："虽然不能像别的孩子一样也有妈妈，但是能跟爸爸这样快乐地生活下去，也很幸福了。"

2005 年 5 月开始，她经常流鼻血。有一天早晨，佘艳正欲洗脸，突然发现一盆清水变得红红的，一看，是鼻子里的血正向下滴，不管采用什么措施，都止不住。实在没办法，佘仕友带她去乡卫生院打针，可小小的针眼也出血不止，她的腿上还出现大量"红点点"，医生说："赶快到大医院去看！"来到成都大医院，可正值会诊高峰，她排不上轮次。独自坐在长椅上按住鼻子，鼻血像两条线直往下掉，染红了地板。他觉得不好意思，只好端起一个便盆接血，不到 10 分钟，盆子里的血就盛了一半。

医生见状，连忙带孩子去检查。检查后，医生马上给孩子开了病危通知单——"急性白血病"！这种病的医疗费是非常昂贵的，费用一般需要 30 万元！佘仕友懵了。看着病床上的女儿，他没法想太多，他只有一个念头：救女儿！借遍了亲戚朋友，东拼西凑的钱不过杯水车薪，距离 30 万实在太远，他决定卖掉家里唯一还能换钱的土坯房。可是因为房子太过破旧，一时找不到买主。

看着父亲那双忧郁的眼睛和日渐消瘦的脸，佘艳总有一种酸楚的感觉。一次，佘艳拉着爸爸的手，话还未出口眼泪却冒了出来："爸爸，我想死……"

父亲一双惊愕的眼睛看着她："你才 8 岁，为啥要死？"

"我是捡来的娃娃，大家都说我命贱，害不起这病，让我出院吧……"

6 月 18 日，8 岁的佘艳代替不识字的爸爸，在自己的病历本上一笔一画地签字："自愿放弃对佘艳的治疗。"

### 8 岁女孩乖巧安排后事

当天回家后，从小到大没有跟爸爸提过任何要求的佘艳，这时向爸爸提出两个要求：她想穿一件新衣服，再照一张相片，她对爸爸解释说："以后我不在了，如果你想我了，就可以看看照片上的我。"

第二天，爸爸叫上姑姑陪着佘艳来到镇上，花 30 元给佘艳买了两套新衣服，佘艳自己选了一套粉红色的短袖短裤，姑姑给她选了一套白色红点的裙子，她试穿上身就舍不得脱下来。三人来到照相馆，佘艳穿着粉红色的新衣服，双手比着 V 字手势，努力地微笑，最后还是忍不住掉下泪来。

她已经不能上学了，她长时间背着书包站在村前的小路上，目光总是湿漉漉的。

如果不是《成都晚报》的一个叫傅艳的记者，佘艳将像一片悄然滑落的树叶一样，静静地从风中飘下来。

记者阿姨从医院方面得知了情况，写了一篇报道，详尽叙说佘艳的故事。旋即，《8岁女孩乖巧安排后事》的故事在蓉城传开了，成都被感动了，互联网也被感动了，无数市民为这位可怜的女孩心痛不已，从成都到全国乃至全世界，现实世界与互联网空间联动，所有爱心人士开始为这个弱小的生命捐款。短短 10 天时间，来自全球华人捐助的善款就已经超过 56 万元，手术费用足够了，小佘艳的生命之火被大家的爱心再次点燃！宣布募捐活动结束之后，仍然源源不断收到全球各地的捐款。所有的钱都到位了，医生也尽自己最大努力，一个接一个的治疗难关也如愿地一一闯过！大家沉着地微笑着等待成功的那一天！有网友如是写道："佘艳，我亲爱的孩子！我希望你能健康地离开医院；我祈祷你能顺利地回到学校；我盼望你能平安地长大成人；我幻想我能高兴地陪你出嫁。佘艳，我亲爱的孩子……"

6 月 21 日，放弃治疗回家等待死神的佘艳被重新接到成都，住进了市儿童医院。钱有了，卑微的生命有了延续下去的希望和理由。

佘艳接受了难以忍受的化疗。玻璃门内，佘艳躺在病床上输液，床头旁边放着一把椅子，椅子上放一个塑料盆，她不时要侧身呕吐。小女孩的坚强令所有人吃惊。她的主治医生徐鸣介绍，化疗阶段胃肠道反应强烈，佘艳刚开始时经常一吐就是大半盆，可她"连吭都没吭一声"。刚入院时做骨髓穿刺检查，针头从胸骨刺入，她"没哭，没叫，眼泪都没流，动都不动一下"。

佘艳从出生到死亡，没有得到一丝母爱的关照。当徐鸣医生提出："佘艳，给我当女儿吧！"佘艳眼睛一闪，泪珠儿一下就涌了出来。第二天，当徐鸣医生来到她床前的时候，佘艳竟羞羞答答地叫了一声："徐妈妈。"徐鸣开始一愣，继而笑逐颜开，甜甜地回了一声："女儿乖。"

所有的人都期待奇迹发生，所有的人都在盼望佘艳重生的那一刻。很多市民来到医院看望佘艳，网上很多网民都在问候这位可怜的孩子，她的生命让陌生的世界撒满了光明。

那段时间，病房里堆满了鲜花和水果，到处弥漫着醉人的芬芳。

两个月化疗，佘艳陆续闯过了 9 次"鬼门关"，感染性休克、败血症、溶血、消化道大出血……每次都逢凶化吉。由省内甚至国内权威儿童血液病专家共同会诊确定的化疗方案，效果很好，"白血病"本身已经被完全控制了！所有人都在企盼着佘艳康复的好消息。

但是，化疗药物使用后可能引起的并发症非常可怕。而与别的很多白血病孩子比较，佘艳的体质差很多。经此手术后她的体质更差了。

8 月 20 日清晨，她问傅艳："阿姨，你告诉我，他们为什么要给我捐款？"

"因为，他们都是善良人。"

"阿姨，我也做善良人。"

"你自然是善良人。善良的人要相互帮助，就会变得更加善良。"

佘艳从枕头下摸出一个数学作业本，递给傅艳："阿姨，这是我的遗书……"

傅艳大惊，连忙打开一看，果然是小佘艳安排的后事。这是一个年仅 8 岁的垂危孩子，趴在病床上用铅笔写了三页纸的《遗书》。由于孩子太小，有些字还不会写，且有个别错别字。看得出整篇文章并不是一气呵成写完的，分成了六段。开头是"傅艳阿姨"，结尾是"傅艳阿姨再见"，整篇文章"傅艳阿姨"或"傅阿姨"共出现 7 次，还有 9 次简称记者为"阿姨"。这 16 个称呼后面，全部是关于她离世后的"拜托"，以及她想通过记者向全社会关心她的人表达"感谢"与"再见"。

"阿姨再见，我们在梦中见。傅艳阿姨，我爸爸房子要垮了。爸爸不要生气，不要跳楼。傅阿姨你要看好我爸爸。阿姨，医我的钱给我们学校一点点，多谢阿姨给红十字会会长说。我死后，把剩下的钱给那些和我一样病的人，让他们的病好起来……"

这封遗书，让傅艳看得泪流满面，泣不成声。

**我来过，我很乖**

8 月 22 日，由于消化道出血，几乎一个月不能吃东西而靠输液支撑的佘艳，第一次"偷吃东西"，她掰了一块方便面塞进嘴里。很快消化道出血加重，医生护士紧急给她输血、输液……看着佘艳腹痛难忍、痛苦不堪的样子，医生护士都哭了，大家都愿意帮她分担痛苦，可是，想尽各种办法还是无济于事。

8 岁的小佘艳终于远离病魔的摧残，安详离去。

8 月 26 日，她的葬礼在小雨中举行，成都市东郊殡仪馆火化大厅内外站满了热泪盈眶的市民。他们都是 8 岁女孩佘艳素不相识的"爸爸妈妈"。为了让这个一出生就被遗弃、患白血病后自愿放弃自己的女孩，最后离去时不至于太孤单，来自四面八方的"爸爸妈妈们"默默地冒雨前来送行。

她墓地有她一张笑吟吟的照片，碑文正面上方写着"我来过，我很乖（1996.11.30—2005.8.22）"。后面刻着关于佘艳身世的简单介绍，最后两句是："在她有生之年，感受到了人世的温暖。小姑娘请安息，天堂有你更美丽。"

遵照小佘艳的遗愿，把剩下的 54 万元医疗费当成生命的馈赠留给其他患白血病的孩子。这 7 个孩子分别是杨心琳、徐黎、黄志强、刘灵璐、张雨婕、高健、王杰。这七个可怜的孩子，年龄最大的 19 岁，最小的只有两岁，都是家境非常困难，挣扎在死亡线上的贫困子弟。

9 月 24 日，第一个接受佘艳生命馈赠的女孩徐黎在华西医大成功进行手术后，她苍白的脸上挂上了一丝微笑："我接受了你生命赠与，谢谢佘艳妹妹，你一定在天堂看着我们。请你放心，以后我们的墓碑上照样刻着：我来过，我很乖……"

（选自《青年博览》，2006 年第 12 期）

## ▌延伸阅读

### 北京时间不到点／易　名

儿子放假了，天天日上三竿才起。每天上午 10 点之前，我俩跑到附近的德克士快餐店，要上两个汉堡两杯可乐，早饭就算打发了。德克士这段时间搞活动：早上 10 点以前、晚上 8 点以后，汉堡买一送一。在儿子看来，这就是他的"幸福生活"。

这天，我们进去刚坐定，从门外急匆匆进来两个人，看样子也是父子俩。父子俩在柜台前站定，气喘如牛。父亲是个四十来岁的中年人，儿子则跟我孩子不相上下。他们身上的装束，显然是农村集贸市场上的流行款，与时尚明亮的大厅显得格格不入。这对父子的到来引起了大家的好奇，我注意到有些食客像我一样，一边大口嚼饮一边余光旁观。我的位置刚好正对柜台，父子俩的一举一动都在我的视线里。

乡下父亲一边急急地掏钱，一边喊口令似的对服务员说："同志，要两个汉堡！"服务员似乎不大习惯他这种称呼，用手掩了下嘴，笑着说："先生要什么样的汉堡？"乡下父亲有点犹豫，显得拿不定主意，但仅仅一瞬，他便坚定地指着墙上一幅宣传画说："要那个，10 块钱的。"服务员微笑着说："两个超级鸡腿堡，20 元。"乡下父亲愣了，说："你们不是'买一送一'吗？"服务员微笑着解释："对不起先生，我们的活动规定，早上 10 点之前或晚上 8 点之前以后购买可享受'买一送一'的优惠。"说着用手一指墙上的报时钟，"您看，现在已经 10 点过 3 分了。"乡下父亲"啊"来一声，掏钱的手便不动了，失望凝固在脸上。

他的儿子在旁边似乎也明白了，很丧气地垂下了头。乡下父亲不安起来，局促地对儿子说："勇，要不，咱明天再来？"叫勇的小孩说："明天还要看我妈哩！"乡下父亲搓着手不吭声了，脸上的表情更加尴尬。他转而试探地问服务员："同志，能不能，宽限几分钟？我们一大早就往这儿赶，结果还是给耽误了！"服务员依旧微笑着，不紧不慢地说："对不起先生，这是我们公司的规定，我也做不了主。"乡下父亲又失望地转向儿子："勇，要不晚上 8 点咱们再来？"勇说："爸，十几里地，天黑咋走呀？"乡下父亲说："你不用来，我来！"勇说："算了，我不吃了，就当我没有考'双百'。"说着又低下了头。

乡下父亲咬了咬牙，枯皱的手在衣袋里摸索，似乎作出了一个艰难的决定。我不经意地看了眼手机，显示 10：05。儿子正往嘴里海塞，见我看手机，顺口问几点了，我刚要回答，一个念头突然在脑海里出现，让我既紧张又兴奋，心怦怦直跳。我答道："10 点。"事不宜迟，我还要将错误进行到底！硬了硬头皮，我朝柜台方向高声喊道："服务员，你们的钟快了！快了整整 5 分钟！"意想不到的是，旁边竟然有人附和："对，对！快了 5 分钟！"还有人迅速地调着手机，然后高高举起："看，现在刚 10 点！"我看到，尽管这时用餐的人不多，但几乎所有人都发出了一致的声音。

一时间，柜台里的服务员全愣了，你看我，我看你，有些不知所措。刚才几个正忙不迭地说着"先生欢迎关临""先生请慢走"的服务员也马上噤了声，纷纷朝这边张望。乡下父亲和儿子也转过头来，一脸感激地寻找，寻找帮他们说话的人。他们的眼睛逐一扫过去，找不到定格的地方。顿时，整个大厅安静下来了，只有反复播放的轻音乐在低回萦绕。

刚才一直为父子俩"服务"的那个服务员掏出手机，狐疑地看着。一边看，一边模仿着电台播音员报时的腔调："现在是北京时间——"她故意顿了一下，而后一个字一个字地说："不——到——点！"说完扬起脸，冲其他姐妹诡秘地一笑。接着，我听到，整个柜台内响起一片银铃般的"报时声"："北京时间——不到点！""北京时间——不到点！"

乡下父亲从服务员手里接过热乎乎的两个汉堡，转过身，用手背悄悄揩了下眼睛。

（选自《阅读与作文·初中版》，2008 年第 9 期）

1. 联系全文，说说"北京时间不到点"的含义。

_____

_____

2. 这篇文章，你最喜欢哪些情节？为什么？

_____

3. 如果你是乡下儿子，吃到这来之不易的汉堡时，最想说些什么？

## 盲道上的爱 / 张丽钧

上班的时候，我看见同事方老师正一辆辆地搬走停放在学校门口人行道上的自行车。我就走过去，和她一道搬。

我说："车子放得这么乱，的确有碍观瞻。"她冲我笑了笑，说："那是次要的，主要是这些车子侵占了盲道。"我不好意思地红了脸，说："您瞧我，多无知。"方老师说："其实，我也是从无知过来的。"她给我讲了下面的故事。

两年前，我女儿视力急剧下降，到医院一检查，医生说她视网膜出了问题，并让我作好充足的心理准备。我没听懂，问为啥要作充足的心理准备。医生说，你女儿有可能失明。我听了差点昏过去。我央求医生说，我女儿才 20 岁啊，没了眼睛怎么行！医生啊，求求你，把我的眼睛取出来给我女儿吧。那一段时间，我暗暗地为自己的这个决定作好了充足的准备。为了让自己适应失明以后的生活，家中无人时，我就开始闭着眼睛拖地抹桌，洗衣做饭。每天下班后，我就闭上眼睛沿着盲道往家走。那盲道，也就两砖宽，砖上有八道杠。一开始，我走得磕磕绊绊，脚说什么也踩不准那两块砖。在回家的路上，石头绊倒过我，车子碰到过我，我多想睁开眼睛瞅瞅呀，可一想到有一天我将彻底地生活在黑暗里，我就硬是不叫自己睁眼。到后来，我在

盲道上走熟了，脚竟认得了那八道杠。我真高兴，自己终于可以做个百分之百的盲人了。也就在这个时候，我女儿的眼病居然奇迹般地好了。有天晚上，我们一家人在街上散步，我让女儿解下她的围巾蒙住我的眼睛，我要给他们父女俩表演一回走盲道。结果，我一直顺利地走到了家门前。解开围巾，我看见走在后面的丈夫和女儿都哭成了泪人儿——你说，在这一条条盲道上，该发生过多少叫人流泪动心的故事啊！要是这条人间最苦的道连起码的畅通都不能保证，那不是咱明眼人的耻辱吗！

带着方老师讲述的故事，我开始深情地关注那条"人间最苦的道"，国内的，国外的，江南的，塞北的……

我向每一条畅通的盲道问好，我弯腰捡起盲道上硌脚的石子。有时候，我一个人走路，我就跟自己说：喂，闭上眼睛，你也试着走一回盲道吧。尽管我的脚不认得那八道杠，但是，那硌脚的感觉那样真切地瞬间从足底传到了心间。我明白，有一种挂念已深深地嵌入了我的生命。痛与爱纠结着，压迫我的心房，促我身体力行。

让那条窄路宽心地延伸吧，我替他们谢谢你。

(选自《作文周刊·中考版》，2008 年第 47 期)

1. 方老师表演完走盲道后，她的丈夫和女儿为什么都哭成了泪人儿？

_____

_____

2. 文章中"痛与爱纠结着，压迫我的心房，促我身体力行"一句应该如何理解？压迫：指对机体的某个部分加上压力。身体力行：亲身体验，努力实行。

_____

_____

3. 本文的标题是"盲道上的爱"，读完全文后，请你说说对标题中的"爱"的理解。

_____

_____

# 拔下钥匙 / 纳兰泽芸

一个普通得不能再普通的初冬午后。淡云。微风。令人微醺的阳光。

他驾驶着一辆普通得不能再普通的7路无人售票公交车，行驶在高架路上。满满一车的乘客，有的在小声交谈，更多的是在打瞌睡，由车窗透进来的初冬暖阳，像温柔的手抚摸着人们的脸。他从后视镜里看到，一对小夫妻在逗着怀里的婴儿，那婴儿长得白白胖胖的，惹人喜爱。

他微笑了。他想到了自己并不富有却温暖的家。过几天休息时要把老父亲推出来晒晒太阳了，别看老人神志不太清醒，可就是喜欢晒太阳，喜欢听人聊天。父母亲都八十多岁高龄了，自己还能孝敬几年呢？

这辈子自己最亏欠的要算妻子了。别的不说，单说她一嫁进门就照顾患病卧床、神志不清的公公，如今已经二十多年了，从没半句怨言。五年前妻子患上了脑瘤，妻子觉得天都要塌了，但他告诉妻子说："不要怕，有我在，天就不会塌，我就是你的天！"终于，他陪着妻子一起战胜了病魔。

他又想到正在读大二的女儿，脸上的笑容更深了。女儿是他的骄傲，他因为家庭和时代的关系没读多少书，吃尽了读书少的苦头，幸好，女儿争气，考上了重点大学。懂事的女儿很体贴爸爸的不易，知道家里条件不好，从来不在物质上与人攀比，成绩上却一直是佼佼者。每次从学校回来，还用勤工俭学的钱为他买东西。他驾驶座上的小枕头就是女儿送的，女儿说爸爸颈椎不好，垫个小枕头会舒服些，还带红外线按摩呢。

想到这里，他忍不住动了动脖子，感到后脖子那里很温暖。

现在，车要下高架路了，下了高架再开一段路就到终点站了……忽然，他感觉眼前一阵模糊，头剧烈地眩晕起来，接着又剧烈地疼起来，他感到很恶心，胃里翻江倒海——不好，可能是突发脑溢血！他立刻意识到了这一点，他的父亲就是因脑溢血四十来岁就瘫痪了，他自己四十岁时也患上了高血压。

他清楚突发脑溢血会很快失去意识。下了高架后的这段路是一条繁忙的交通要道，车辆、行人密集，稍有疏忽，这么大的公交车极有可能失去控制，造成群死群伤的恶性交通事故！

他感觉自己的腿、手和身体都已经不听使唤了，意识也渐渐模糊。他似乎听到遥远的地方传来隐隐约约的歌声……不能，绝不能，我一定要挺住！他咬紧牙关对抗着，对抗着……终于，他已经模糊的视野里出现了终点站那熟悉的蓝色候车亭……坚持不到终点站了，提前停车……

他打右转向灯，靠边，平稳停车，开门，熄火，拔下钥匙。

渺茫的歌声有强大的力量，吸裹着他在黑暗的深渊坠落、坠落……

那深渊太深，36 小时的抢救后，他没能爬上来。

当人们从他的口袋里找到公交车钥匙时，在场的所有人都流泪了——这是一辆自动档的公交车，他担心自己昏迷后，脚可能会无意识地碰到油门导致车辆失控，因此，他在生命的最后关头，拔下钥匙，牢牢锁住了那扇通往死亡的门。

他叫陈乐平，上海一位普通得不能再普通的公交车司机。

（选自《读者》，2011 年第 3 期）

1. 文章多次出现"普通"这个词，你能将包含这个词的句子找出来，并说一说作者反复用这个词的用意吗？

_____

_____

2. 第三段至第五段是插叙文字，结合全文分析这几段文字在内容和结构上的作用。

_____

_____

_____

3. 陈乐平的事迹给了你什么样的启示？选择一点，结合本文内容或联系生活实际，谈谈你的看法。

_____

_____

_____

## 知识链接

### 张仁杰简介

1984 年 12 月 27 日生于安徽省六安一个淳朴的农民家庭，11 岁时，家里捡了个小妹妹——不知何人丢到门口的弃婴。小妹妹有病，善良的父母变卖了家里唯一的耕牛，想挽救这条小生命，但不幸的是，小妹妹几个月后还是夭折了。为妹妹看病花光了家里所有的钱，小仁杰的学费也就没有了着落，父母只好去卖血为孩子挣学费。当他无意中从父母的对话中，得知自己的学费是父母的卖血钱后，"心情非常复杂，难以言表"，不久便离家谋生。十几岁，张仁杰就流浪到郑州。起初在砖场干活，后来扒煤，直到遇到一位叫姜涛的老人，把他送到一家武术学校学散打。老人2003年去世。"当时我都不知道他的名字，只叫他姜老师。他的出现改变了我的人生轨迹，让我有了一个学习的机会。没有见他最后一面是我此生最大的遗憾。"张仁杰神色黯然地说。西方谚语说，只有经历过的人才最有同情心。那么是不是他的经历使他去帮助乞丐和流浪汉？张仁杰说："有人说我以前受过别人的恩惠想要报恩，也有人说我把碰到的流浪汉当亲人，我并不完全赞成，我只是碰到了就帮一把，凭着一份做人的良知。""你没见过那个截腿的（骨癌），就等我的钱救命了，没有钱就死了，太紧急了。当有人跪在你面前，你能忍心说不吗？我做的是人性最基本的一面。"张仁杰的举动得到了父母的赞同，他们告诉他，一个人不论干什么，做点好事比什么都好。

张仁杰说："面对这个衣衫褴褛风餐露宿的群体，是冷漠地走开，还是伸手去帮助他们？很多人说这该由政府去解决。可我认为政府是社会的组织者，我们是国家的一分子。如果我们自己都没有去做什么的话，为什么要去愤慨地指责政府呢？从我们身边做起，当我们都献出一份关爱和温暖时，我们的国家将会越来越和谐！"

## 感悟思考

1. 正如硬币的两面，社会中也同样存在着阴暗冷漠和阳光温情的两面，当我们以一颗感恩的心来看待这一切时，或许这一切的色彩将会不一样……看过前面的文章以后，你有何感想呢？

2. 当我们行走在喧闹的街头，享受着现代文明给我们带来的便利，感受着周围随时都在发生的让人惊喜的变化时，可曾想到这些便利和惊喜背后的那些人呢？可能，你与他们终生都不会相遇相识，但他们的确与你息息相关。

3. 2010年的全国两会上全国政协委员杨佳带来了一份提案，她希望能够建立一个网络世界，一个关注残疾人、老年人等弱势群体的网络世界。请就杨佳的提案提供一些可行性建议。

## 参考答案

### 《北京时间不到点》

1.（1）为了让乡下父子买到优惠的汉堡，我和顾客以及服务员故意将错就错，说北京时间不到 10 点。（2）"北京时间不到点"是一句善意的谎言，充分体现出众人的爱心、善心和同情心。

2. 言之成理即可。

3. 例：感谢叔叔阿姨们，感谢你们的善意会像你们一样与人为善，关心和帮助那些需要帮助的人。（符合情境、人物性格等即可）

### 《盲道上的爱》

1. 父女俩通过方老师表演走盲道，才知道了方老师为了不让女儿失明所作的决定和准备。他们被这种伟大而无私的母爱深深地感动了，所以流下了眼泪。

2. 感同身受的痛苦滋味和深深的关爱之情交织在一起，使我内心产生压力，促使我去更深切地体会盲人（残疾人）生活的艰辛，更努力地去为他们多做一些实事。

3. 有母爱，还有正常人对盲人（残疾人）的爱。

### 《拔下钥匙》

1.（1）一个普通得不能再普通的初冬午后。突出故事发生时间的偶然性。（2）他驾驶着一辆普通得不能再普通的 7 路无人售票公交车，行驶在高架路上。突出陈乐平工作岗位的平凡。（3）他叫陈乐平，上海一位普通得不能再普通的公交车司机。强调陈乐平身份的平凡。

2. 内容上：表现陈乐平对家人的爱和责任心，突出他在家庭中的重要性，突出人物的平凡；

结构上：为下文写他在危急时刻舍己为人作铺垫，使文章内容丰厚，情节富于变化。

3. 示例一：要有爱心。陈乐平爱家人、爱乘客、爱生活，才能在危急时刻舍己为人。爱，是陈乐平不平凡举措的源泉。示例二：爱，有回报。陈乐平的女儿体贴爸爸，获救的乘客流泪，都充分表现陈乐平"爱"的感召力。示例三：平凡的岗位上也能作出不平凡的贡献。陈乐平虽然只是一名普通的公交车司机，却给后人留下了宝贵的精神财富。

第五章

感恩家庭

## ▌导　语

　　你知道有一种鲑鱼吗？为了回到出生地去繁衍后代，鲑鱼要游上几百公里甚至更远，从大海回到淡水河。在洄游过程中，它们的身体受到种种伤害，但它们义无反顾。你知道"叶落归根"的成语吗？树叶从树根生发出来，凋落后最终还是回到树根。你读过唐代诗人贺知章的《回乡偶书》诗之二吗？"离别家乡岁月多，近来人事半消磨。唯有门前镜湖水，春风不改旧时波。"从动物到植物，再到人类，"归乡的路是那么漫长"，但家乡永远是自己回归的方向。

　　每一个人来到世上，都会有一个家；每一个家存在的地方，都被叫做家乡。词典里说，家乡，是"自己家庭世代居住的地方"。尽管我们现在是中学生，可能还没有离开过养育自己的家乡，还没体验过思乡的味道，但是，如何理解家和家乡，今天的我们能为自己的家和家乡做些什么，是我们不能回避的话题。那么，在你的心中、你的眼中，家是什么？

　　每个人置身于家庭当中，自然也就扮演不同的家庭角色：身为父母、身为子女、身为兄弟姐妹、身为孙辈……不要觉得复杂烦琐，而应该感恩：身为父母，拥有健康可爱的儿女，你应该感恩，因为他们将你的生命延续下去，让你领略生命成长和成熟的奇妙与快乐；身为子女，拥有关心爱护你的父母，你应该感恩，因为他们给了你生命，教会你生活和思考；身为孙辈，拥有身体康健的祖辈，你应该感恩，因为没有他们，就没有你的父母，他们将亲身经历过的诸多磨难沉淀下来的人生智慧，传授给了我们……

　　然而，就像鱼儿游在水里会忘记了水的存在一样，很多人会有意或无意地忽略自己身边所拥有的这一切：有的人，总是有理由使自己相信，远方的远方肯定比这里更精彩；也有的人，"一切都看厌了"，想"逃离这块土地"；还有的人，出于种种生活或生存的原因，远离了家。

　　当你真正游离了远方，每当静夜独思，遥望远方那片熟悉而又亲切的土地时，脑中浮现的或许是散发着泥土清香的食物；或许是幼时放学经常路过的一个街口；或许是你经常去偷摘果子的那户人家；耳畔回响的或许是傍晚时分母亲呼唤贪玩忘归的你回家的声音；或许是祖母低声讲述的那些古老神奇的故事；心中想念的或许是永远也吃不够的特色小吃和让你引以为傲的历史文化……

　　本来以为随着时间的流逝，这些曾经的经历会逐渐淡去，但身处异地他乡，或许因着偶然间的一瞥，那些人事景物仿佛从心底中的某处突然跃出来，化作浓浓的乡情溢满心间。这个时候才发现，原来你拥有的，已经是这世上最独特最珍贵的东西。

对于生我养我、埋葬着我们祖先灵骨的那块土地，无法摆脱，只有深怀感恩之心。

"谁言寸草心，报得三春晖"。对于家，对于家乡，除了感恩之外，我们还可以以我们的"寸草心"反哺故土，让心灵的归乡路走得更有意义。或许，作为青年学生，我们应该多多思考的是，我们是否认知家乡久经沧桑的历史？我们能为自己家乡的今天做些什么，能为家乡的明天做些什么？

## ■美文悦读

## 我的家在哪里 / 冰 心

> **导 读**
>
> 梦最清楚，它最真实地告诉你自己灵魂里的秘密和隐忧。这篇文章，就是冰心从一个梦开始写起的。梦中的中剪子巷是一个凝聚了父母之爱、兄弟之情的地方，是养育、滋养作者的地方，是作者成长的地方，那里充满了爱和美，那里也是作者理想与追求生根萌芽的地方。然而逝去的亲情找不回了，作者充满了爱和美的生活理想在尘世也无法实现，所以梦中的"我"怎么走也走不到中剪子巷——中剪子巷有着作者多么深的向往和眷恋，又有着多么深的失落与忧伤。

梦，最能"暴露"和"揭发"一个人灵魂深处连自己都没有意识到的"向往"和"眷恋"。梦，就会告诉你，你自己从来没有想过的地方和人。

昨天夜里，我忽然梦见自己在大街旁边喊"洋车"。有一辆洋车跑过来了，车夫是一个膀大腰圆、脸面很黑的中年人，他放下车把，问我："你要上哪儿呀？"我感觉到他称"你"而不称"您"，我一定还很小，我说："我要回家，回中剪子巷。"他就把我举上车去，拉起就走。走穿许多黄土铺地的大街小巷，街上许多行人，男女老幼，都是"慢条斯理"地互相作揖、请安、问好，一站就站老半天。

这辆洋车没有跑，车夫只是慢腾腾地走呵走呵，似乎走遍了北京城，我看他褂子背后都让汗水湿透了，也还没有走到中剪子巷！

这时我忽然醒了，睁开眼，看到墙上挂着的文藻的相片。我迷惑地问我自己："这是谁呀？中剪子巷里没有他！"连文藻都不认识了，更不用说睡在我对床的陈玛和以后进屋里来的女儿和外孙了。

只有住着我的父母和弟弟们的中剪子巷才是我灵魂深处永久的家。连北京的前圆恩寺，在梦中我也没有去找过，更不用说美国的娜安辟迦楼、北京的燕南园、云南的默庐、四川的潜庐、日本东京麻市区，以及伦敦、巴黎、柏林、开罗、莫斯科一切我住过的地方，偶然也会在我梦中出现，但都不是我的"家"！

这时，我在枕上不禁回溯起这九十年所走过的甜、酸、苦、辣的生命道路，真是"万千恩怨集今朝"，我的眼泪涌了出来……

前天下午我才对一位年轻朋友戏说："我这人真是'一无所有'！从我身上是无'权'可'夺'，无'官'可'罢'、无'级'可'降'，无'款'可'罚'，无'旧'可'毁'；地道的无顾无虑，无牵无挂，抽身便走的人。万万没有想到我还有一个我自己不知道的，牵不断、割不断的朝思暮想的'家'！

（选自《中国当代名人随笔·我的家在哪里》，陕西人民出版社 1997 年版）

# 家 / 周国平

**导　读**

"家是一只船"，在人生的长河里漂流，家的温馨安乐能消弭漂泊者陌生感，家的牢固能使汹涌的波涛化为美丽的风景，家就像一只船，庇护着漂泊者。"家是温暖的港湾"，人生如乘船远航，家能在漂泊者身心疲惫时供人小憩，能在寂寞时给人温暖，能在严肃中放松我们的精神。"家是永远的岸"，家是人生之旅的目标和停靠的彼岸，是每个人登临人生世界的起步之岸，也是每个人离开现实人生的离别之岸。这篇文章中，周国平用质朴而深刻的文字表达了对家的赞美、依恋及对天下人的祝福。

如果把人生譬作一种漂流——它确实是的，对于有些人来说是漂过许多地方，对于所有人来说是漂过岁月之河——那么，家是什么呢？

一、家是一只船

南方水乡，我在湖上荡舟。迎面驶来一只渔船，船上炊烟袅袅。当船靠近时，我闻到了饭菜的香味，听到了孩子的嬉笑。这时我恍然悟到，船就是渔民的家。

以船为家，不是太动荡了吗？可是，我亲眼看到渔民们安之若素，举止泰然，而船虽小，食住器具，一应俱全，也确实是个家。

于是我转念想，对于我们，家又何尝不是一只船？这是一只小小的船，却要载我们穿过多么漫长的岁月。岁月不会倒流，前面永远是陌生的水域，但因为乘在这只熟悉的船上，我们竟不感到陌生。四周时而风平浪静，时而波涛汹涌，但只要这只船是牢固的，一切都化为美丽的风景。人世命运莫测，但有了一个好家，有了命运与共的好伴侣，莫测的命运仿佛也不复可怕。

我心中闪过一句诗："家是一只船，在漂流中有了亲爱。"

望着湖面上缓缓而行的点点帆影，我暗暗祝祷，愿每张风帆下都有一个温馨的家。

二、家是温暖的港湾

正当我欣赏远处美丽的帆影时，耳畔响起一位哲人的讽喻："朋友，走近了你就知道，即使在最美丽的帆船上也有着太多琐屑的噪音！"

这是尼采对女人的讥评。

可不是吗，家太平凡了，再温馨的家也难免有俗务琐事、闲言碎语乃至小吵小闹。

那么，让我们扬帆远航。

然而，凡是经历过远洋航行的人都知道，一旦海平线上出现港口朦胧的影子，寂寞已久的心会跳得多么欢快。如果没有一片港湾在等待着拥抱我们，无边无际的大海岂不令我们绝望？在人生的航行中，我们需要冒险，也需要休憩，家就是供我们休憩的温暖的港湾。在我们的灵魂被大海神秘的涛声陶冶得过分严肃以后，家中琐屑的噪音也许正是上天安排来放松我们精神的人间乐曲。

傍晚，征帆纷纷归来，港湾里灯火摇曳，人声喧哗，把我对大海的沉思冥想打断了。我站起来，愉快地问候："晚安，回家的人们！"

三、家是永远的岸

我知道世上有一些极骄傲也极荒凉的灵魂，他们永远无家可归，让我们不要去打扰他们。作为普通人，或早或迟，我们需要一个家。

荷马史诗中的英雄奥德修斯长年漂泊在外，历尽磨难和诱惑，正是回家的念头支撑着他，使他克服了一切磨难，抵御了一切诱惑。最后，当女神卡吕浦索劝他永久留在她的小岛上时，他坚辞道："尊贵的女神，我深知我的老婆在你的光彩下只会黯然失色，你长生不老，她却注定要死。可是我仍然天天想家，想回到我的家。"

自古以来，无数诗人咏唱过游子的思家之情。"渔灯暗，客梦回，一声声滴人心碎。孤舟五更家万里，是离人几行清泪。"家是游子梦魂萦绕的永远的岸。

不要说"赤条条来去无牵挂"。至少，我们来到这个世界，是有一个家让我们登上岸的。当我们离去时，我们也不愿意举目无亲，没有一个可以向之告别的亲人。倦鸟思巢，落叶归根，我们回到故乡故土，犹如回到从前靠岸的地方，从这里启程驶向永恒。我相信，如果灵魂不死，我们在天堂仍将怀念留在尘世的这个家。

（节选自《周国平自选集》，海南出版社，2008 年版）

# 老 屋/周克武

## 导 读

　　作者用饱含深情的笔调，描写了亲人邻里、弯月残阳、稻香炊烟、倦鸟家禽，以及那怎么写也写不尽的童年，这一切都与眼前这青苔遍生、墙粉脱落、裂纹满布的老屋有关。老屋虽老，却保藏着作者童年的记忆、温暖的亲情。老屋让作者找到生命之源的温暖，是作者的家，是作者心灵的归宿。文章结尾一句"不拆！他哪里知道，没了老屋，我的灵魂只能浪迹天涯。"足见老屋对作者的重要意义以及作者对老屋的深厚情感。

　　这一辈子，不管自己身居何处，在我的潜意识里，只有走进乡下的那栋老屋才叫回家。

　　我家的老屋，只是傍山而建的一栋普通农舍，土墙青瓦，杉木门窗。靠西头的几间，至今还盖着稻草，山风吹过，弥散着一股亲切的草屑味，淡淡的。可是岁月的磨蚀无情，如今老屋的鱼鳞瓦沟里长满青苔，黄泥墙壁粉尘脱落，两扇略显笨重的大门也是油漆斑驳，绽开一条条深深浅浅的裂缝，好似老人额头遍布的鱼尾纹。

　　老屋真的"老"了。落日衔山时分，我站在村口远远望去，它像在酣睡，许是太累，睡得那样安详、静谧。

　　我默默走近老屋。夕阳下，风如佛手，柔柔地摩挲路边的草木，没有声响；鸟儿慵倦地栖落在树上，伸出尖尖小嘴巴梳理自己的羽毛，没有鸣唱。也许它们此刻一如我的心情——轻轻抚摸深褐色的大门，却不敢推开，怕惊扰了老屋，惊碎了它的梦。

　　梦里有我的童年。也是在这样的傍晚，太阳渐渐沉落，屋檐下飘落起母亲长一声短一声催我回家的呼唤。我，还有鸡们、鸭们、牛羊们，朝同一个方向——炊烟轻笼的老屋，踏碎了一路残阳。我难以自控地抬眼望望，屋顶的炊烟仿佛还在，柴火饭的香味仿佛还在，飘飘拂拂，又落到了我的鼻尖上。此刻，我真想再像孩提时那样，一路飞跑进屋，猴急火急拈起一块香喷喷的白米锅巴塞进嘴里，再听一声母亲骂我"馋嘴猫"……

　　老屋是心的归宿。当我终于抬脚跨进门槛的一刹那，一种久违的感觉涌动全身：真的到家了。

　　老屋是父亲耗尽心血的杰作。我小时候，常听父亲说起，他和一家人是在赤日炎炎的酷暑下挥锄破土，头顶满天繁星赶运木料、砖块、沙石，直至北风呼啸的严冬圆垛上梁。像春燕衔泥般，几经周折，终于盖起了这个属于自己的窝。那时候，每当亲友上门，父亲总会喜形于色地拍拍门窗，或者指指屋上的椽皮、横梁，夸他这房子坚固耐用。一个秋日，村里来了位摄影师，平日不爱照相的父亲，突然换上他仅有的一件中山装，拉着一家人在老屋前照了张相。还一再叮嘱我记住，金窝银窝不如自己的狗窝。

几十年岁月蹉跎，转眼间物是人非。奶奶和父亲去了另外一个世界，母亲也随我住进了城里。夜深了，我一个人默默地坐在堂屋里，孤灯只影，满屋的冷清。

窗外的上弦月，瘦瘦的。也许是我与它相隔太久，彼此之间已经陌生，它刚刚露出半张脸，一转身，又躲进了薄薄的云层。我突然想起，儿时老屋的月亮似乎不是这样。那时，我走到哪里它就跟到哪里。夏夜，奶奶把在外纳凉的我抱上床，月亮也悄悄地从窗口跟进来轻抚着我的脸。我至今记得奶奶一直坐在床沿，边给我打扇边哼童谣：月光光，夜光光，伴随我家乖乖郎……我迷迷糊糊入睡了，奶奶的歌声还在继续，像温婉的明月，落在我的枕上，我的梦里。今晚，我可用记忆的碎片还原全部细节，却再无法听到奶奶的歌声。只有墙角那张静卧的雕花床仿佛与我达成心灵上的某种默契，无可辩驳地见证这里曾经氤氲的天伦之乐。

而这一夜，我久久无法入睡。

第二天一早起来，太阳刚刚露头，温煦的阳光投射在老屋的房顶，染成一片熟悉的金黄。我在老屋的里里外外转来转去，每走一步，仿佛都可弯腰拾起儿时的一段记忆。门槛上，父亲抚膝而坐，眉飞色舞讲三国；杂屋里，母亲筛糠剁菜喂猪仔；后山竹林中，与儿时伙伴追追闹闹捉迷藏；屋前小道上，高举火把，紧跟大人去看电影……在我眼里，老屋是一本贮满情与爱的大书，翻开任何一页，都会找到生命之源的温暖。

吃过早饭，我站在老屋门口与亲友们闲聊。邻家小侄劝我拆除老屋，盖幢时尚气派的"小二层"。

我摇摇头：不拆！他哪里知道，没了老屋，我的灵魂只能浪迹天涯。

（选自《散文海外版》，2008 年第 3 期；有删改）

## 寂静除夕夜／梅朝霞

**导　读**

"美不美，家乡水；亲不亲，家乡人"，对于幼年曾受乡亲关爱呵护、成年流寓他乡多年的作者来说，故乡更显得亲切可贵。作者以其对故乡的满腔热爱及其独特的人生经历叙写了故乡淳朴、善良、善解人意的乡亲们的平凡故事，热情讴歌了这些生活在或者曾经生活在我们中间的故乡人。这份乡思乡情饱含着对乡亲们义举的感恩和慰藉，让作者无论走多远，身在何方，都会保持一份质朴和真诚的情感，保留一颗永恒的赤子之心。

除夕之夜，为什么整个村庄像熟睡一般寂静？

每当震耳欲聋的鞭炮声四起，绚丽夺目的焰火映亮夜空……我就会情不自禁地想起 20 年前的那个除夕夜。

那是"文革"时期，父亲一夜之间被打成"现行反革命分子"。这突如其来的打击让母亲不知所措，她疯了。和美之家一下子抽去了两根顶梁柱，剩下的，除了一个年过半百的姥姥，就是我们几个未成年的孩子了。

日子的艰难可想而知。品学兼优的姐姐含泪放弃了学业——很快在小学当上了民办教师。尽管如此，家里依然是吃了上顿没下顿。更痛苦的是，精神失常的母亲还时不时对这个破败之家来个毁灭性的摧残。她平日安安静静不言不语，但只要一看见人流泪或听到鞭炮声（她误会成枪声），便歇斯底里地大哭大闹，摔碗，直至声嘶力竭动弹不得。因此，姥姥常常嘱咐我们，无论如何不能在母亲面前流泪。

春节临近了，按乡村规矩小年放鞭炮敬拜祖先，而除夕夜放鞭炮则是一年好运的预兆。早已被折磨得不成人形的姥姥心力交瘁，万般无奈中将我们姐弟叫到跟前，吩咐道："你们出去给家家户户磕磕头、说说好话，看能不能过小年不放鞭炮，三十再放，省得你们的母亲接二连三地发作，我实在是怕了。"

我们居住的院子前后约有九排七八十户人家。我们从头一排开始，每到一户姐弟四人便一字儿排开，齐齐下跪，告诉他们母亲的病情，乞求他们少放一次鞭炮。就这样我们不过走了十多户人家，人们便一传十，十传百，再后来家家户户都陆续出来人了。围拢来的乡亲说什么也不让我们下跪，一位年长的大妈抱起我，含泪道："苦命的孩子，不用磕头了，我们不放鞭炮，一个也不放。"小年就这样平静地过去了。

三十那天，吃过晚饭后，姥姥便领着我们着手应对即将面临的灾难。先是将乡亲们偷偷援助的家什一一转移到母亲够不着的地方，然后让年幼的我上床休息，躺在被里的我怎么也睡不着。只听姥姥轻声吩咐 8 岁的二姐守前门，11 岁的哥哥守后门，她和姐姐则设法招架母亲。

时间一分一秒地慢慢过去，我终于熬不住睡着了。也不知过了多久，公鸡的啼鸣声将我唤醒。那一夜，辞旧迎新的鞭炮声始终未曾响起，整个村庄熟睡一般鸦雀无声。好心的人们为了不让我们这个风雨飘摇之家雪上加霜，摒弃了几千年来流传的习俗，竟然连除夕也没放鞭炮。

以后的日子好过得多，被判刑 15 年的父亲只关了一年便得以平反昭雪。父亲出狱前母亲奇迹般康复了。再后来政府又补发了父亲的工资，并将我们全家迁居城镇。我们就此告别了那一方乡土，告别了那些善良的人们。

20年过去了，岁月的流水冲淡了许多记忆，但是，那个寂静的除夕夜却令我永生难忘，乡亲们善良的义举时时感染着我。熟识的人都说我特富同情心，因为我被乡亲们关爱过。我深深懂得，一个看似微不足道的举动也会给别人带来终生的慰藉，一如我，一如我们全家。

我再次遥望远方，默默祈祷：愿你们永远平安。

（选自《读者人文读本·初中卷1》，甘肃人民出版社2004年版）

**■延伸阅读**

## 乡 情／陈德才

凡少小离家的人，都有一份永远也化不开的浓浓的乡情。故乡的那棵挂着一丛丛嫩绿榆钱儿的大榆树，那片成群鹅鸭浮游欢叫的清水塘，那个与小伙伴儿捉迷藏的打谷场，那条夏日里去游泳、摸鱼的弯弯曲曲的小河，都构成了人们一个个最美丽的梦境。

古诗云："胡马依北风，越鸟巢南枝。"许多动物都有一种对自己出生地的深深依恋，差不多已经构成了一种本能。人作为具有思想感情的高等动物，赋予这种本能以更多的社会性，将其提升为对故乡这块热土的深切执著的爱。一个人喝着家乡的水，吃着家乡的五谷杂粮，在乡亲们的眼皮底下一点点长大；在家乡的小学校里认第一个字，读第一本书；从家乡的田林山水开始，逐渐认识和走进这个神秘而广袤的世界。于是，对故乡的爱，就在这一过程中很自然地滋生于每个人的心灵深处，有着任何其他情感所难以比拟的深厚根基。

乡情总是离不开童年的回忆。童年时的所见所闻所遇，在一个人大脑皮层中形成最初的沟回，打下最深的烙印。天地间走来一个小小的我，没有功利的权衡，不需要礼仪的拘谨，高兴就笑、就跳，不高兴就哭、就闹，何等自然纯真，洒脱无羁，世界万物都散发出天真烂漫的气息，使童年的岁月宛如一首无尽延伸的诗。人过中年，再也找不回儿时对陌生世界的那种新奇感，找不回那种全神贯注和真诚纯洁的目光。因此，人们怀念故乡，在一定意义上也是对自己纯真无邪的童年的怀恋，是企图追回生命中失落的那一段无比珍贵的时光。

"美不美，家乡水；亲不亲，故乡人。"对于流寓他乡的游子，一句乡音就足以令他热泪盈眶，心起波澜。对故乡的爱，是"绿叶对根的情意"，是对生命春天的珍惜，是一个人最真诚炽热的感情。其实，什么叫祖国，就是生于斯、长于斯的故乡的放大，就是自己生命系列的源头。海外华侨以及外籍华人，都是"中国老乡"，他们对祖国的刻骨铭心、永无停歇的挚爱，就是乡情的凝聚与升华。

尽管远在异国天涯，游子们都有一种回故乡探访的永恒冲动，向往着"少小离家老大回，乡音未改鬓毛衰"的难得体验。但是，如果经过苦心筹划，有一天你真的回到阔别已久魂牵梦绕的故乡，在夙愿得偿、感叹歔欷之余，也一定会有一种很强烈的陌生感和失落感：再也找不到那熟悉的小路、熟悉的杨树林，小河也不再那样亲切、那样富有生气。其实是一切中年之后回乡的人都会产生的一种典型心境。这不仅仅是因为白云苍狗、世事沧桑，还由于当年的小孩已长成大人，衡量外部世界的尺度不同、心境也变了。因此，故乡只能停留在回忆中，驻守在梦境里，在现实生活中将永难寻觅。

乡情是一杯酽酽的茶、醇醇的酒。如果经常地品一品，就会在眼前时时闪现家乡父老殷切的目光，就会保持更多的质朴与真诚，就会保留一份永恒的平民情结和赤子之心。

（选自《时文选粹（第6辑）》，南方出版社2009年版）

1. 从对自己出生地的依恋方面来说，人和动物有什么区别？

_____

_____

2. 人为什么会怀念故乡？根据文意，谈谈你的认识。

_____

_____

3. 第5段中说："故乡只能停留在回忆中……在现实生活中将永难寻觅。"为什么？

_____

_____

## 端午的鸭蛋 / 汪曾祺

我的家乡是水乡。出鸭。高邮大麻鸭是著名的鸭种。鸭多，鸭蛋也多。高邮人也善于腌鸭蛋。高邮咸鸭蛋于是出了名。我在苏南、浙江，每逢有人问起我的籍贯，回答之后，对方就会肃然起敬："哦！你们那里出咸鸭蛋！"上海的卖腌腊的店铺里也卖咸鸭蛋，必用纸条特别标明："高邮咸蛋"。高邮还出双黄鸭蛋。别处鸭蛋有偶有双黄的，但不如高邮的多，可以成批输出。双黄鸭蛋味道其实无特别处。还不就是个鸭蛋！只是切开之后，里面圆圆的两个黄，使人惊奇不已。我对异乡人称道高邮鸭蛋，是不大高兴的，好像我们那穷地方就出鸭蛋似的！不过高邮的咸鸭蛋，确实是好，我走的地方不少，所食鸭蛋多矣，但和我家乡的完全不能相比！曾经沧海难为水，他乡咸鸭蛋，我实在瞧不上。袁枚的《随园食单 小菜单》有"腌蛋"一条。袁子才这个人我不喜欢，他的《食单》好些菜的做法是听来的，他自己并不会做菜。但是《腌蛋》这一条我看后却觉得很亲切，而且"与有荣焉"。文不长，录如下：

腌蛋以高邮为佳，颜色细而油多，高文端公最喜食之。席间，先夹取以敬客，放盘中。总宜切开带壳，黄白兼用；不可存黄去白，使味不全，油亦走散。"

高邮咸蛋的特点是质细而油多。蛋白柔嫩，不似别处的发干、发粉，入口如嚼石灰。油多尤为别处所不及。鸭蛋的吃法，如袁子才所说，带壳切开，是一种，那是席间待客的办法。平常食用，一般都是敲破"空头"用筷子挖着吃。筷子头一扎下去，吱——红油就冒出来了。高邮咸蛋的黄是通红的。苏北有一道名菜，叫做"朱砂豆腐"，就是用高邮鸭蛋黄炒的豆腐。我在北京吃的咸鸭蛋，蛋黄是浅黄色的，这叫什么咸鸭蛋呢！

端午节，我们那里的孩子兴挂"鸭蛋络子"。头一天，就由姑姑或姐姐用彩色丝线打好了络子。端午一早，鸭蛋煮熟了，由孩子自己去挑一个，鸭蛋有什么可挑的呢！有！一要挑淡青壳的。鸭蛋壳有白的和淡青的两种。二要挑形状好看的。别说鸭蛋都是一样的，细看却不同。有的样子蠢，有的秀气。挑好了，装在络子里，挂在大襟的纽扣上。这有什么好看呢？然而它是孩子心爱的饰物。鸭蛋络子挂了多半天，什么时候孩子一高兴，就把络子里的鸭蛋掏出来，吃了。端午的鸭蛋，新腌不久，只有一点淡淡的咸味，白嘴吃也可以。

孩子吃鸭蛋是很小心的，除了敲去空头，不把蛋壳碰破。蛋黄蛋白吃光了，用清水把鸭蛋里面洗净，晚上捉了萤火虫来，装在蛋壳里，空头的地方糊一层薄罗。萤火虫在鸭蛋壳里一闪一闪地亮，好看极了！

（节选自《故乡的食物》，凤凰出版传媒集团，江苏文艺出版社 2010 年版）

1. 选文透露出作者对家乡的咸鸭蛋什么感情？请结合文段举一例句简要分析。

_____

_____

2. 材料链接

材料一：在日复一日的时间河流里，节日就像一个个停泊的码头。对不少人来说，"吃"成了过传统节日的主要内容，好像吃了某一节日的特色食品就算过完这一节日了。特别是每个传统节日前夕，商家为了推销节日食品，大肆炒作，为"吃"推波助澜。

材料二：端午包粽子，中秋观圆月，重阳赏菊花……在中国古老绵长的文化书卷中，不同的地域、不同的民族、不同的时代、不同的人，却拥有一种相同的文化情怀。但与此同时，外来的文化和风俗在华夏大地上席卷开来。雍容的西方情人节——巧克力和玫瑰的魅力让人们忘却了七夕"鹊桥相会"的浪漫故事；狂欢的圣诞节——圣诞树和震撼的音乐让人们丢弃了火红的灯笼……

（1）阅读了以上两则材料，你有何感受？

_____

_____

_____

（2）请你就如何保护传统节日提出两点建议。

_____

_____

## 钢构的故乡 / 刘醒龙

一个从哺乳时期就远离故乡的人，正如最白的那朵云与天空离散了。

因此，漂泊是我的生活中，最纠结的神经，最生涩的血液，最无解的思绪，最沉静的呼唤。说到底，就是任凭长风吹旷野，短雨洗芭蕉，空有万分想念，千般记惦，百倍牵肠挂肚，依然无根可寻和无情可系。

在母亲怀里长大的孩子，总是记得母乳的温暖。

母亲怀里长大的孩子，又总是记不得母乳的模样。

因为故乡的孕育，记忆中就有一个忽隐忽现的名为团风的地方。

书上说，团风是1949年春天那场叫渡江战役的最上游的出击地。书上又说，团风是抗日战争时期，国内两支本该同仇敌忾的军队，却同室操戈时常火并的必争之地。书上更说，团风是改变中华民族命运的赤色政党中两位创党元老的深情故土、痴情故地。

著书卷，立学说，想来至少不使后来者多费猜度。就像宋时苏轼，诗意地说一句，人道是三国周郎赤壁，竟然变成多少年后惹是生非的源头。苏轼当然不知后来世上会有团风之地，却断断不会不知乌林之所在。苏轼时期的乌林，在后苏轼时期，改名换姓成为团风。作为赤壁大战关键所在，如果此乌林一直成为乌林，上溯长江几百公里，那个也叫乌林的去处，就没有机会将自己想象成孔明先生借来东风，助周公瑾大战曹孟德的英雄际会场所了。

书上那些文字，在我心里是惶惑的。

童年的我，无法认识童年的自己。认识的只有从承载这些文字的土地上，走向他乡的长辈。比如父亲，那位在一个叫刘下垸的小地方，学会操纵最原始的织布机的男人；比如爷爷，那位在一个叫林家大垸的小地方，替一户后来声名显赫的林姓人家织了八年土布和洋布的男人。从他们身上，我看得到一些小命运和小小命运，无论如何，都不能将这位早早为了生计而少能认字的壮年男人，和另一位对生计艰难有着更深体会而累得脊背畸形的老年男人，同那些辉煌于历史的大事伟人，作某种关联。

比文字更让人难以置信的是亲人的故事。

首先是母亲。在母亲第九十九次讲述她的故事时，我曾经有机会在她所说的团风街上徘徊很久，也问过不少人，既没有找到，也没有听到，在那条街的某个地方，有过某座祠堂。虽然旧的痕迹消失了，我还是能够感受到生命初期的孤独凄苦。当年那些风雨飘摇的夜晚，母亲搂着她的两个加起来不到三岁的孩子，陪着那些被族人用私刑冤毙的游魂。一盏彻夜不灭的油灯，成了并非英雄母亲的虎胆，夜复一夜地盼到天亮，将害怕潜伏者抢劫的阴森祠堂，苏醒成为翻身农民供应生活物资的供销社。

其次是父亲。父亲的故事，父亲本人只说过一次。后来就不再说了。他的那个1948年在汉口街上贴一张革命传单，要躲好几条街的故事，更是从1967年的大字报上读到的。那一年，第一次跟在父亲身后，走在幻梦中出现过的小路上，听那些陌生的人冲着父亲表达过分的热情，这才相信那个早已成为历史的故事。相信父亲为躲避"文革"斗争只身逃回故乡，那些追逐而来的狂热青年，如何被父亲童年时的伙伴，一声大吼，喝退几百里。

还有一个故事，它是属于我的。那一年，父亲在芭茅草丛生的田野上，找到一处荒芜土丘，惊天动地地跪下去，冲着深深的土地大声呼唤自己的母亲。我晓得，这便是在我出生前很多年就已经离开的奶奶。接下来，我的一跪，让内心有了重新诞生的感觉。所以，再往后，当父亲和母亲，一回回地要求，替他们在故乡找块安度往生的地！我亦能够伤情地理解，故乡是使有限人生重新诞生为永生的最可靠的地方。

成熟了，成年了，越喜欢故乡。

哪怕只在匆匆路过中，远远地看上一眼！

哪怕只是在无声无息中，悄悄地深呼吸一下！

（原载于《湖北日报》，2011年4月22日）

1. 文中说"比文字更让人难以置信的是亲人的故事"，文章叙述了哪些"难以置信"的事，这些事表达了作者什么样的感情。

_____

_____

2. 一个人在年少的时候，总盼望走出故乡，而"成熟了，成年了，越喜欢故乡"。请结合文章，联系现实，谈谈你对这种现象的看法。

_____

_____

## 知识链接

### 关于故乡的古诗词

《除夜作》/ [唐] 高适

旅馆寒灯独不眠，客心何事转凄然。

故乡今夜思千里，霜鬓明朝又一年。

《乡思》/ [宋] 李觏（gòu）

人言落日是天涯，望极天涯不见家。

已恨碧山相阻隔，碧山还被暮云遮。

《京师得家书》/ [明] 袁凯

江水三千里，家书十五行。

行行无别语，只道早还乡。

《与浩初上人同看山寄京华亲故》/ [唐] 柳宗元

海畔尖山似剑铓，秋来处处割愁肠。

若为化得身千亿，散上峰头望故乡。

《渡荆门送别》/ [唐] 李白

渡远荆门外，来从楚国游。山随平野尽，江入大荒流。

月下飞天镜，云生结海楼。仍怜故乡水，万里送行舟。

《月夜忆舍弟》/ [唐] 杜甫

戍鼓断人行，边秋一雁声。露从今夜白，月是故乡明。

有弟皆分散，无家问死生。寄书长不达，况乃未休兵。

《秋日登吴公台上寺远眺》/ [唐] 刘长卿

古台摇落后，秋日望乡心。野寺来人少，云端隔水深。

夕阳依旧垒，寒磬满空林。惆怅南朝事，长江独自今。

《竹枝词》/ [唐] 刘禹锡

白帝城头春草生，白盐山下蜀江清。

南人上来歌一曲，北人莫上动乡情。

《渔家傲》/ [宋] 范仲淹

塞下秋来风景异，衡阳雁去无留意。

四面边声连角起。千嶂里，长烟落日孤城闭。

浊酒一杯家万里，燕然未勒归无计。

羌管悠悠霜满地。人不寐，将军白发征夫泪。

《思江南》/ [唐] 方干

昨日草枯今日青，羁人又动故乡情。

夜来有梦登归路，不到桐庐已及明。

《滞雨》/ [唐] 李商隐

滞雨长安夜，残灯独客愁。

故乡云水地，归梦不宜秋。

《送吴十九往沅陵》/ [唐] 王昌龄

沅江流水到辰阳，溪口逢君驿路长。

远谪谁知望雷雨，明年春水共还乡。

### "冰心体"及中剪子巷

冰心体也被茅盾称为"繁星格""春水体"。冰心散文的语言"清丽""典雅"。她善于提炼口语，使之成为文学语言，她能把古典文学中的辞章、语汇吸收融化，注入现代语言中去。远在"五四"初期，冰心就以语体白话文从事创作。在行云流水般的行文里，在引诗援典或遣词造句中时而出现某些文言词语。然而，并非文白相加，而是经过精心提炼、加工，使之相互融合，浑然一体，形成独特的语言艺术，即凝练明快、清新婉丽，或色彩鲜明，或素缟淡雅，都带有浓重的抒情性，给人以如诗似画的美感。其错落有致的长短相间的句式以及排比、对句等的切当穿插，更增强了语言的音乐性。广大读者对这种语言交口称赞，以致把后来的既表现出白话文的流畅、明晰，又有文言文的洗练、华美的语言，统称之为"冰心体"语言。

冰心在北京的第一个住所是中剪子巷14号。中剪子巷是一条南北向小胡同，南口在张自忠路中段，北口在府学胡同。过了府学胡同就叫北剪子巷了，而在张自忠路以南还有南剪子巷。中剪子巷14号，冰心在这里住了10年，度过了她最美好的青春年华。这是一个不大的三合院，北房三间，房前有廊子，东西厢房各三间。北房东头有个很小的院子，是厨房和厨师的住房。北房西边靠后墙，有一个极小的供奉财神爷和狐仙的小阁楼形的建筑。初来北京，一切都是新鲜的，早慧的冰心，对自己在北京的第一个家，印象极深。在这里，她第一次看到了穿着鲜艳旗袍和坎肩，梳着"两把头"，髻后有着很长"燕尾儿"，脚登高底鞋的旗人贵妇。看到她们见面后不住地请安问好，彼此寒暄。住在这里时，她时常去逛隆福寺市场，到吉祥戏院听过杨小楼与梅兰芳的戏。

冰心的父亲在他家外头长方形的院子里种了许多花，还搭起一个葡萄架，把从烟台寄来的葡萄秧子栽上。后来，他家的花园渐渐扩大到大门以外，在门口又种了些野茉莉、蜀葵之类容易生长的花朵，还立起了个秋千架。周围的孩子常来看花、荡秋千，把这个院称作谢家大院。谢家大院是周围孩子们来集会的地方，放风筝的、抖空竹的、跳绳踢毽子的、练自行车的……很是热闹，童年的趣事，给冰心留下了很深的印象。在冰心一生中，她去过的地方无数，住过的地方很多，但一直到晚年，她念念不忘的，仍是中剪子巷这个家。她在梦中见到的，也常常是中剪子巷这个家。在她九十高龄所写的散文《我的家在哪里》中她深情地写道："只有住着我父母和弟弟们的中剪子巷，才是我灵魂深处永久的家。"

她为什么对中剪子巷这么魂牵梦绕？因为她最美好的青春年华是在这里度过，她壮丽的文学征程是从这里扬帆起航。文学界慈祥的老祖母，最初就是从这里将她博大深沉的爱洒向四面八方，温暖着一代代读者的心。

### 何谓小年

小年是我国汉族传统节日，被视为过年的开端，也被称为谢灶、祭灶节、灶王节、祭灶。在不同的地方日期不同，在农历腊月二十三或二十四或二十五（在古代，过小年有"官三民四船五"的传统，也就是说，官家的小年是腊月二十三，百姓家的是腊月二十四，而水上人家则是腊月二十五。像北方，在南宋以前都是政治中心，受官气影响较重，因此小年多为腊月二十三；相反，南方远离政治中心，小年便为腊月二十四；而鄱阳湖等沿湖的居民，则保留了船家的传统，小年定在腊月二十五）。无论是哪天过小年，人们辞旧迎新的愿望都是一致的。四川和贵州等部分地区腊月三十为小年，正月十五为大年，在山东部分地区小年为腊月二十二。

## 感悟思考

1.《我的家在哪里》中作者说"中剪子巷才是我灵魂深处永恒的家"，你是怎样理解的？你觉得怎样才算是真正的家？家的要素有哪些？

2. 阿米琪斯（意大利）曾在《爱的教育》里这样说："故乡就是你的母亲，她教过你，呵护过你，好好研究你的故乡吧，认认真真地研究她的每条街道和她的居民吧。"你是否关注过身边的一草一木，每一个或陌生或熟悉的人呢？当你重新审视他们的时候，又有哪些感悟？

3. 一枝一叶总关情：回溯家乡历史文化。

（1）搜故事。搜集家乡民间历史传说故事，看看自己的家乡历史上曾经出现过哪些著名历史事件和历史名人。

（2）姓氏寻根。家乡有哪些姓氏是比较古老的，其祖辈是因何迁居此处，出现过哪些著名人物。

（3）查地名。看看家乡附近的那些地名、路名得名的来由，跟哪些历史事件或历史人物有关。

（4）访老宅。古老的建筑是过去生活的遗迹，细心观察这些老宅的特征，并试着探究这些古老特色建筑背后蕴含的历史文化背景。

## 参考答案

### 《乡情》

1.动物只是一种本能，而人对故乡热土是一种深切而执著的爱。（答案不唯一，意思对即可）

2.因为童年天真、烂漫、纯朴、坦诚、全神贯注，对陌生世界充满好奇心和刺激感，而人过中年，这些都再也找不回来了。为了追回生命中失落的那段无比珍贵的时光，人们就会怀念故乡。（只要能将中年和童年相比较，内容较全面，语言通顺，就可得满分）

3.因为白云苍狗、世事沧桑，还由于中年之后衡量外部世界的尺度不同、心境也变了。（如果不用原文，自己组织文字也可以，只要意思对即可）

**《端午的鸭蛋》**

1. 赞美，自豪之情。举例说明：示例①："鸭多，鸭蛋也多。高邮人也善于腌鸭蛋。"两个"多"，一个"善于"写出了对家乡人的赞美。示例②："我走的地方不少，所食鸭蛋多矣，但和我的家乡的完全不能相比！曾经沧海难为水，他乡咸鸭蛋，我实在瞧不上。""完全不能相比"和"实在瞧不上"从侧面突出家乡鸭蛋的好，表达作者赞美、自豪之情。示例③："袁子才这个人我不喜欢……但是《腌蛋》一条我看后却觉得很亲切，而且'与有荣焉'。""觉得很亲切"，因为爱屋及乌，所以热爱家乡的我对不喜欢的袁枚产生了好感。"与有荣焉"，则写出了作者的自豪之情。示例④："我在北京吃的咸鸭蛋，蛋黄是浅黄的，这叫什么咸鸭蛋呢！"淡淡的幽默包含着对他乡鸭蛋的不屑，对家乡鸭蛋的自豪。

2.（1）略（2）示例：①挖掘传统节日的文化内涵；②加大宣传力度；③举行丰富多彩的传统文化民俗活动；④学校加大对传统节日等知识的教育力度。

**《钢构的故乡》**

1. 难以置信的事：①故乡悠久厚重的历史。②母亲在祠堂里度过的孤独凄苦岁月。③父亲在"文革"时的"传奇"。作者的感情：对故乡历史的敬畏，对父母遭遇的同情与敬重。

2. 人在年轻的时候总是满腔热血、充满好奇、志向远大，希望到外面闯世界，干出一番轰轰烈烈的事业。到中年以后，如作者一样有了许多历练，视野随之开阔，心态慢慢变得平和，于是故乡的山水人事成为温馨的回忆，越来越喜欢故乡、依恋故乡，期盼叶落归根。（意思相同即可）

## 导 语

生活需要一颗感恩的心来创造，一颗感恩的心需要生活来滋养。

——王符

面对简单而又复杂、平凡而又特殊的生活，人们有着各不相同的解说：有人说，生活是不断需求的过程，也是不断创造的过程，而非简单享乐的过程；有人说，生活像果盘中盛着的收获与失落；有人说，生活就像洋葱，你一片一片将其剥开，终有一片会让你落泪；还有人说，生活是由无数烦恼组成的念珠，但得微闭着眼数完它……

是啊，就如同世界上没有相同的两片叶子一样，我们每个人的生活经历都不会相同。因此，不同的人对生活有不同看法，对生活的感悟也会千差万别。但是，生活给予的两样东西，可能我们每个人都曾体味过，那就是挫折和幸福。

著名大提琴师马友友曾说过："我并不认为我童年时候被迫练琴的日子是在受苦，尽管它让我失去了许多同龄人所享有的快乐，但我感恩于那段日子，是它让我取得了今天的成就。"苦难对于历经它的每一个人有着无法言喻的意义。年轻的我们，终日成长于温室的摇篮，不曾经历生离死别的撕心裂肺，不曾有过寄人篱下的悲苦，不曾放下尊严卑微乞讨，也不曾受过饥寒交迫、冷嘲热讽……挫折和苦难虽然会让年轻的我们失落，让我们困顿，让我们迷茫，但亦能让我们重新站立，让我们搏击风浪，让我们冲上胜利的云霄，所以我们应感恩于生活，感恩于赐予我们挫折和苦难的生活。歌词里唱到："不经历风雨，怎么见彩虹。"而我们需要做到：经历的是风雨，留下的是彩虹。

如何感受幸福、创造幸福，也是一个重要的命题。有些人专注地抬头望天，盼望着幸福能从天而降，而忘了幸福需要迈开步子勇敢地去追寻；有些人认为幸福在梦想中的远方，整日忙着埋头苦追，而错过了迎头撞来的幸福；更多的人其实已经置身于幸福之中，而不自知，仍在苦苦寻找幸福……曾有人问霍金："受尽人生疾苦，只能在轮椅上度过余生，对于您来说，这样的生活，意义何在？"霍金在键盘上敲出了这样一段话作为答复："我的手指还能活动，我的大脑还能思维，我有我爱的和爱我的亲人和朋友，我还有一颗感恩的心！"幸福有时会同我们开一个玩笑，乔装打扮而来。机遇、友情、成功、团圆……也许有人会将这些藏着幸福的东西视为理所当然，而看了霍金的回答之后，我们不禁要想，什么又是理所当然呢？所以，满足于自己所拥有的，包括幸福和苦难，并对这些抱有感恩之心，是生活的一个大智慧。

幸福是一种权利，幸福更是一种能力。认真地生活，发现生活中点点滴滴的幸福。

当我们学业有成、志得意满的时候，我们能够说：我很幸福；当我们学习受挫，前途渺茫时，我们可以微笑着说：我很幸福；因为我们还有能思考的大脑和健康的身体；当我们不再享有健康时，我们依然可以微笑着说：我很幸福，因为我们还有爱自己的父母亲人；甚至当我们一无所有时，我们还是可以大声说：我很幸福，因为我还有一颗健康的、懂得感恩的心。

幸福与苦难之于人来说，正如硬币的两面，都忠诚地伴随人一生。人若是连挫折和苦难都能以感恩的心来对待，便定能以感恩的心对待阳光雨露、对待亲人的关怀、对待我们所拥有的一切！如果生活对你关闭了一扇门，那打开这扇门的钥匙就是你的一颗感恩的心，打开这扇门，在你面前展开的，将会是别样精彩的人生。

**■ 美文悦读**

## 我真是幸福得不像话 / 尼克·胡哲

> **导 读**
>
> 当全世界的人都认为他无法拥有快乐正常的生活的时候，当全世界的人都为他该做些什么、又该成为怎样的人而困惑和迷茫的时候，身患"海豹肢症"的尼克·胡哲用他的感恩、智慧以及仅有的"小鸡腿"，活出了生命的奇迹，并向世人宣告"我真是幸福得不像话"。这篇文章是他的一本书的前言，作者用轻松诙谐的语言，向人们述说了他独特的成长经历和人生体验，同时也告诉我们，每一个生命个体都是独一无二的，而热情、勇气、信念、坚持将使我们的人生丰富多彩。

我叫尼克·胡哲，今年 28 岁。我一生下来就没有四肢，不过，我可没有被这个状况限制住。我在世界各地旅行，鼓励了上百万人以信心、希望、爱和勇气克服逆境，追求自己的梦想。

我出生时，我的父母看到我没手没脚的模样，认为我不可能过正常生活，我的人生毫无希望、没有未来。然而，今天我过着完全超乎我们想象的生活。每天都有不认识的人通过电话、E-mail、短信和 Twitter 跟我联络；在机场、饭店和餐厅里，人们走向我、拥抱我，说我以某种方式感动了他们。我真是个蒙福的人，这些年来，我真是幸福得不像话。

我身体上的障碍——我的"负担"——也可以成为祝福，给了我独一无二的机会去帮助他人，理解他们的痛苦，同情他们的遭遇，并带给他们安慰。没错，我是面临一些不寻常的挑战，但同时我也受到祝福，拥有可爱的家庭、敏锐的心智，以及深刻

胡永红 / 摄

恒久的信仰。

你知道的，当我进入令人无所适从的尴尬青春期时，我对自己的处境感到绝望，觉得自己永远也不可能"正常"。很明显地，我的身体跟同学们的不一样，当我努力尝试各种别人做来稀松平常的活动，例如游泳、滑板时，我只会愈来愈明白一件事：有些事我就是做不来。而有些残忍的孩子叫我"怪物"和"外星人"，更是让情况雪上加霜。我当然只是个普通人，只想和别人一样，但机会似乎很渺茫。我想要被人接受，但觉得没人肯接受我；我想要融入人群，但好像没办法。

我撞墙了，觉得很沮丧，被负面的想法彻底淹没。我的心很痛，即使被家人和朋友包围，还是觉得孤单。我担心自己会成为我所爱的人永远的包袱，觉得十分绝望，找不到一丁点儿人生的意义。

我觉得很痛苦，但我真是大错特错。我在那些灰暗的日子里所不知道的是，我竟然可以在将来的某一天为你们提供在艰巨的试炼和痛彻心扉的磨难中找到希望的方法。在苦难的另一边，有一条不同的路，会让你更坚强、更坚定，让你找到自己想要的人生。我会点出那条路。

如果你有渴望与热情去做某件事，而这件事出自上帝的旨意，那么你一定会成功。这句话真是强而有力，不过老实说，我自己也不太相信就是了。或许你曾在网络上看过对我的访问，那些闪耀着快乐幸福的影像是我人生的各种经历，但一开始的我并非如此，一路走来，我学到了几项重要特质。要想过一个不设限的人生，我认为需要：

- 强烈意识到生命的目的
- 不可磨灭的希望
- 对上帝及无限的可能性有信心
- 喜爱并接纳自己本来的样子
- 态度决定高度
- 勇敢的精神
- 愿意改变
- 愿意信任的心
- 渴望机会
- 有评估风险与笑看人生的能耐
- 有服侍他人的使命

我希望我的说明能帮助你在自己的生命旅程中运用这些特质，活出丰富且有意义的人生。我告诉你这些事，是因为我想与你分享上帝的爱，希望你体验到他要给你的喜乐与满足。

如果你每天都过得很挣扎，请记住，在我们的苦难背后有个远超乎我们想象的人生目的在等着我们。

你或许会碰到艰难的时光，或许会倒下，然后觉得自己没有力量站起来。我懂那种感觉。我们都会碰上那样的状况，生命不会一直轻松愉快，但是当我们克服了挑战，就会变得更强壮，也会对于能有那样的机会更感恩。真正重要的是你一路上接触到的人，以及你如何走完你的旅程。

我爱我的生命，如同我爱你们。我们一起努力，可能性就会大得不像话。所以你觉得呢？我们要不要试试看，朋友？

（选自《人生不设限》，天津社会科学院出版社 2011 年版）

## 蚕是被自己的丝裹住的 / 毕淑敏

**导 读**

蚕是被自己的丝裹住的，也是因为自己的丝而死去的。人也有自己的"丝"，当人们遇到困难，为自己找借口时，"丝"就会越来越多，在不知不觉中为自己编织了一个茧，这个茧使他失去了信心。只知道退缩，没勇气前进。如果想要突破自己，就得破茧而出。虽然这样做会使困难接踵而来，但这样才能更好地生存下去。破茧而出的美丽在于过程，有了精彩的过程才会有华丽的结局。蚕如此，人亦如此。

　　蚕是被自己的丝裹住的，这是一个真理。每个人都知道。

　　这是蚕的悲剧。其实，作茧自缚的情况绝不罕见，它们广泛地存在于我们周围，空气中到处都飘荡着纷飞的乱丝。

　　钱的丝飞舞着。很多人以钱为生命指标时，看到的是钱所带来的荣耀。攫取钱的手段不单纯，仅以钱作为目标，其危险，不在于钱本身，而在于你怎样消费它。钱有时也是漂浮迷茫的，钱的乱丝令没有能力驾驭它的人窒息，直至被它绞杀。

　　爱的丝也如四月的柳絮一般飞舞着，迷乱着我们的眼，雪一般的覆盖着视线。真正的爱，不是诱惑，是温暖。没有节制的爱，如同没有节制的水和火一样，都是灾难性的。

　　水火无情，大家都知道。但谈到氧气，那是一种多么美好的东西啊。围棋高手赛间吸氧，妙招迭出。记得我学医时，教授讲过这样一个故事。一名新护士值班，看到衰竭的病人呼吸十分困难，用目光无声地哀求她——把氧气流量开得大些。出于对病人的悲悯，加上新护士的大胆，又值夜半，医生已然休息，几种情形叠加在一起，于是她自作主张私自把氧气流量表拧大。病人顿感舒服，露出了感激的神色。那夜不巧还有其他重症病人。当护士再次巡视病房的时候，发现那位病人已然死亡。究其原因，是氧气中毒，高浓度的氧气抑制了病人的呼吸中枢，让他在安然的享受中丧失了自主呼吸的能力……

　　很可怕，是不是？丧失节制，就是恐怖的魔杖。它令美好变成狰狞，使怜爱演为杀机。还有工作的丝、友情的丝、嗜好的丝……或松或紧地包绕着我们，令我们难以自拔。

　　逢到这时，我们常常表现得很无奈很无助，甚至还有一点点敝帚自珍的狡辩。常常听到有人说："我也知道这样不好，但我也不想去改变初衷……"当他说完这些话的时候，就像对自己和他人有了一个交代，然后脸上露出安然无辜的样子。

　　每当这个时候，我在悲哀的同时，也升起怒火。你明知你的茧，是你自己吐出的丝凝成的，你挣扎在茧中，却不想突围而出。遇到困难，这是一种必然。但你却为自己找了种种的借口，你向你的丝退却了。你其实就是一个作茧自缚的高手。你的丝汲取了你的气力，蚕食你的信心，它让你在蚕茧中藏得更深更严密更闭锁更干瘪了。

　　撕碎这蚕茧，没有外力和机械可援，只有靠自己的心和爪。茧破的时候，是痛苦的。

茧是我们亲手营造的小世界。茧虽小却安全。咬破蚕的茧，外界是新奇的，也充满着危机。但破茧是建设性的，在这种变化中，你会感受到生命充满着张力，你会知道你活着痛着并生长着。

有很多人终身困顿在他们自己的茧里。这是他们自己的选择，当生命结束的时候，他们也许会恍然发觉，世界只是一个茧，而自己未曾真正地生活过。

（选自《千头万绪是多少》，江苏文艺出版社 2006 年版）

## 你可以不成功，但是不能不成长／杨　澜

**导　读**

杨澜通过自己 17 年职场沉浮的经历告诉我们，成功不是只要努力就一定能获得的，成功是找到自己喜欢并擅长的事情，并努力去做好它。按照杨澜的这种说法，绝大多数人都算不上成功者。但是正如文章题目所说"你可以不成功，但是不能不成长"，成长是一个不断突破自己的小环境而进入一个更广阔世界的动态过程。这种成长需要越来越深刻地认识自己，需要不断寻找人生坐标。"虽然再努力也成为不了刘翔，但我们仍然能享受奔跑。"所以可以这样说，一个人的成长是从内心的强大开始的。

我还记得我第一次采访基辛格博士，那时我还在美国留学，刚刚开始做访谈节目，特别没有经验。问的问题都是东一榔头，西一棒子的，比如问：那时周总理请你吃北京烤鸭，你吃了几只啊？你一生处理了很多的外交事件，你最骄傲的是什么？

后来在中美建交 30 周年时，我再次采访了基辛格博士。那时我就知道再也不能问北京烤鸭这类问题了。虽然只有半小时，我们的团队把所有有关的资料都搜集了，从他在哈佛当教授时写的论文，演讲，到他的传记，还有七本书。都看完了，我也晕了，记不清看的是什么。虽然采访只有 27 分钟，但非常有效。

真是准备了一桶水，最后只用了一滴。但是你这些知识的储备，都能使你在现场把握住问题的走向。

这个采访做完，很多外交方面的专家认为很有深度。虽然我看了那么多资料，可能能用上的也就一两个问题，但事先准备绝对是有用的。所以我一直认为要做功课。我不是一个特别聪明的人，但还算是一个勤奋的人。通过做功课来弥补自己的不足。

我做电视已经 17 年了，中间也经历了许多挫折。比较大的，就是 2000 年在香港创办阳光卫视，虽然当时是抱着一个人文理想在做，至今我也没有后悔，但由于商业模式和现有市场规则不是很符合，经历了许多事业上的挫折。这让我很苦恼，因为我

觉得自己已经这么努力了，甚至怀孕的时候，还在进行商业谈判。从小到大，我所接受的教育就是：只要你足够努力，你就会成功。但后来不是这样的。如果一开始，你的策略，你的定位有偏差的话，你无论怎样努力也是不能成功的。

后来我去上海的中欧商学院进修 CEO 课程，一位老师讲到一个商人和一个士兵的区别：士兵是接到一个命令，哪怕打到最后一发子弹，牺牲了，也要坚守阵地。而商人好像是在一个大厅，随时要注意哪个门能开，我就从哪个门出去，一直在寻找流动的机会，并不断进出，来获取最大的商业利益。所以听完，我就心中有数了——我自己不是做商人的料。虽然可以很勤奋地去做，但从骨子里这不是我的比较优势。

在我职业生涯的前 15 年，我都是一直在做加法，做了主持人，我就要求导演：是不是我可以自己来写台词？写了台词，就问导演：可不可以我自己做一次编辑？做完编辑，就问主任：可不可以让我做一次制片人？做了制片人就想：我能不能同时负责几个节目？负责了几个节目后就想能不能办个频道？人生中一直在做加法，加到阳光卫视，我知道了，人生中，你的比较优势可能只有一项或两项。

在做完一系列的加法后，我想该开始做减法了。因为我觉得我需要有一个平衡的生活。我不能这样疯狂地工作下去。所以就开始做减法。那么今天我想把自己定位于：一个懂得市场规律的文化人，一个懂得和世界交流的文化人。在做好主持人工作的同时，希望能够从事更多的社会公益方面的活动。所以可能在失败中更能认识自己的比较优势。当然我也希望大家付出的代价不要太大就能了解自己的比较优势和缺陷所在。

我想说的是每个人都在成长，这种成长是一个不断发展的动态过程。

成长是无止境的，生活中很多是难以把握的，甚至爱情，你可能会变，那个人也可能会变；但是成长是可以把握的，这是对自己的承诺。

我们虽然再努力也成为不了刘翔，但我们仍然能享受奔跑。

可能有人会阻碍你的成功，却没人能阻止你的成长。

换句话说，这一辈子你可以不成功，但是不能不成长！

（选自《当代青年》，2006 年 12 月）

## 重用自己／马行提

**导 读**

生命所能达到的高度，往往就是我们在心理上为自己界定的高度。很多时候，不是因为事情难以做到才失去信心，而是因为失去信心，事情才显得难以做到。重用自己，首先要对自己有足够的自信，不要将自己成功的筹码都压在别人身上。我们每个人都是一座金矿，每个人都有自己独特的秉性和天赋，都有自己独特的实现人生价值的切入点和方式，关键在于我们如何发掘自己，并按照自己的禀赋努力发展自己，进而成就我们最该干、最能干、最有希望获得成功的事情。其实，每个人都是很优秀的，差别就在于如何重用自己、发掘自己。

2001 年 9 月 11 日，当恐怖分子驾驶的第一架飞机撞击纽约世贸中心双子塔时，一位 70 岁的老人正在曼哈顿东北侧的公寓里；到第二架飞机撞击世贸大楼时，他已经拿起摄影器材，奔向烟尘弥漫、人群四处逃散的现场。这个始终向着危险方向奔跑，以便用镜头见证历史的老人，就是英国著名摄影师哈里·本森。

本森先生学生时代曾经是一个让学校头疼的捣蛋鬼，他自称自己的特长是旷课，校长甚至求他的父母将他从学校里带回家。自从结束了英国皇家空军的厨师生涯并迷上摄影后，他才真正找到了自己的位置和人生的价值所在。于是，本森成了一个不惜用生命去关注历史、见证历史的人。肩背照相机的几十年间，他总在寻找新闻事件的中心，总在寻找暴风雨的"风眼"。为了拍到精彩的照片，他刻意讨好声名狼藉者，与凶手称兄道弟，冒充三 K 党的支持者……这些经历，每一次都是生命悬于一发间，但他总是置之度外，用自己的生命实践着"不入虎穴，焉得虎子"的新闻从业信条。

与此同时，本森先生以他过人的新闻敏感，用自己的相机，将许多重大历史事件定格为永恒——他拍下了坐在轮椅上的越南老兵和双腿截肢的美国士兵在河内握手的照片；他记录下了尼克松总统被迫辞去职务，和家人相对时泪流满面的辛酸无奈的场景；他让里根总统夫妇亲吻的照片登上了名利场杂志；甚至，当肯尼迪总统遇刺时，他也"赶"上了，他端着相机祈祷：上帝啊，千万别让我搞砸，这可是历史的见证啊……拍摄这些历史瞬间的时候，本森总是告诫自己：只能成功，不能失败，因为你只有一次机会。

本森先生的传记，我读了许多遍，每一次都会被他的传奇经历和对事业的激情与斗志深深震撼。这位取得了令许多同行难以望其项背的成就的摄影大师，其实在他的青年时代，并不比常人早慧，他走向成功的条件，也不比常人优越啊。不过，当他确定了与相机相伴一生、用镜头来记录历史的目标之后，他便将整个生命全部投入到摄影之中！

在生活中，经常有人抱怨自己被人忽视，或者总是感喟自己韶华虚度，一事无成。其实，我们真应该仔细反思一下，在工作中，我们有没有像本森先生那样，时时保持一种"不入虎穴，焉得虎子"的斗志？我们是不是处处保持一种"我只有一次机会"的自断后路、义无反顾的气概？我们有没有像本森先生那样，对自己所从事的事业投入生命的激情？看到了这一点，我们就该记住，气愤和不平只会空耗自己的热情，颓废消极的情绪只会销蚀自己的人生。生活中我们要学会的，常常是需要自己重用自己，发掘自己。就像本森先生那样，尽管成功的道路上不乏急流漩涡，但仍敢热烈地追逐，不断地创造，最大限度地发挥自己的特长，干自己最该干、最能干、最有希望取得成就的事情。

（选自《涉世之初》，2002 年第 5 期）

**▌延伸阅读**

## 高贵的生命不卑微 / 朱国勇

他是黑人，1963 年出生于纽约布鲁克林贫民区。对于未来，他看不到什么希望。

十三岁的那一年，有一天，父亲突然递给他一件旧衣服："这件衣服能值多少钱？""大概一美元。"他回答。"你能将它卖到两美元吗？"父亲用探询的目光看着他。"傻子才会买！"他赌着气说。父亲的目光真诚又透着渴求："你为什么不试一试呢？要是你卖掉了，也算帮了我和你妈妈。"他这才点了点头："我可以试一试，但是不一定能卖掉。"他很小心地把衣服洗干净，没有熨斗，他就用刷子把衣服刷平，铺在一块平板上阴干。第二天，他带着这件衣服来到一个人流密集的地铁站，经过六个多小时的叫卖，他终于卖出了这件衣服。

过了十多天，父亲突然又递给他一件旧衣服："你想想，这件衣服怎样才能卖到二十美元？"怎么可能？这么一件旧衣服怎么能卖到二十美元，它最多只值两美元。"你为什么不试一试呢？"父亲启发他，"好好想想，总会有办法的。"终于，他想到了一个好办法。他请自己学画画的表哥在衣服上画了一只可爱的唐老鸭与一只顽皮的米老鼠。他选择在一个贵族子弟学校的门口叫卖。不一会儿，一个开车接少爷放学的管家为他的小少爷买下了这件衣服。那个十来岁的孩子十分喜爱衣服上的图案，一高兴，又给了他五美元的小费。二十五美元，这无疑是一笔巨款！

回到家后，父亲又递给他一件旧衣服："你能把他卖到两百美元吗？"父亲目光深邃，像一口老井幽幽地闪着光。这一回，他没有犹疑，沉静地接过了衣服，开始了思索。

两个月后，机会终于来了。当红电影《霹雳娇娃》的女主演拉佛西来到了纽约宣传。记者招待会结束后，他猛地推开身边的保安，扑到了拉佛西身边，举着旧衣服请她签个名。拉佛西先是一愣，但是马上就笑了。没有人会拒绝一个纯真的孩子。拉佛西流畅地签完名。

他笑了，黝黑的面庞，洁白的牙齿："拉佛西女士，我能把这件衣服卖掉吗？""当然，这是你的衣服，怎么处理完全是你的自由！"他"哈"的一声欢呼起来："拉佛西小姐亲笔签名的运动衫，售价两百美元！"能过现场竞价，一名石油商人以一千两百美元的高价收购了这件运动衫。

回到家里，他和父亲，还有一大家人陷入了狂欢。父亲感动得泪水横流，不断地亲吻着他的额头："我原本打算，你要是卖不掉，我就派人买下这件衣服。没想到你真的做到了！你真棒！我的孩子，你真的很棒……"父亲接着说道，"我只是想告诉你，一件只值一美元的旧衣服，都有办法高贵起来。何况我们这些活生生的人呢？我们有什么理由对生活丧失信心呢？我们只不过黑一点穷一点，可这又有什么关系？"就在这一刹那间，他的心中，有一轮灿烂的太阳升了起来，照亮了他的全身和眼前的世界。"连一件旧衣服都有办法高贵，我还有什么理由妄自菲薄呢！"

从此，他开始努力地学习，刻苦地锻炼，时刻对未来充满着希望！二十年后，他的名字传遍了世界的每一个角落。他的名字叫——迈克尔·乔丹！

（选自《读写月报》，2011 年 4 月；有删改）

1. 父亲三次让儿子去卖衣服，其目的是什么？父亲的用意有何变化？

_____

_____

_____

2. 纵观全文，为什么说"高贵的生命不卑微"？

_____

_____

_____

3. 人物形象探究：有人认为本文主人公是儿子，有人认为是父亲，还有人认为是父亲和儿子。你是怎么看的？请结合文本说明理由。

_____

_____

_____

_____

## 你为什么拿这一个 / 张晓风

回家之前，我去买了一些水果。

我买了一根香蕉，两个橘子，和一个泰国椰子。中秋节刚过，家里水果没吃完的还很多，随便买一点即可。今天选的三样各有理由，香蕉是因为今年盛产，大家帮忙吃一点比较好，所以买它几乎是出于道德的因素。至于橘子是因为它初上市，皮还青青的，闻起来香味却极辛烈，令人想起千年前的老苏写给朋友的诗：

"一年好景君须记，最是橙黄橘绿时。"

只需花少许钱，就能买到季节的容颜和气味，以及秋来的诗兴，何乐不为——所以，买橘子，是基于美学理由。

而买椰子却有个非常简单明了的诉求，我口渴了，此刻已是晚上十点半，我在外工作了一整天，非常辛苦，自己带的水也喝完了，买可乐或矿泉水会留一个塑胶瓶来伤害大地，不如买椰子，椰汁甘美近酒，而且椰子壳对大地是无害的。

但我在排队付钱的时候，收账的老板娘却用非常奇怪的眼神望了我一眼，说："喂，阿姨，你为什么要拿这一粒？"

她指的是那个椰子。

咦，这一个不能拿吗？难道顾客有义务告诉店家自己为什么要选某一个水果吗？这年头连父母都不见得敢问子女为什么要选某人为配偶了，我却竟要回答这么一个奇怪的问题。

"没什么，我随便拿的。"我说的是实话。

付完钱，我请她帮我在椰子上凿一个洞。她凿好，替我插上麦管，然后，她转过身来，又追问了一句："那么多粒椰子，你为什么偏偏拿这一粒？"

奇怪，原来她还没有放弃要问我真相，这一次，轮到我好奇了：

"这一粒，有什么不该拿吗？"我问。

"大小都是三十元一粒，这一粒，特别小呀！"她叹气，仿佛我是白痴。

"所以，刚才那根香蕉我没跟你拿钱……但是，怪呀，你为什么要选这一粒呢？"

她的年纪看起来不算小，从事这一行想必也有些岁月了，阅人大概也不在少数，看到我这种顾客不选大反选小，简直颠覆了她用专业知识归纳出来的金科玉律，所以想穷追猛打问个明白。

但我并不想挑个大大的椰子，我此刻并没有太渴，就算渴，我也快到家了，我只想有点什么润润喉而已，有什么必要花时间去精挑细选找粒椰汁饱足的大椰子呢？这跟道德的修养不太有关系，我只觉这样做比较合理而已。如果我此刻行过沙漠正午，喉干舌燥之际看见椰子摊上有大小不一而价钱一样的椰子，我大概也会拣个大的拿吧？

可是回顾前尘，我的大半辈子好像都没碰上什么非争不可或非挑不可的事，我习惯不争，可也没吃过什么大亏。像此刻，老板娘不就免了我的香蕉钱吗？也许她可怜我的弱智吧？其实她没算我香蕉钱我也是经她说明才知道的。我习惯不看秤，不复核，店家说多少我就给多少。我不是个全然不计较的人，但生命、义理、文章都够复杂了，实在顾不上水果的价钱啊。

我当场把椰汁喝完了，那分量不多不少，刚刚够润我当下的枯喉。

（选自《今日中学生》，2010 年第 11 期）

1. 从作者选择水果的理由可以看出她是个怎样的人？

_____

_____

2. 买水果原本是一件平常小事，作者却从中生发出诸多的人生感悟，这样写有什么好处？

_____

_____

3. 结合上下文说说你对"我不是个全然不计较的人"的理解，并结合自己的生活体验谈谈你从中受到的启发。

_____

_____

## 请你记得歌唱/羽　毛

因为一次医疗事故，他在四个月大时成了聋儿，在母亲竭尽全力的教导下，他终于理解了每个事物都有自己的名字，并慢慢学会开口说话，普通话说得甚至比一般孩子还标准。

可是一进学校，他的助听器还是引起了其他孩子的好奇。有时他听不清楚老师提的问题，答非所问，也会招来哄堂大笑。这一切都让他很沮丧，他恨不得把助听器摔烂，再也不去学校。

母亲安慰他，他不听，哭着问："为什么我和别人不一样？"母亲回答，他是医生一针给打聋的。他哭得更厉害："我恨他，我要找他报仇！"母亲难过地别过头："找不到了，就是找到了，你的耳朵也是这样了。"

他只能接受现实，并比其他同学更努力。小学时的听写课，同学们只需记住单词，他还要记住单词的次序，老师嘴巴动一个，他就写一个，同样拿了满分。他甚至报名参加北京市、区中小学生朗读比赛，第一次上台吓得双腿发抖，怕自己吐字不清晰，或者忘词。望着众多正在注视他的听众，他终于鼓足勇气开口，结果获得了一等奖。

努力终于总有回报，他一直是学校骨干，并且日益自信起来。

可是，因为是聋儿，仍然有尽了努力也无法做到的事情，譬如音乐课的考试。那天音乐课下课时，老师说："大家都准备一下，明天考试，要唱《歌唱祖国》。"其他的同学都嘻嘻哈哈的不当回事，他却犯难了。他一直不大会唱歌，难以把握节奏。回家后，他愁眉苦脸，母亲就一边弹钢琴一边教他唱。一个小时，两个小时，三个小时过去了，他的嗓子都嘶哑了，但是还是跑调。节奏很对，但他完全是在"说歌"，一个字一个字无比认真地说。母亲摸摸他的头说："考试时你就这样唱吧。"他说好。母亲又严肃地叮嘱道："可能大家会笑，但是你自己不能笑，坚持把歌唱完。"

第二天音乐考试，轮到他上台了。他舔舔发干的嘴唇，跟着节奏开始"唱"歌，教室里的同学笑翻了天。他不理会，在笑声中仍然继续自己的歌唱。他就这样一丝不苟地跟着节奏把歌"唱"完。

教室里不知何时已经安静了下来，他突然发现，同学和老师的眼睛里都有些亮晶晶的东西。接着，他看到了同学们在使劲地鼓掌。

他就是梁小昆，曾多次参加专题电视节目制作，是电影《漂亮妈妈》中郑大的原型。时下他正在北京电影学院攻读硕士研究生，在摄影界已经小有名气，而且前不久刚在北京"东方新天地"举办了自己的个人摄影展。

至今，梁小昆都非常喜欢唱歌，每次去卡拉OK，必唱无疑。他并不避讳自己的跑调，但求能够唱出个性。他深信，不管歌声是否动听，歌唱，首先是一种态度，包含着努力、尊严、坚持和快乐……

在失败的时候，你仍有歌唱的勇气吗？在绝望的时候，你还会记得最爱的歌词吗？在人生路上，迷失方向、不知所措的时候，你会记得且唱且行吗？

（选自《今日文摘》，2007 年第 2 期）

1.根据文章内容，谈谈你对题目中"歌唱"的理解。

2. 文中第 5 节说"努力总有回报",而第 6 节又说"仍然有尽了努力而无法做到的事情",这两句话看似矛盾,你是怎样理解的?

_____

_____

_____

3. "人有悲欢离合,月有阴晴圆缺。"其实有时残缺也是一种美,而且美得让人震惊,让人感动。请你结合现实生活谈谈对"残缺也是一种美"的理解。

_____

_____

_____

## 知识链接

### 关于海豹肢症

尼克·胡哲生于 1982 年 12 月 4 日。他一生下来就没有双臂和双腿,只在左侧臀部以下的位置有一个带着两个脚指头的小"脚"。这在医学上被命名为先天性海豹肢症,是一种罕见的肢畸形,这些畸形婴儿大多没有臂和腿,或者手和脚直接连在身体上,很像海豹的肢体,故称为"海豹肢畸形儿"或"海豹胎"。

### 杨澜简介

1986 年至 1990 年就读于北京外国语大学英语学院英语系。

1990 年,成为中国中央电视台《正大综艺》节目女主持人。

1994 年,获得中国首届主持人"金话筒奖"。

1994 年至 1996 年,就读于美国哥伦比亚大学国际与公共事务学院,获得国际事务学硕士学位。

1996 年夏,与哥伦比亚广播公司曾数次获得普利策奖的制片人莫利斯·莫米德共同制作导演了《2000 年那一班》纪录片,在哥伦比亚广播公司电视网晚 7 点黄金档向全美播出,创下了亚洲主持人进入美国主流媒体的先河,获评论界好评。

1997 年 1 月,散文集《凭海临风》出版,销量超过 50 万册。

1997 年 7 月,被选为哥伦比亚大学国际关系学院校董,成为这所美国常春藤名校有史以来最年轻的董事。

1997 年 7 月，加盟凤凰卫视中文台，并于 1998 年 1 月推出访谈节目《杨澜工作室》。

1999 年 10 月离开凤凰卫视中文台，担任阳光文化影视公司董事局主席。

2000 年，创建以历史文化为主题的卫星频道——阳光卫视。

2000 年和 2001 年，阳光文化两次入选由世界权威财经杂志《福布斯》评选的全球最佳小型企业。

2001 年，制作并主持高端访谈电视栏目《杨澜访谈录》。

2001 年，应邀出任北京申办 2008 年奥运会的形象大使；同年 7 月，在莫斯科国际奥委会会议上代表北京作申奥的文化主题陈述。

2003 年，阳光卫视 70% 股权转让给星美传媒集团，退出阳光卫视的经营。同年，担任中国人民政治协商会议第十届全国委员会委员；

2004 年，制作并主持针对中国都市女性的电视栏目《天下女人》。

2005 年，与吴征捐献阳光媒体投资集团权益的 51%，在香港成立阳光文化基金会。

2008 年，倡导成立中国儿童基金会"汶川地震孤残儿童救助专项基金"。

2009 年 3 月 8 日，作为出品人创立都市女性网络社区——"天女网"。

2010 年，与歌后席琳·迪翁联手创办国内首家高端定制珠宝品牌——LAN 珠宝，并担任创意指导。同年，被任命为联合国儿童基金会中国大使。

杨澜说——

辛辛苦苦，过舒服日子；舒舒服服，过辛苦日子。

是什么让我们在不断的失望后继续前行？是一种叫做"希望"的东西。

我记得 1990 年我大学毕业，那时候我们都用手动打字机打论文。后来，一个毕业的留学生给了我一个 286 的电脑。有一次，也是打论文，打到凌晨三四点钟时，死机了，内容也没存盘，我就哭了，这篇文章第二天要交的，而且前面写过的东西都想不起来了。当时就觉得末日到了一样，但还是要擦干眼泪重新写出来。这个经历对于我来说非常珍贵。我一直觉得我做到现在全靠我的意志力，我不会承认失败，在这一点，我觉得我很成功。

## ▌感悟思考

1.《我真是幸福得不像话》的主人公尼克·胡哲，没有四肢，只有躯干和头，却认为自己是最快乐的人，你如何理解他的这种快乐，他的快乐之源在哪里呢？请谈谈你的看法。

2. 毕淑敏说，幸福有时会同我们开一个玩笑，乔装打扮而来。机遇、友情、成功、团圆……你能结合自身经历阐述这句话的意思吗？

3. 访谈：你的身边一定有很多普通，但"活得精彩"的人，选择其中的一个或一类人做一个访谈，挖掘他们的内心世界，让大家分享他们的生活感悟。

## 参考答案

### 《高贵的生命不卑微》

1.通过卖衣服，培养儿子的自信心，使他能走出自卑并明白每个人都是高贵的，从而对生活充满希望。第一次用亲情打动儿子去"试一试"，勇敢地走出第一步（走出自我）；第二次鼓励儿子思考探索，想办法提高衣服的价值，进一步增强儿子的自信心（挑战自我）；第三次进一步激发儿子的潜能，提高儿子对自我能力和自我价值的认识（超越自我）。

2.生命不因种族、肤色、贫富而有贵贱之分，每个人（每个生命）都是高贵的，不要妄自菲薄（自卑）；只要不丧失希望，努力学习，刻苦锻炼，积极探索，不断奋斗，就能实现自我价值，甚至超越自我，终而获得成功，实现理想。

3.（1）儿子：通过三次卖衣服，走出了自卑，增强了自信，对自我、对生活、对未来充满了希望，这正是文章着力要表现的主题。从开篇和结尾看，文章都是围绕儿子来展开的。对儿子的描写所用笔墨较多。

（2）父亲：父亲是儿子的精神导师，儿子成长的每一步都离不开父亲的精神引领，正因为父亲的精心引导，才使得儿子克服了自卑心理。没有这样的父亲，就不会有充满自信的儿子，更不会有后来名满世界的儿子，儿子的成功实际上正是父亲的成功。父亲的身影贯穿在三次卖衣服的全过程。对父亲的描写所用笔墨也较多。

（3）父亲和儿子：在主题的表现上都是为了体现高贵的生命不卑微，父亲是精神引领，儿子是实践验证，互为补充，相得益彰。在情节的展开上，父子两人共同推动情节发展。在所用笔墨上，基本均等。（此题为开放题，可从主题、情节、人物与主题的关系、所用笔墨等方面分析）

### 《你为什么拿这一个》

1. 她是个能为别人着想、富有诗意和环保意识的人。

2. 以小见大，易于引发读者共鸣，耐人寻味。

3. 答案示例：作者不计较生活琐事，却看重生命、事业等人生大事。这启发我们在生活中不要斤斤计较，而是要把精力放在有意义、有价值的事情上。

**《请你记得歌唱》**

1. 提示：题目中的歌唱并不仅指音乐中的歌唱，它更是一种对生活的态度，它包含着努力、尊严、坚持和快乐。

2. "努力总有回报"指梁小昆参加朗读比赛获一等奖。"仍然有尽了努力而无法做到的事情"指梁小昆在音乐考试前虽然认真准备了，节奏能掌握，但还是跑调。这两句不矛盾。有很多事情我们通过自己的努力会有收获，成功的可能性大，不努力的结果只能是失败；但由于受到一些客观条件的限制，有时也不一定会达到我们预期的效果。

3. 有举例有说理，言之成理即可。

第七章

感恩亲人

## ▌导 语

亲情是人类永恒的话题。只要我们生活在世间，或者说只要我们还活着，我们就离不开亲情。可以说，世间的每一个人都浸泡在博大无比的亲情中，世间的每一个人都在为亲情吟唱着一曲曲沁人心脾的歌；世间的每一个人无不对亲情眷恋，世间的每一个人无不渴望天空般高远、大海般深邃的亲情。古往今来，亲情曾被多少诗人讴歌，曾被多少常人惦念。亲情到底有多高多厚，谁也说不清道不明。

亲情，有一种奇妙无比的力量；亲情，是一个永不褪色的话题。亲情，是一坛陈年老酒，甜美醇香；是一幅传世名画，精美隽永；是一首经典老歌，轻柔温婉；是一方名贵丝绸，细腻光滑。我们不必用任何事物去比拟，也不必用任何词句去修饰，我们只需用心去感受。我们每个人都得到了上天赋予的那份亲情。

记得父母教导我们时常说："我们吃的盐比你们吃的米还多，我们过的桥比你们走的路还长。"我们却总是那般年少轻狂，不以为然。我们忽略了当岁月无声溜走时在他们面庞和两鬓留下的痕迹，自然也忽略了许多无价的智慧经验积淀在他们的心田。他们总愿意对我们倾其所有，而我们总固执地认为这已不合时宜。我们便像初生牛犊，乱闯乱撞，直至遍体鳞伤，犄角流血，然后奔向他们，头枕他们的胳膊，舔舔伤口，又继续前行。

我们怀着感激的心接受这一切，听他们的一席话，远胜于读十年书，受益匪浅。我们怀着细腻的心感受这一切，感受亲情的无私与毫无保留。

时间的流逝，许多往事已经淡化了，可在历史的长河中，有一颗星星永远闪亮，那便是亲情。时间可以让人丢失一切，亲情却割舍不去。即使有一天，亲人离去，但他们的爱却永远留在子女灵魂的最深处。

俗语说："树欲静而风不止，子欲养而亲不待。"为了不让亲情在熙熙攘攘的生活中变得脆弱，不让自己留下无尽的遗憾和悔恨，请即时为自己的双亲送上一句不算奢侈的温馨问候吧！

亲情是伟大的，因此我们感恩亲情。

亲情的维系只需要一个字：爱。爱需要仔细品味。亲情的故事，往往并没有波澜壮阔的情节，而是由那些点点滴滴的生活细节构成，我们需要以细致的情怀感知它的存在。爱需要用心回报。生活的点点滴滴都有亲人赠爱的痕迹，道一声"谢谢"，常去探望，回报丝缕，反哺亲情的体验，会让我们生出一份情愫，那就是感恩。爱，是一个温馨的词汇，它是无私的，纯洁的，宽容的，令人向往的。爱是一切力量的源泉，爱让世界更美丽，爱是推动世界运转的力量。亲人是无价的财宝，要好好地珍藏，用一辈子珍藏。用善良的心去行动吧，用亲人给我们的爱去感染、触动更多的人，去爱需要爱的人，温暖他们。我们的亲人一定会在背后露出甜蜜的笑容。因为他们用自己的爱让我们懂得了回馈，学会了感恩。

学会感恩，发自内心地感念我们的父母和亲人。用我们的爱来催生爱，用真诚的感恩来教会更多的人懂得感恩。于是，最深情的爱，就在我们的感恩之中生生不息。

**▌美文悦读**

## 没有书号的图书／王不在

**导 读**

我们每一个人都忙忙碌碌，为了工作，为了学习，很少能被一些生活琐事打动。但是读了这篇文章，你内心一定会掀起波澜。你记得母亲的生日吗？母亲生日的时候你能为她做点什么？当然我们不可能都像文中的主人公似的，为自己的母亲出一本书。但是你有没有真心地实实在在地为母亲去做点什么呢，做点你认为最有意义的事情。如果你有了好的打算，那就行动起来吧，不要等到母亲老了，或者母亲离我们远去了，那个时候，你再想为母亲做点什么，也悔之晚矣。要知道"树欲静而风不止，子欲养而亲不待"！

英国作家萨克雷说："生活就是一面镜子，你笑，它也笑；你哭，它也哭。"感恩不纯粹是一种心理安慰，也不是对现实的逃避，更不是阿Q的精神胜利法。感恩，是一种歌唱生活的方式，它来自对生活的爱与希望。

我在一家出版社做编辑。

编辑的一大功能是打发掉那些脑袋里发育着硕大但不切实际的出书梦的人，比如星期一一大早就坐在我面前的这个小青年。

"你还记得我吗？我在邮件里和你说过想出本书的事。"他努力提醒着我。

我的邮箱总在提示我空间已满。有些作者常常将10万字、20万字的书稿砸进来，和那些写字狂人不同的是，小青年在邮件里说，想为自己的偶像出一本书。有一点点新鲜，所以我约他见面。我点头："哈，我当然记得。"

"我想给我的偶像出本书。"他抱着书稿，满眼期待。

"哦，他是谁？"疯狂的粉丝我见过，要为偶像生为偶像死的大有人在。

"陈思平。"

"谁？"

他又重复了一遍名字，真的一点也没有名气。虽然名人传记在前几年就火过了，但如果是陈鲁豫或是陈凯歌，我们还会考虑的。陈思平，这个名字我一点印象也没有，我忍不住问："她唱过什么歌，或者演过什么电影？"

小青年摇摇头："她没有演过电影或者唱过歌，我只想为她出本书。"

我的眼神已经让小青年识趣了，那天他甚至没有给我看带来的书稿，就起身和我握手："还是谢谢你。"

小青年走出出版社的时候，正午的太阳已经很好了，他在光影里消失，平白无故地，我会想象他一次一次敲开其他出版社的门，一次一次被拒绝的情形。我们生活中肯定有很多这样可爱的但很难实现的想法，我所知道的是，没有必要把时间浪费在为这些想法一一付诸行动上。这个世界挣钱才是正道。

几个月后的冬天，我收到了一本书，是小青年寄给我的。我翻开书的第一页就被感动了。这个陈思平既不是明星也不是科学家，她是小青年的妈妈。这本书是他从 9 岁到 25 岁 16 年时间里和妈妈相处的日记。

后来小青年给我的邮件里说，他想给妈妈出一本书，作为生日礼物送给她，妈妈太辛苦了，一个人把他带大。这样的书没有市场，所以他没有办法说服任何一家出版社的编辑。后来在妈妈生日的前夕，他只好找到一个小工作室，自己排版，印刷。他并不知道出书那么复杂，他只想为她出一本书。

这本书没有书号，印数也只有 5 册。

图书还没有被商业化的时候，它最大价值在于让我们一边阅读时，一边思考和感动。我想我会一直收藏那本没有书号的书，只因它在提醒我：生活越现实，我们越需要那些可爱的梦想。

（选自《青年文摘·绿版》，2007 年第 5 期）

## 两碗牛肉面 / 肖钧奕

**导 读**

父爱如山，这个道理，也许人人皆知。但是，真正理解并诠释它的人，还为数不多。山的特点是，稳重、大气、沉默、坚韧。父亲往往是一个家庭的中坚力量，是妻子、孩子的精神支柱，是孩子的榜样。父亲在家人面前，不善言辞，只是默默地做着自己该做的事情，支持着、支撑着自己的家。

父亲的笑容，应该作为我们人生的一个追求。如果我们从小就能够孝敬父亲，像他爱孩子那样爱父亲，那么生活中可以抚顺许多的浮躁与不安，消融许多的不满与不幸。心存感恩，我们的心灵将常葆纯净，良知将俯仰无愧，生活也将更有尊严。

我读大学的那几年，每逢双休日就在姨妈的小饭店里帮忙。

那是一个春寒料峭的黄昏，店里来了一对特别的客人———父子俩。

说他们特别，是因为那父亲是盲人。他身边的男孩小心翼翼地搀扶着他。那男孩看上去才十八九岁，衣着朴素得有点寒酸，身上却带着沉静的书卷气，该是个正在求学的学生。

男孩来到我面前，"两碗牛肉面！"他大声地说着。

我正要开票，他忽然又朝我摇摇手。我诧异地看着他，他歉意地笑了笑，然后用手指指我身后墙上贴着的价目表，告诉我，只要一碗牛肉面，另一碗是葱油面。

我先是怔了一怔，接着恍然大悟。原来他大声叫两碗牛肉面是给他父亲听的，实际上是囊中羞涩，又不愿让父亲知道。我会意地冲他笑了。

厨房很快就端来了两碗热气腾腾的面。男孩把那碗牛肉面移到他父亲面前，细心地招呼："爸，面来了，慢慢吃，小心烫着。"他自己则端过那碗清汤面。他父亲并不着急吃，只是摸摸索索地用筷子在碗里探来探去。好不容易夹住了一块牛肉就忙不迭地往儿子碗里夹。

"吃，你多吃点儿，吃饱了好好念书。快高考了，能考上大学，将来做个对社会有用的人。"老人慈祥地说，一双眼睛虽失明无神，满脸的皱纹却布满温和的笑意。让我感到奇怪的是，那个做儿子的男孩并不阻止父亲的行为，而是默不作声地接受了父亲夹来的牛肉片，然后再悄无声息地把牛肉片又夹回父亲碗中。

周而复始，那父亲碗中的牛肉片似乎永远也夹不完。

"这个饭店真厚道，面条里有这么多牛肉片。"老人感叹着。一旁的我不由一阵汗颜，那只是几片屈指可数、又薄如蝉翼的肉啊。做儿子的这时赶紧趁机接话："爸，您快吃吧，我的碗里都装不下了。""好，好，你快吃，这牛肉面其实挺实惠的。"

父子俩的行为和对话把我们都感动了。姨妈不知什么时候也站到了我的身边，静静地凝望着这对父子。这时厨房的小张端来一盘刚切好的牛肉，姨妈努努嘴示意他把盘子放在那对父子的桌上。

男孩抬起头环视了一下，他这桌并无其他顾客，忙轻声提醒："你放错了吧？我们没要牛肉。"姨妈微笑着走了过去："没错，今天是我们开业年庆，这盘牛肉是赠送的。"

男孩笑笑，不再提问。他又夹了几片牛肉放入父亲的碗中，

然后，把剩下的装入了一个塑料袋中。

我们就这样静静地看着他们父子吃完，然后再目送他们出门。

小张收碗时，突然轻声地叫起来。原来那男孩的碗下，还压着几张纸币，一共是6元，正好是我们价目表上一盘干切牛肉的价钱。

一时间，我、姨妈，还有小张谁都说不出话来，只有无声的叹息静静地回荡在每个人的心间。

（选自《中山商报》，2007 年 9 月 5 日）

## 老海棠树 / 史铁生

**导 读**

作者以饱蘸浓情的笔墨、象征的笔法为我们打造出一个亲情的家园。静下心来倚窗而读，人间至情又从心底泛起。读之，让人回味无穷。奶奶不断地张望，希望能从孙子那里获得精神的满足，但是隔代的祖孙之间，无论是生活习惯还是思想行为等各方面，都存在着很大的差异。一些无意的言辞可能伤及祖孙某一方人的心。当然这是长大后才能体味得出的。爱是唯一也是最好的沟通方法，怀着一颗感恩的心，理解亲人的苦衷，记住那些应该珍惜的。

奶奶，和一棵老海棠树，在我的记忆里不能分开；好像她们从来就在一起，奶奶一生一世都在那棵老海棠树的影子里张望。

老海棠树近房高的地方，有两条粗壮的枝丫，弯曲如一把躺椅，小时候我常爬上去，一天一天地就在那儿玩。奶奶站在地上，站在屋前，老海棠树下，望着我；她必是羡慕，猜我在上头是什么感觉，都能看见什么。

但她只是望着我吗？她常独自呆愣，目光渐渐迷茫，渐渐空荒，透过老海棠树浓密的枝叶，不知所望。

春天，老海棠树摇动满树繁花，摇落一地雪似的花瓣。我记得奶奶坐在树下糊纸袋，不时地冲我叨唠："就不说下来帮帮我。你那小手儿糊得多快！"我说："我爸我妈根本就不想让您糊那破玩意儿，是您自己非要这么累！"奶奶于是不再吭声，直起腰，喘口气，这当儿就又呆呆地张望——从粉白的花间，一直到无限的天空。

或者夏天，老海棠树枝繁叶茂，奶奶坐在树下的浓阴里，又不知从哪儿找来了补花的活儿，戴着老花镜，埋头于床单或被单，一针一线地缝。天色暗下来时她冲我

喊："你就不能劳驾去洗洗菜？没见我忙不过来吗？"我跳下树，洗菜，胡乱一洗了事。奶奶把手里的活儿推开，一边重新洗菜一边说："我就一辈子得给你们做饭？就不能有我自己的工作？"奶奶洗好菜，重新捡起针线，从老花镜上缘抬起目光，又会有一阵子愣愣地张望。

有年秋天，老海棠树照旧果实累累，落叶纷纷。早晨，天还昏暗，奶奶就起来去扫院子。那时我大些了，正在插队，从陕北回来看她。那时奶奶一个人在北京，已经腰弯背驼。"刷拉刷拉"的声音把我惊醒，赶紧跑出去："您歇着吧，我来，保证用不了三分钟。"可这回奶奶不要我帮。"咳，你呀！你还不懂吗？我得劳动。"她扫完了院子又去扫街。"我跟您一块儿扫行不？""不行。"

这样我才明白，曾经她为什么执意要糊纸袋，要补花，不让自己闲着。有爸和妈养活她，她不是为挣钱，她为的是劳动。她的成分随了爷爷算地主。虽然我那个地主爷爷三十几岁就一命归天，是奶奶自己带着三个儿子苦熬过的几十年，但人家说什么？人家说："可你还是吃了那么多年的剥削饭！"这话让她无地自容。这话让她独自愁叹。这话让她几十年的苦熬忽然间变成屈辱。她要补偿这罪孽。她要用行动证明。证明什么呢？她想着她未必不能有一天自食其力。奶奶的心思我有点懂了：什么时候她才能像爸和妈那样，有一份名正言顺的工作呢？大概这就是她的张望吧，就是那老海棠树下屡屡的迷茫与空荒。不过，这张望或许还要更远大些——她说过：得跟上时代。

所以冬天，所有的冬天，在我的记忆里，几乎每一个冬天的晚上，奶奶都在灯下学习。窗外,风中,老海棠树枯干的枝条敲打着屋檐,摩擦着窗棂。奶奶曾经读一本《扫盲识字课本》,再后是一字一句地念报纸上的头版新闻。奶奶举着一张报纸，小心地凑到我跟前："这一段，你给我说说，到底什么意思？"我看也不看地就回答："您学那玩意儿有用吗？您以为把那些东西看懂,您就真能摘掉什么'帽子'？"（注："帽子"，指"地主"、"右派"、"反革命"之类的名称，一个人通过努力能免去这些称号，就叫"摘帽"。）奶奶立刻不语，唯低头盯着那张报纸，半天半天目光都不移动。我的心一下子收紧，但知已无法弥补。"奶奶。""奶奶！""奶奶——"我记得她终于抬起头时，眼里竟全是惭愧，毫无对我的责备。

但在我的印象里，奶奶的目光慢慢地离开那张报纸，离开灯光，离开我，在窗上老海棠树的影子那儿停留一下，继续离开，离开一切声响甚至一切有形的物体，飘进黑夜，飘过星光，飘向无可慰藉的迷茫与空荒……而在我的梦里，我的祈祷中，老海棠树也便随之轰然飘去，跟随着奶奶，陪伴着她，围拢着她；奶奶坐在满树的繁花中，满地的浓阴里，张望复张望，或不断地要我给她说说："这一段到底是什么意思？"——这形象，逐年地定格成我的思念，和我永生的痛悔。

（选自《老海棠树》，中国盲文出版社 2008 年版；有删改）

## 哥哥的糖葫芦 / 青　梅

**导读**

现在的孩子大多是独生子女，已经很难体会手足情、兄妹情、姊妹情等各种感情了。有亲人陪伴的日子无疑是人生最幸福、最得意的日子。因为亲情是一种血脉相通的默契，是一种无法割裂的存在，是一根无形的风筝线，带给我们挥之不去的牵挂；是一团温暖的火焰，带给我们慰藉与力量，鼓舞着我们负重前行。大象无形，大爱无声。但是某些时候，也会为了自己的虚荣或者其他原因，而误解或者嫌弃自己的亲人。我们常常为普通的人做很多事情，可是却忽略身边最亲的人。我们懂得用爱去关心别人，可是却忽略了用小爱来关爱亲人，忘却了一份感恩，把一切视为理所当然，因为他们从未索取。直到某一个不经意间，一个毫不相关的场景，一种久违的感动会突然掠过心头，带着些许震惊、歉疚与释然。可是这样的瞬间总是姗姗来迟。

在儿时的记忆里，从来没人敢欺负我，因为只要我一哭，哥哥就会像保护神一样及时地出现，他很黑很壮，就算同伴的哥哥在场，也没人敢和他较量。

在我真正懂事后，才渐渐知道自己的哥哥是个"半傻子"，也就是现在常说的"弱智"。上学后，我一直无法面对这个现实，为此，我多次和同学吵翻了天。他们只要喊一声"傻棒子，你妹子叫你"，哥哥就会飞奔过来听人家摆弄。哥哥的"半傻"让我越来越自卑，于是我开始有意无意地躲着他。上三年级那年的冬天，一天下学后，一个女生让我去看她爸从城里带回的新挂历。我们从学校后墙翻出去，绕过校门口的时候，看见哥哥在那里直直地站着，模糊中看到他手里是一串鲜艳的糖葫芦。我跑出去很远，还能看到哥哥倔强的身影站在那里，身边孩子们的讥笑声钢针一样刺着我的耳膜。

同学家的挂历真漂亮，我一页页地翻看着，忽然听到远处有人喊我的名字。仔细听听，正是哥哥变了调的声音。我没答应，挂历中美丽的女明星让我幼小的心灵产生一种深深的自卑感，想到自己的哥哥是个傻子，什么心情都没了。

天黑时我才回到家，爸妈看到是我一个人，急忙问哥哥哪儿去了。我懒得回答，心里只想着那本美丽的挂历。爸爸二话没说跑了出去，妈妈急得哭起来，我忽然想要是哥哥就此丢了才好，这样我和别人的差距就小了。

半夜我从梦里醒来，听到妈妈的哭声，还没明白怎么回事，哥哥已经扑了过来，抱住我大声号啕起来："妹子你回来啦，可吓死我了，你上哪儿去了，你怎么也不答应我啊。"

那时哥哥已经十五岁了，却哭得像个小孩。身上的衣服满是尘土，手里居然还攥着那串糖葫芦，只是完全变成了土黄色。后来我才知道，哥哥听说我和同学离开后，就满村子找着喊我，没找到，就一路跑到了邻村去找。爸爸是在离家二十里远的村子找到他的。从此，爸爸再也不让哥哥接我了。那时，我最大的愿望就是考上县城的高中，那样再不会有人笑话我有个傻哥哥了。

　　十五岁那年，我终于如愿以偿地考上了离家百里的县一中，一周才能回家一次。没了哥哥带来的烦恼，我学习非常好。第二年，忽然听说哥哥要结婚了，这让全家都很高兴。听邻居说我未来的嫂子就是县城近郊的，可人长得很丑，而且眼睛还有毛病。

　　我没能参加哥哥的婚礼，其实我压根儿也不想去，我无法想象一个半傻子和一个又丑又残废的嫂子在一起是什么样。回家后爸妈一直在叹气，告诉我结婚那天哥哥一直在门口等着我，被老丈人一顿好骂。新嫂子更是厉害，因为哥哥入赘要改姓，所以指着哥哥的鼻子说既然以后是她家的人，你那个妹子就不要再管了。

　　果然，哥哥结婚半年后我回家才再次看到他，瘦了很多，也老了很多。哥哥看到我愣了一下，马上像小时候一样把我抱了个满怀，连声叫着妹子妹子。他的力气很大，我挣不开，就这样由他抱着。十分钟后，哥哥终于松开我说得走了，要不赶不回去。我才知道哥哥是骑着一辆破自行车赶了一百里地来的。我送哥哥到村口，他偷偷塞给我一个塑料袋，里面都是一毛两毛的纸币。我说你哪儿来的钱，他居然有些狡黠地笑了："你嫂子让我出摊卖棒子（玉米），这是我偷偷留下来给你买糖葫芦的。"那些钱都很破旧了，上面还留着很多泥土。我忍不住拉着哥哥满是裂纹的大手，却什么都说不出来。

　　此后我再没见过哥哥，高中第三年，一次下课后去校外散步，在一个自由市场的门口看到一个熟悉的身影，居然是哥哥，在一辆三轮车上吆喝着卖棒子。我吓了一跳，正考虑是不是躲开，他已经看见了我，疯了一样跑过来就要抱我。同行的女生吓得尖叫起来，我连忙说这是我哥哥。同学疑惑地看着我们："他是你哥哥？"然后压低声音说："怎么看起来有点傻似的。"我一下想起小时被笑话的情景，就听到哥哥大声说："俺就是她哥，俺才不傻哩。"话音还没落，就听到一个尖厉的声音喊道："你个死傻子干什么去了，还不滚回来。"哥哥一哆嗦，我猜这就是我从没见过面的那个嫂子。果然，一个奇丑无比的独眼女人走过来，指着哥哥的鼻子大骂道："你个傻棒子不好好看着摊，跑这儿勾引小蹄子来了。"我气得要和她对骂，哥哥急忙拉了我一把："妹子你别着急，要不你嫂子回去该拿鞭子抽俺了，俺，俺回了，妹子你好好的。"

　　哥哥委屈地跟着嫂子走回去，低着头偷偷看着我。我强忍着泪水离开市场，我知道，很快学校就知道我有个傻哥哥了。

　　果然，那个女生很快把那天的事传了出去，同学们都知道市场有个卖棒子的傻子是我哥哥，争相去看。我再一次陷入了小时候的困境，这个傻哥哥难道注定是我的霾梦吗?

那之后我轻易不再到校外去了,一天我正在操场的角落看书,看门的老大爷走过来说门口有人找你,我走过去就看到哥哥又像小时候一样直直地站在那里,手里举着一串糖葫芦,看到我就喊起来:"妹子妹子,你嫂子给了我五毛钱,看,刚蘸的糖葫芦,又酸又甜的。"他夸张的大块头和兴奋的叫声那样不协调,好奇的人们又哄然笑起来,一个该死的男生还尖声学着妹子啊妹子。我再也忍不住了,一把夺过糖葫芦扔在地上,发狠地用脚踩着:"你走,谁是你妹子。"

人们愣住了,哥哥的笑容凝结在脸上,嗫嚅着还没说话,嫂子又出现了,一把揪着哥哥的耳朵往回拽:"我让你偷钱,我让你偷钱,你真傻还是假傻,还学会偷钱给'娘家'人了……"

哥哥孩子一样被嫂子拽走了,我木头般地离开喧嚣的人群,莫大的耻辱让我听不到任何动静。这时一只足球从操场飞过来,我被狠狠地砸倒在地上,头重重地磕在压着篮球架的水泥板上,昏了过去。

我醒来的时候已经躺在医院里,头上缝了五针,妈妈在旁边哭得死去活来。我却有些解脱似的,起码这阵子不用在学校被人笑话,只是过完年就要高考了,我的学习肯定会被耽误的。

第二天,忽然有同学来看我,并且争着留下来为我补课。我很清楚,这些和我一样的农家子女都很刻苦,他们肯花费宝贵的时间来帮助我让我感到很意外。

五天后我出院返校,发现大家的举动都有些古怪,室友们不但不让我打饭,而且连我的衣服都要帮我洗,让我妈妈放心回家。这让我非常感动,心想自己一直是太小气了,其实同学们都挺好的。

一天我在收发室看报纸,忽然看到哥哥出现在大门口,抱着一堆玉米站在那里。我迟疑着走出去,哥哥看到我愣了一下,撒腿就跑,怎么喊都没用。这时我听到收发室老大爷叹了口气说道:"丫头,自从你住院之后,你哥哥每天都抱着一堆玉米来学校,见人就说他妹子摔着了,让人多照顾照顾你。你那个嫂子整天跟过来骂街,可怎么都骂不走,一直到把玉米都送完,你的同学都答应照顾你才走。唉,其实有时候傻子比正常人还聪明,你哥哥还说不让告诉你,怕你让人笑话哩。"

我回到宿舍挨个问同学们,果然如老大爷所说,几乎所有人都收到了哥哥送的玉米。即使我嫂子天天骂,哥哥却再没有退缩过,只是重复着一句话:"我妹子摔着了,你帮帮她,我给你棒子。"

最后同学说有这样一个好哥哥,就是再傻也是幸福的。我哭个没完,傍晚的时候，妈妈从家来看我，听我说了这些后长叹一声道："其实你哥小时候最聪明最能干。有一次你看到村里有人卖糖葫芦，闹着要吃。你哥没钱买，就说能不能赊一个。卖糖葫芦的逗他说你能爬上那棵老槐树我就送你一串。你哥二话不说就爬上去，谁知被绊倒摔了下来，当时就昏了过去。抢救了一天才醒过来，从此就成了这样半傻的样子。可怜他昏迷中还一直喊着你，说哥马上就给你买糖葫芦回来……"

我再也听不下去了，一路跑到市场，哥哥果然还在那里守着摊子。我一下扑进他的怀里，所有人都惊讶地看着。哥哥吓了一跳，马上又明白过来，什么都没说，只是用满是泥土的胳膊紧紧搂着我。他知道我此时最需要他的拥抱，即使他再傻也知道，我深信不疑。

（选自《传奇文学选刊·情话》，2006 年第 3 期）

## ▌延伸阅读

### 地震中的母子 / 凤　凰

这天晚上，一个同事对正在看书的他说："你还有心思看书，你家发生地震了！"他吃了一惊，说："你说什么呀？"同事说："你看电视吧！"他就看电视，他吃了一惊，自己的家乡汶川真的发生地震了，而且还是 8 级的大地震。他赶紧掏出手机打家里的电话，可是，没有接通。他着急了，家里就只有母亲一个人，地震来了，房屋倒了那么多，自家的房子不是很坚固，母亲是出事了吗？

他心急如焚，等了几分钟，又打电话，可依然没有打通。他一边看电视，一边胡思乱想，一边拿着手机不停地按。可是，他一直都没能打通家里的电话。同事见他老是按手机，说别按了，没用的，这么大的地震，通信都中断了！可是，他却固执地一直按，一直按，哪怕把手机按坏，只要能打通，只要能听到母亲的声音，就值得他做这一切。

这一夜，他没有睡，他睡不着，他一直躺在床上不停地按手机，那个熟悉的号码，以前一按就通的号码，如今却凝固了似的不给他任何回应。他一直按手机按到天明，也没能按通。他无精打采，爬起床去请了假，他说他要回家去看看。

他坐的是飞机，这是他平生第一次坐飞机。在重庆机场下了飞机，他又坐车到了成都，然后又坐车向前出发。一路上，他不停地按家里的号码，他希望哪一刻电话能突然打通，能突然听到母亲的声音，那样他就可以放心了。可是，却一直让他失望，

让他失望，他的心一点点地往下沉，往下沉。他恨不得长出一对翅膀，一下子就飞到家里，见到母亲。

他坐车到半路就停下来了，因为前去的车都是救护车、物资车。而且已经排起了长龙，前面的路让垮塌的石头堵住了。他下了车，他决定步行回家。有人知道他是去汶川，便劝他不要去，说余震不断，前路危险。但他没听，他心里想着的只是母亲。人们极力阻拦他前行，但他最终还是偷偷地跑了。他必须，必须回去，因为家里有母亲！

他一个人踏上了回家的路。他抄近路回家，翻山越岭，他的鞋子破了，衣服也摔破了，他紧紧地保护着自己的手机，并且不时地按一下家里的电话，当然，无论他多想打通电话听到母亲的声音，但他就是没有得到任何的回应。

每一次余震都让他心惊肉跳，他不怕死，他怕的是母亲出事。他一步也没敢停留，哪怕身体再疲惫，他也舍不得停下来稍作休息。他担心母亲被倒塌下来的房屋埋住了，如果他早一分钟赶到家，母亲就早一分钟脱离危险。时间就是生命，现在就是拿他的命换母亲的命，他也在所不惜。

他也希望他的手机有回应，希望母亲没事，能给他一个电话。他想没事的母亲肯定也很着急，肯定也很想给他一个电话让他安心。现在，他最重要的就是赶回家，去看看情况到底怎么样了。他在心里对自己说：妈，你可千万不要出事呀，我回来看你了，看你了，以后，我们再也不分开了！

两天过去了，伤痕累累的他拖着满身的疲惫终于看到了家，房子还在那儿立着，他的脸上露出一丝笑来。

这时，他支持不住了，他倒了下去，他仅仅只停留了一分钟，就振作精神，慢慢地向前移去。在他的身后，留下一路盛开的花朵。

十几分钟后，他终于爬到了家门口。他叫起来："妈……妈……"从屋里走出一位老人，正是他的母亲。母亲看到地上的他，扑过来叫道："儿子，你回来啦！"母亲显得异常惊喜，也许她太想儿子了，突然见到儿子，能不让她惊喜？母亲把他扶起来，扶进了屋子。看到他一身的伤痕和血迹，母亲心里一阵疼痛。

他说："妈，屋子都裂缝了，你怎么还待在家里呀？余震不断，随时都有倒塌的可能！"母亲说："我知道。可是我不能离开这里。我想你知道发生地震了就会给家里打电话，如果我离开了，万一打通了电话没有人接，你肯定会着急的。我想一直打不通电话，你肯定就会跑回来看我，要是我走了，你回来见不到我，怕你急呀！"他一下子抱紧了母亲，说："妈，你就不怕死吗？"母亲说："我不怕死，我怕的是再也见不到你！"他和母亲紧紧地抱成一团，两人泪流满面。

（选自《聪明泉·中学版》，2009年第1期）

## 用你爱我的方式去爱你／卫宣利

你突然打电话说要来我家，电话里，你轻描淡写地说："听你二伯说，巩义有家医院治腿疼，我想去看看。先到你那里，再坐车去。你不用管，我自己去……"

第二天，我还没起床你就来了。打开门后我看见你蹲在门口，一只手在膝盖上不停地揉着。你眉头紧锁，脸上聚满了密集的汗珠。我埋怨你不应疼成这样才去看医生，你却说没啥大事。

去医院的途中，你走得那么慢，弓着身子，一只手扶着膝盖，一步一步往前移。我紧追过去，在你前面弯下腰，我说："爸，我背你到外面打车。"你半天都没动，我扭过头催你，才发现你正用衣袖擦眼，你的眼睛潮红湿润，有点儿不好意思地说："风迷了眼。"又说："背啥背？我自己能走。"纠缠了半天，你拗不过我，终于乖乖地趴在我背上，像个听话的孩子。我攒了满身的劲背起你，却没有想象中那样沉。那一瞬，我有些怀疑：这个人，真的是我曾经健壮威武的父亲吗？你双手搂着我的脖子，在我的背上不安地扭动着，身子使劲弓起来，紧张得大气都不敢出。

到小区门口，不过二十几米的距离。你数次要求下来，都被我拒绝。爸爸，难道你忘了，你曾经也这样背着我，走过多少路啊？

那一年我在工地被钢板伤，右腿险些被砸断，腰椎也被挫伤。在漫长而繁杂的治疗过程，你背着我，去五楼做脊椎穿刺，去三楼做电疗，上上下下好几趟。那年，你50岁，日夜的焦虑使你身心憔悴；我18岁，在营养和药物的刺激下迅速肥胖起来。50岁的你背着18岁的我，一趟下来累得气都喘不过来。在你的精心照料下，8个月后，我开始扔下拐杖能自己走了。

这次去在医院作检查，你不停地问我："到底怎么样？不会很严重吧？"我紧紧握着你的手，你厚实粗糙的大手在我的掌心里不停地颤抖。我第一次发现，你其实是那么害怕。是骨质增生，必须手术治疗。医生说，真想象不出，你如何能忍得了那样的疼？

那天护士为你输液，那个实习的护士，一连几针都没有扎进血管。我一把推开她，迅速用热毛巾敷在你的手上。一向脾气温和的我，第一次对护士发了火："你能不能等手艺学好了再来扎？那是肉，不是木头！"护士尴尬地退了下去，你看着暴怒的我，眼睛里竟然有泪光闪烁。我猛然记起，几年前，你也曾这样粗暴地训斥过为我扎针的护士。

手术很成功。你被推出来时，仍然昏睡着。我仔细端详着你，你的脸沟壑纵横，头发白了大半，几根长寿眉耷拉下来……我想起你年轻时拍的那些英俊潇洒的照片，忽然止不住地心酸。

几个小时后，你醒了，看见我在，又闭上眼睛。一会儿，又睁眼，虚弱地叫，"尿……尿……"我赶紧拿出小便器，放进你被窝里。你咬着牙，很用力的样子，但半天仍尿不出来。你挣扎着要站起来，牵动起伤口的疼痛，巨大的汗珠从你的额角渗出来。我急了，从背后抱起你的身体，双手扶着你的腿，把你抱了起来。你轻微地挣扎了几下后，终于像个婴儿一样安静地靠在我的怀里，那么轻，那么依恋。

出院后你就住在我家里。每天，我帮你洗澡按摩，照着菜谱做你喜欢吃的菜，绕很远的路去为你买羊肉汤。阳光好的时候，我带你去小公园听二胡，每天早上催你起床锻炼，你在前面慢慢走，我在后面紧紧跟随……所有的人都羡慕你有一个孝顺的儿子，而我知道，这些，都是你传承给我的爱的方式。只是我的爱永远比不上你的爱，宽阔辽远一如无际的大海，纯粹透明没有丝毫杂质，而我，只能用杯水，去回报大海。

（选自《青年文摘·红版》，2009 年第 3 期）

## 感悟父亲／郭　璐

生命如水，在父亲身上一点一点干枯下去，又在我身上一点一点充盈起来；生命如光，在父亲身上一点一点黯淡下去，又在我身上一点一点明亮起来。

那时候我还很小，回忆起来首先想到的是一群小伙伴去池塘疯玩半天的场景。虽然已经是下午三四点钟的光景，但是太阳依旧是想象中夏天的模样，指甲在手臂上揩过，会留下泛白的划痕。回想起淌着泥水玩耍时，抬起小腿的一刻会发现有水蛭叮着而急蹦乱跳，然后父亲总会适时地出现，一巴掌拍在我的腿上，那该死的生物就会缩成一团滑腿而落，留下恐怖的流血的痕迹，让人心有余悸。

我还是在找寻那段时光，虽然就像那时的骄阳，从此再没有过那般刺眼的错觉。

一直都在做父亲的小女儿。只是我的脸蛋渐渐圆润了，父亲额头的皱纹越来越深了；我的个子渐渐长高了，父亲的脊背越来越弯曲了；我的学历渐渐变高了，父亲读书看报却越发吃力了；我正欣赏着"青青园中葵"的青春美丽，父亲却在眺望"只是近黄昏"的沉沉夕阳……

我很爱很爱我的父亲，因为无论是作为一个与我母亲相濡以沫的丈夫，一个孝顺老人的儿子，一个既严厉又慈祥的父亲；还是一个勤劳的做农活的好手，一个辛苦持家的男子汉，一位为人师表的人民教师……我的父亲都完美得不可挑剔，他总是一个人挺住所有的重担，让身边的人幸福。父亲的为人处世，一直很受村民和熟悉他的人的称道。父亲从未和谁结怨结仇，更没有和谁打过骂过。父亲的做人宗旨是：爱人如己，吃亏是福。

父亲是个热心人，乐于帮助别人，心地软。父亲二十岁便到镇上的中学去教书，对于班里那几个贫苦家庭的孩子，他特别放心不下，常常带他们回家吃饭，怕他们挨饿。夏天的时候还用家里的大木桶给他们洗澡，帮他们理发……那时妈妈还未出现，我更是无从谈起，这些事情都是奶奶讲给我听的。可那场景又是如此清晰地印在我脑海里，我仿佛站在一旁亲眼看到父亲年轻的脸庞，充满爱意的眼睛，一双有力的大手在为孩子们细心地搓澡，一下一下……

父亲多才多艺，在幼小的我的眼中，他就是一个无所不能的英雄。他写得一手好字，小时候我常看到父亲替村民们写对联、写匾额；他精通多种乐器，吹拉弹唱样样在行，包括当时还很少见的吉他。记得有一年在学校的文艺晚会上，父亲在舞台上表演他的拿手作品《赛马》，台下的我则陶醉在身边同学的羡慕溢美之词中，真想大声告诉全世界：看！台上那个厉害无比的人就是我的爸爸……直到今天回想起来，彼时父亲坐在聚光灯下摇头晃脑、闭着眼睛拉二胡的模样，是真的幸福。

父亲是苦涩记忆里的甜。自小身体不好，屡屡发烧打针吃药挂水。十几年前的雪夜，父亲为了哄我乖乖打针，答应每晚打完针会带我去马路对面的小店买一盒小蛋糕。于是在那些病痛折磨的寒冷日子里，那一小盒五毛钱的甜甜奶油滋味，成了我一点珍贵的寄托和欢喜。这一买就是一个冬天，每天一盒，我记得深刻。如今只身在外，生病发烧之时，会去楼下的 Breadtalk 为自己买一小块蛋糕，似乎比任何感冒药都有效。

父亲是启蒙岁月里的书。小时候家中最神秘的地方莫过于父亲的书架，总看见父亲从这棕色的大柜子上抽出那么一两本，而后便坐在家里唯一的靠背椅上，在很长的时间里没有了声音。然而，父亲的表情是非常丰富的，这总会引起我的好奇，于是后来这靠背椅上又多了一个靠在父亲膝头的我。开始和父亲一块读书是乏味的，且不说那书上许多都是我不认得的人和字，就连去摸摸他胡楂也成了忌讳，但是这在平时是允许的。尽管如此，还是认识了不少古今中外的名人，背了不少唐诗宋词，我爱看书的习惯便是最早启蒙于父亲的膝头。

父亲是明明劳累却偏偏压抑的喘息。去年春节回家，发现父亲又黑又瘦，父亲的视力越来越差了，他看书批作业都要戴起厚厚的老花镜，一字一顿。看着父亲，我的心如刀割。

　　父亲对我的偏爱还有很多很多……我还记得父亲的老式白鸽牌自行车，前面有个单杠，那里有我很多美丽的记忆。父亲曾无数次骑车驮我去学校，载我去镇上参加各种竞赛，有时候还去赶镇上的集会。后来长大了，就坐在自行车的后座上，靠着父亲的背，感觉很温馨很安全。有时候父亲给我唱小曲，有时候讲故事，有时候讲数学题。那时父亲还年轻。

　　上初中后，学会了骑自行车，就几乎不坐父亲的车子了。直到大一国庆节放假回去，大老远就看见父亲推着自行车在汽车站等我，我的眼眶湿润了，年少的一切记忆顿时涌现。父亲年纪大了，骑自行车太辛苦，就换电动车了，坐在父亲的车上感觉还是很温馨，只是父亲不再给我讲故事唱小曲了，一路上他都在问我的大学生活怎样，钱够不够用，让我在学校要放心学习，家里有他呢，奶奶身体很好，家里一切平安！可我分明看到父亲的黑发已经近乎白发，手上布满皲裂的口子，腰也不再挺拔……

　　读到一首诗《想做父亲的父亲》，感觉这些短短长长的句子，就像是一根根丝，直接从我的生命里抽出来的一样——

父亲老了

站在那里

像一小截地基倾斜的土墙

父亲对我的态度

越来越像个孩子

我和父亲说话

父亲总是一个劲地点头

一时领会不出我的意思

便咧开嘴冲我傻笑


有一刻

我突然想给父亲做一回父亲

给他买最好的玩具

骑单车带他兜风

天天做好吃的饭菜给他吃

供他上学

一直到国外

## 知识链接

### 清明节的由来

我国传统的清明节大约始于周代，已有两千五百多年的历史。清明最开始是一个很重要的节气，清明一到，气温升高，正是春耕春种的大好时节，故有"清明前后，种瓜种豆""植树造林，莫过清明"的农谚。后来，由于清明与寒食的日子接近，而寒食是民间禁火扫墓的日子，渐渐的，寒食与清明就合二为一了，而寒食既成为清明的别称，也变成清明时节的一个习俗，清明之日不动烟火，只吃凉的食品。

关于寒食，有这样一个传说。

相传春秋战国时代，晋献公的妃子骊姬为了让自己的儿子奚齐继位，就设毒计谋害太子申生，申生被逼自杀。申生的弟弟重耳，为了避祸，流亡出走。在流亡期间，重耳受尽了屈辱。原来跟着他一道出奔的臣子，大多陆陆续续地各奔出路去了，只剩下少数几个忠心耿耿的人，一直追随着他。其中一人叫介子推。有一次，重耳饿晕了过去。介子推为了救重耳，从自己腿上割下了一块肉，用火烤熟了送给重耳吃。十九年后，重耳回国做了君主，成为著名春秋五霸之一晋文公。

晋文公执政后，对那些和他同甘共苦的臣子大加封赏，唯独忘了介子推。有人在晋文公面前为介子推叫屈。晋文公猛然忆起旧事，心中有愧，马上差人去请介子推上朝受赏封官。可是，差人去了几趟，介子推不来。晋文公只好亲自去请。可是，当晋文公来到介子推家时，只见大门紧闭。介子推不愿见他，已经背着老母躲进了绵山（今山西介休县东南）。晋文公便让他的御林军上绵山搜索，没有找到。于是，有人出了个主意说，不如放火烧山，三面点火，留下一方，介子推会自己走出来的。晋文公下令举火烧山，孰料大火烧了三天三夜，大火熄灭也不见介子推出来。上山一看，介子推母子俩抱着一棵烧焦的大柳树已经死了。晋文公望着介子推的尸体哭拜一阵，然后安葬遗体，发现介子推的身体堵着的树洞里好像有什么东西。掏出来一看，原来是片衣襟，上面题了一首血诗：

割肉奉君尽丹心，但愿主公常清明。

柳下作鬼终不见，强似伴君作谏臣。

倘若主公心有我，忆我之时常自省。

臣在九泉心无愧，勤政清明复清明。

晋文公将血书藏入袖中，然后把介子推和他的母亲分别安葬在那棵烧焦的大柳树下。为了纪念介子推，晋文公下令把绵山改为"介山"，在山上建立祠堂，并把放火烧山的这一天定为寒食节，晓谕全国，每年这天禁忌烟火，只吃寒食。

走时，他伐了一段烧焦的柳木，到官中做了双木屐，每天望着它叹道："悲哉足下。""足下"是古人下级对上级或同辈之间相互尊敬的称呼，据说就是来源于此。

第二年，晋文公领着群臣，素服徒步登山祭奠，表示哀悼。行至坟前，只见那棵老柳树死树复活，绿枝千条，随风飘舞。晋文公望着复活的老柳树，像看见了介子推一样。他敬重地走到跟前，珍爱地掐下一枝，编了一个圈儿戴在头上。祭扫后，晋文公把复活的老柳树赐名为"清明柳"，又把这天定为清明节。

以后，晋文公常把血书袖在身边，作为鞭策自己执政的座右铭。他勤政清明，励精图治，把国家治理得很好。

此后，晋国的百姓得以安居乐业，对有功不居、不图富贵的介子推非常怀念。每逢寒食大家不仅禁止烟火，还用面粉和着枣泥，捏成燕子的模样，用杨柳条串起来，插在门上，召唤他的灵魂，这东西叫"之推燕"（介子推亦作介之推）。此后，寒食、清明成了全国百姓的隆重节日。每逢寒食，人们即不生火做饭，只吃冷食。在北方，老百姓吃事先做好的冷食如枣饼、麦糕等；在南方，则多为青团和糯米糖藕。每届清明，人们把柳条编成圈儿戴在头上，把柳条枝插在房前屋后，以示怀念。

清明节的习俗后来演变得丰富有趣，除了讲究禁火、扫墓，还有踏青、荡秋千、蹴鞠、打马球、插柳等一系列风俗体育活动。相传这是因为清明节要寒食禁火，为了防止寒食冷餐伤身，所以大家来参加一些体育活动，以锻炼身体。因此，这个节日中既有祭扫新坟生别死离的悲酸泪，又有踏青游玩的欢笑声，是一个富有特色的节日。

### 母亲节的由来

母亲节起源于古希腊，古希腊人在这一天向希腊神话中的众神之母赫拉致敬。在17世纪中叶，母亲节流传到英国，英国人把基督教会在基督受难日前40天的"封斋期"内的第四个星期日作为母亲节。在这一天里，出门在外的年轻人将回到家中，给他们的母亲带上一些小礼物。

现代意义上的母亲节（MOTHER'S DAY）起源于美国，由安娜·贾维斯（Anna Jarvis，1864 － 1948）发起。她终身未婚，膝下无儿无女。1906年5月9日，安娜·贾维斯的母亲不幸去世，她悲痛万分。在次年母亲逝世的周年忌日，贾维斯组织了追思母亲的活动，并鼓励他人也以类似方式来表达对各自慈母的感激之情。

贾维斯写信给西弗吉尼亚州格拉夫顿的安德鲁斯循道圣公会教堂，请求为她的母亲做特别追思礼拜。她母亲生前为这一教堂的星期日学校服务了20多年。1908年，教堂宣布贾维斯母亲忌日——5月的第二个星期日为母亲节。贾维斯还组织了一个母亲节委员会，开始大规模宣传，呼吁将母亲节定为法定节日。

她的呼吁获得热烈响应。1913年5月10日，美国参众两院通过决议案，由威尔逊总统签署公告，决定每年5月的第二个星期日为母亲节。这一举措引起世界各国纷纷仿效，至1948年贾维斯谢世时，已有43个国家设立了母亲节。美国政府还规定，母亲节这天，家家户户都要悬挂国旗，以表示对母亲的尊敬。

1934年5月，美国首次发行母亲节纪念邮票，邮票上一位慈祥的母亲，双手放在膝上，欣喜地看着前面的花瓶中一束鲜艳美丽的康乃馨。随着邮票的传播，在许多人的心目中把母亲节与康乃馨联系起来，康乃馨便成了象征母爱之花，受到人们的敬重。人们把思念母亲、孝敬母亲的感情，寄托于康乃馨上，康乃馨也成为赠送母亲不可缺少的礼品。除了这些情感因素外，康乃馨的天生丽质应是它受到人们宠爱的主要原因，或许也正是它的美丽而成为献给母亲的佳品。

我国也有一种母亲之花，它就是萱草花。

萱草，又叫忘忧草，在我国一向有"母亲花"的美称。远在《诗经·卫风·伯兮》里载："焉得谖草，言树之背？"谖草就是萱草，古人又叫它忘忧草，背，北，指母亲住的北房。这句话的意思就是：我到哪里弄到一支萱草，种在母亲堂前，让母亲乐而忘忧呢？母亲住的屋子又叫萱堂，以萱草代替母爱，如孟郊的游子诗："萱草生堂阶，游子行天涯；慈母依堂前，不见萱草花。"叶梦得的诗云："白发萱堂上，孩儿更共怀。"萱草就成了母亲的代称，萱草也就自然成了我国的母亲之花。

萱草是百合科多年生草本植物，根茎肉质，叶狭长，细长的枝顶端开出桔红或桔黄色的花，十分艳丽，它不仅供人观赏，花蕾叫金针，也可作蔬菜供人食用，在我国南北方广为栽植。

### 父亲节的由来

世界上的第一个父亲节，于1910年诞生在美国。

1909年，住在美国华盛顿州斯波坎市（Spokane）的多德夫人（Mrs. Dodd, Sonora Louise Smart Dodd），当她参加完教会举办的母亲节主日崇拜之后，心里有了很深的感触，她想："为什么这个世界没有一个纪念父亲的节日呢？"

多德夫人十三岁那一年，母亲去世，父亲威廉·斯马特先生（Mr.William Smart），在美国华盛顿州东部的一个乡下农场中，独自一人、父兼母职抚养六名子女长大成人。

斯马特先生参与过美国南北战争，功勋标榜。

多德夫人排行第二，是家里唯一的女孩，女性的细心特质，让她更能体会父亲的辛劳；斯马特先生白天辛劳地工作，晚上回家还要照料家务与每一个孩子的生活。经过十几年的辛苦，儿女们终于长大成人，当子女们盼望能让斯马特先生安享晚年之际，斯马特先生却因为经年累月的过度劳累而病倒辞世。

1909 年斯马特先生辞世之年，当多德夫人参加完教会的母亲节感恩礼拜后，她特别地想念父亲；杜德夫人心中明白，她的父亲在养育儿女过程中所付出的爱心与努力，并不亚于任何一个母亲的辛苦。

杜德夫人将她的感受告诉教会的瑞马士牧师，她希望能有一个特别的日子，向伟大的斯马特先生致敬，并能以此纪念全天下伟大的父亲。

瑞马士牧师听了斯马特先生的故事后，深深地为斯马特先生的精神与爱心所感动，他赞许且支持多德夫人想推动"父亲节"的努力。于是多德夫人在 1910 年春天开始推动成立父亲节的运动，不久得到各教会组织的支持；她随即写信向市长与州政府表达自己的想法与提议，在多德夫人的奔走努力下，斯波坎市市长与华盛顿州州长公开表示赞成，于是美国华盛顿州便在 1910 年 6 月 19 日举行了全世界的第一次父亲节庆祝活动。

1924 年，美国总统柯立芝支持父亲节成为全国性的节日；1966 年，美国总统约翰逊宣布当年 6 月——也就是斯马特先生的生日月份——的第三个星期日为美国父亲节；1972 年，美国总统尼克松签署正式文件，将每年 6 月的第三个星期日定为全国性的父亲节，并成为美国永久性的纪念日。

### 名人谈亲情

- 世界上的一切光荣和骄傲，都来自母亲。　　——高尔基
- 母爱是一种巨大的火焰。　　——罗曼·罗兰
- 世界上有一种最美丽的声音，那便是母亲的呼唤。　　——但　丁
- 妈妈你在哪儿，哪儿就是最快乐的地方。　　——英国谚语
- 慈母的胳膊是慈爱构成的，孩子睡在里面怎能不香甜？　　——雨　果
- 人的嘴唇所能发出的最甜美的字眼，就是母亲，最美好的呼唤，就是"妈妈"。

　　——纪伯伦
- 母爱是世间最伟大的力量。　　——米　尔
- 母爱是多么强烈、自私、狂热地占据我们整个心灵的感情。　　——邓　肯
- 在孩子的嘴上和心中，母亲就是上帝。　　——英国谚语

- 女人固然是脆弱的，母亲却是坚强的。 ——法国谚语

- 智慧之子使父亲快乐，愚昧之子叫母亲担忧。 ——所罗门

- 父子不信，则家道不睦。 ——武则天

- 谁言寸草心，报得三春晖。 ——孟 郊

- 恐惧时，父爱是一块踏脚的石；黑暗时，父爱是一盏照明的灯；枯竭时，父爱是一湾生命之水；努力时，父爱是精神上的支柱；成功时，父爱又是鼓励与警钟。

——梁凤仪

- 父爱是沉默的，如果你感觉到了那就不是父爱了！ ——冰 心

### 《听妈妈的话》

词曲：周杰伦

小朋友你是否有很多问号

为什么别人在那看漫画 \ 我却在学画画对着钢琴说话

别人在玩游戏 \ 我却靠在墙壁背我的 abc

我说我要一台大大的飞机 \ 但却得到一台旧旧录音机

为什么要听妈妈的话 \ 长大后你就会开始懂了这段话

长大后我开始明白 \ 为什么我跑得比别人快 \ 飞得比别人高

将来大家看的都是我画的漫画 \ 大家唱的都是我写的歌

妈妈的辛苦不让你看见 \ 温暖的食谱在她心里面

有空就多多握握她的手 \ 把手牵着一起梦游

听妈妈的话别让她受伤 \ 想快快长大才能保护她

美丽的白发幸福中发芽 \ 天使的魔法温暖中慈祥

在你的未来音乐是你的王牌 \ 拿王牌谈个恋爱 \ 唉我不想把你教坏

还是听妈妈的话吧 \ 晚点再恋爱吧

我知道你未来的路 \ 但妈比我更清楚

你会开始学其他同学在书包写东写西 \ 但我建议最好写妈妈我会用功读书

用功读书怎么会从我嘴巴说出 \ 不想你输所以要叫你用功读书

妈妈织给你的毛衣你要好好地收着 \ 因为母亲节到时我要告诉她我还留着

对了我会遇到周润发 \ 所以你可以跟同学炫耀赌神未来是你爸爸

我找不到童年写的情书 \ 你写完不要送人因为过两天你会在操场上捡到

你会开始喜欢上流行歌 \ 因为张学友开始准备唱吻别

听妈妈的话别让她受伤 \ 想快快长大才能保护她

美丽的白发幸福中发芽 \ 天使的魔法温暖中慈祥

听妈妈的话别让她受伤 \ 想快快长大才能保护她

**推荐电影**

《美丽人生》意大利、《金色池塘》美国、《暖春》中国、《千里走单骑》中国、《雨人》美国

## ▍感悟思考

### 一、调查测试：母亲是你最熟悉的陌生人吗？

母亲是我们最重要的亲人之一，但也有很多人反映与母亲之间常常有种既熟悉却又陌生的感觉。你与母亲相互了解吗？你们对彼此的熟悉是否只停留在表面？通过以下调查，看看大家的母子关系是怎样的，也许能让你重新评价自己与母亲的关系，给你一些让母子关系更加融洽的启示。

1. 你与母亲无话不谈吗？

　　A. 是的，我们常常分享彼此的心事。

　　B. 我们的沟通和表达好像总是单方面的。

　　C. 我们的交谈只限于家庭生活相关的一些话题。

　　D. 不，有很多事情我们都隐瞒着彼此。

2. 当听到别人说你外貌或性格很像你母亲时，你会觉得：

　　A. 这是理所当然的，非常高兴和自豪。

　　B. 没有什么特别的感觉。

　　C. 不觉得自己会像母亲，有点不能接受。

　　D. 坚决不承认，觉得自己不可能会像她。

3. 你是否曾经对母亲感到特别陌生和疏远？

　　A. 怎么可能，我跟母亲一直很亲密，完全没有陌生感。

　　B. 小时候曾经有过这样的感觉，但现在没有了。

　　C. 以前还好，但母亲随着年龄增长，好像变成了另外一个人。

D. 一直都很陌生和疏远，我们的关系只不过是道德上的定义。

4. 当有意见发生分歧时，你和母亲会争吵吗？

　　A. 经常说不到几句就会激烈地争吵起来。

　　B. 有时会争吵，但很快会以一方先妥协告终。

　　C. 彼此都很体谅，基本上家里很民主，不会吵起来。

　　D. 大小事都是母亲说了算，即使我心里不同意，也不敢和她争吵。

5. 你经常陪伴你的母亲吗？

　　A. 跟母亲住在一起，朝夕相伴。

　　B. 基本上每周或每月会定期探望母亲。

　　C. 因为各种原因很少见面，但经常电话联络。

　　D. 平时很少联系。

6. 你觉得你和母亲相互了解吗？

　　A. 我们对彼此都很了解。

　　B. 我比较了解她，但她不了解我。

　　C. 她很了解我，但我不怎么了解她。

　　D. 我们彼此并不了解。

7. 你觉得你跟母亲的关系更像是怎样的？

　　A. 亲密的朋友关系。

　　B. 传统的母子亲情关系。

　　C. 彼此依赖和支持的战友关系。

　　D. 道德伦理上的债务关系。

8. 你的性别

　　A. 女

　　B. 男

**二、说说心里话**

认真地听周杰伦的歌曲《听妈妈的话》之后，想一想自己的母亲，你最想跟她说些什么，写下来：

_____

_____

第八章

感恩老师

## 导 语

《礼记·学记》中指出："师严然后道尊，道尊然后民之敬学。"意为：教师受到社会普遍尊敬之后，教育才能得到重视，教育得到重视后人们才懂得努力学习。三者的关系互为前提。教师受到尊重意味着人们重视教育，人们接受教育就会认识到学习的重要性，为懂得更多的道理就会重视学习，尊敬老师。

古人云："一日为师，终身为父。"可见教师在人们心中的地位。我们都会有这样一种感觉。当你从心底去尊敬老师的时候，你就会对老师所教授的东西有一种认同感，能够激起你学习的动力，处在一种愉快的学习氛围当中，这样知识更容易被你掌握，学习成绩提高当然很快。相反，如果你对自己的老师持一种不尊敬、抵触的情绪，他所教授的所有知识，你会认为不是你所想要的，他教的一点都不好，学习的积极性当然就会大打折扣。这样你的学习成绩怎么能够得到提高呢？你怎么能够取得成功呢？怎么能够实现自己的理想呢？

要知道，人无完人，老师也有出错的时候，或许老师对你的某次批评并不恰当，或许老师的某句言语没能顾及到所有学生的感受，但有一点是可以肯定的，那就是老师们没有故意如此的初衷。师生之间多一分交流，多一分理解，多一分尊重，会让大家成为真正的朋友，从而收获比任何物质的东西都重要、都弥足珍贵的师生情谊。

其实，我们每个人在成长的道路上，除了父母，最重要的就是自己的老师了。唐代文学家韩愈对教师的职能有一个精辟的概括，那就是"师者，所以传道授业解惑也"。在我们的成长历程中，老师发挥着指明道路、教给方法、破解困惑、鞭策鼓励的作用。老师的恩情，和父母对我们的养育之恩一样，是我们取之不尽用之不竭的动力源泉。在我们遇到困难的时候，老师会及时拉我们一把，给予莫大的帮助。是老师耐心地指导我们在书山中艰难地攀爬，我们才能取得优异的成绩。感恩老师，不能只停留在教师节那一天，也不是非得要给老师买什么东西，才能表现自己的感激之情。其实，平常一句暖心的话语、一个会心的微笑、一个开心的手势，就已经足够，因为老师向来对自己的学生无所苛求。

我们的老师是那样的辛苦，又是那样的敬业，我们应该怎样回报他们呢？其实，学生认真地预习、听课、发言、做作业，那就是对老师工作的最好的尊重。除此之外，还有许多地方可以表达我们对老师的爱戴和尊重，如在老师疲倦或休息的时候尽量不去打扰，遇见老师的时候真诚地问候并主动让路，可以写一封信，可以打一个电话，可以寄一张贺卡，送上祝福，以表心意，更可以与几个同学相邀，共同到老师家里登门拜访等。我们要把感恩心带到日常生活中，变成看得见、摸得着的东西，时刻感受到"感恩之心"就在身边存在。

感恩，不仅是一种礼仪，更是一种健康的心态。让我们每个人都怀揣一颗感恩之心，感谢老师教给我们丰富的知识，感谢老师教给我们学习的方法，更感谢老师教给我们做人的道理。

懂得感恩的人，别人也会感恩于你；尊敬别人的人，同样也会得到别人的尊敬。那些不管身在何处、官至何职，总能够不忘师恩，始终尊敬老师的人才能够被人称赞，因为尊重老师是人类最基本的伦理，体现着一个国家、一个时代和一个人素质的高低。

## ▋美文悦读

## 老师窗内的灯光／韩少华

> **导　读**
>
> 韩少华是当代著名的作家，是名人。但名人不是平地而起，他们也是在老师的培养、教育下成长起来的。不管是凡夫俗子，还是伟人名家，只要具有良知，都对自己的老师铭记不忘，时时怀念。与许多普通人一样，很多名家都写下了有关他们老师的文章，比如鲁迅、冰心、魏巍、余秋雨等。他们非常感激和怀念自己的老师，皆以深情的笔触记述了老师爱生敬业的事迹以及他们的为人处世，抒发了自己对老师的深挚情怀，为我们留下了一笔宝贵的精神财富。

人生就如远行，在我蒙昧的时日里，让我最难忘的就是我的一位师长的窗内的灯光。

有一次，我写了一篇作文，里面抄袭了冰心先生《寄小读者》里面的几个句子。作文本发下来，得了个好成绩。我虽很得意，却又有点儿不安。偷眼看看那几处抄袭的地方，竟无一处不加了一串串长长的红圈！直到回家吃罢晚饭，我一直觉得坐卧难稳。我干脆又回到学校，来到住校老师们的宿舍。

透过浓黑的树影，我看到了那样一点亮光——昏黄，微弱，从一扇小小的窗格内浸了出来。我迎着那点灯光，半自疑又半自勉地，终于举手敲了敲房门。

"进来。"老师的声音低而弱。

等我肃立在老师那张旧三屉桌旁，又忙不迭深深鞠了一躬之后，我觉出老师是在边打量我，边放下手里的笔，随之缓缓地问道："这么晚了，跑到学校里做什么？"

我低着头，没敢吭声，只从衣袋里掏出那本作文簿。

两束温和而又严肃的目光落到了我的脸上。我的头低得更深了。只好嗫嗫嚅嚅地说："这、这篇作文、里头有我抄袭人家的话……"

老师没等我说完，一笑，轻轻撑着木椅的扶手，慢慢起来，取出一本封面微微泛黄的小书——那竟是一本冰心的《寄小读者》！

"怎么，你是不是想：抄名家的句子，是之谓'剽窃'？"

我仿佛觉出老师憔悴的面容上流露出几分微妙的笑意，心里略松快了些，只得点了点头。

老师好像并不急于了却那桩作文簿上的公案，而是用他那低而弱的语声说："我问你，你自幼开口学话是跟谁学的？"

"跟……跟我的妈妈。"

"孩子跟母亲学说话，能算剽窃吗？"

"可、可我这是写作文呀！"

"可你也是孩子呀！"老师望着我，缓缓归了座，见我已略抬起头，就眯细了一双不免含着倦意的眼睛，看看我，又看看案头那本作文簿，接着说："口头上学说话，要模仿；笔头上学作文，就不要模仿了么？一边吃奶，一边学话，只要你日后不忘记母亲的恩情，也就算是好孩子了……"这时候，不知我从哪里来了一股子勇气，竟抬眼直望着自己的老师，更斗胆抢过话来，问道："那，那作文呢？""学童习文，得人一字之教，必当终身奉为'一字师'。你仿了谁的文章，自己心里老老实实地认人家做老师，不就很好了么？"

也许是一股孩子气的执著吧，我竟反诘起自己的老师："那您也别给我打红圈呀！"

老师却默默微笑，缓声轻语着："从你这通篇文章看，你那几处抄引，也还上下可以贯串下来，不生硬，就足见你并不是图省力硬扳的了，这难道不该略加奖励么——我给你加的也只不过是单圈罢了……你看这里！"

老师说着，顺手翻开我的作文簿，指着结尾一段。那确实是我绞得脑筋生疼之后才落笔的，果然得到了老师给重重加上的双圈。"这几句么，我看，就是你从自己心里掏出来的了。这样的文章，哪怕它还嫩气得很，也值得给它加上双圈！"

我好像懂了许多，又好像还有许多许多没有懂……

半年以后我毕业。有一天我回到母校，老师的小屋门上却挂着一把微锈的铁锁，他生病住院了。临离去之前，我从残破的窗纸漏孔中向老师的小屋里望了望——迎着我的视线，昂然站在案头的，是那盏油灯：灯油几乎熬干了……

时光过去了近四十年。在这人生的长途中，我确曾经历过荒山的凶险和陌巷的幽曲，而无论是黄昏，还是深夜，只要我发现了远处的一豆灯光，就会猛地想起我的老师窗内的那盏灯。那熬了自己的生命，也更给人以启迪、给人以振奋、给人以光明和希望的，永不会在我心头熄灭的灯！

（选自《语文报·初一版》，2009 年 9 月第 36 期）

## 最忆是恩师 / 邵颖华

**导 读**

师者，所以传道授业解惑也。向学生传播道理，传授学业，解释疑难问题，这是传统意义上的老师的作用。其实很多时候，特别是危难之时，老师还是学生的保护神，保护着年幼的学生免受自然灾害的侵袭或者外部世界的纷扰。为此，他们要承担我们想象不到的精神上的压力。所有这些，学生当时可能都懵然无知，只有年长之后才会明白。老师不仅仅是一种职业，更是一种担当。老师无私的爱，是我们终生感激不尽的。

我上小学时，先生已年逾花甲。一套发白的黑布中山装长在身上似的，很少见他换过。他从来不大声批评学生，但他的严厉却远近闻名。谁要捣蛋，他那钉子般的眼光非扎得你烧鸡似的耷拉下脑袋才肯罢休。因此，我们一见他就像老鼠见了猫。

那年，学校扩招，二、三年级被开到附近生产队早已经废弃的场屋里。这里，夏天是蚊虫孳生繁衍的伊甸园，冬日里则是麻雀们的极乐世界。通着的五间屋子，一帧几乎和山墙一样高的帆布毛主席画像立在顶头的墙上。老人家的追悼会开过之后，没有人知道该把这幅画像供在什么地方。先生灵机一动，带领我们把它抬到教室的中间。这样，我们二三年级虽然同在一个屋檐下，但总算有了各自独立的空间。高大的毛主席画像既为我们阻隔了另一班级的喧闹，又为我们挡住了凛冽的寒风。先生经常出神地凝视着毛主席高大的形象，抑扬顿挫地高声吟诵"山不在高，有仙则名。水不在深，有龙则灵……斯是陋室，唯吾德馨"之类我们谁也听不懂的词句。

一天，隔壁调来一位年轻女教师。她尖细的嗓音，常绕梁而过。对于听惯了夹着干咳和劣质卷烟味道的沙哑男音的我们来说，简直是"如听仙乐耳暂明"。一节语文课上，坐在我后面的红梅、二头儿我们几个，背过手去，神不知鬼不觉地用铅笔刀在帆布上割开一个个小口子。先生转身板书时，我们便扭过头去，透过小洞，欣赏那边小老师的举手投足，那女老师笑起来可真好看哪！

课间，我在外面疯够了跑进教室，一头撞在脸色惨白的先生身上。吓愣了的我，这时才注意到，临时用纸糊上的小洞洞全被那边的淘气鬼给捅开了。主席的灰呢大衣的下摆上，小洞一个连着一个，几乎成了渔网。望着墙上"阶级斗争一抓就灵"的毛主席语录，先生嘴唇颤抖着对我们说："你们这些'黄豆芽子'，就怎么给我捅娄子，真不知道厉害。你们快回家吧，今天提前放学。"他把我们全部撵出教室后，哆嗦着手锁上了门。

第二天一早，我们惊奇地发现，画像上的小洞全被用灰色的细线密密地织上了，几乎看不出破绽。上课了，先生依旧一板一眼地给我们讲课文"吃水不忘挖井人"，好像什么也没有发生过……许多年过去了，我对那段岁月有了一些成熟的理解之后，才明白先生脸色苍白地把我们赶回家的那片苦心，心底不由得生出一份深深的感激。

先生年轻时闯过关东，在深山老林里淘过金，被错划过右派。书念得多，字写得好，街坊都喊他"老先生"。不知是报复他过去的私塾先生呢，还是迷信"严师出高徒"的教条，老校长请他代课后，他那柄二尺余长的乌油油的竹板就没离过手。他特别不能容忍我们在不该出错的地方出现错误。我们班也争气，成绩出奇的好。

一次上课前，我们正在扯着嗓子齐声吼"大海航行靠舵手"，先生一步走到教室门口，大声叫我："邵颖华，到我办公室来一下。"歌声戛然而止。我忐忑不安地跟他到办公室。"这是你的卷子，先看看。"我眼睛一瞥，99分，暗自高兴，心不在焉地翻弄着。"错在哪儿，知道了吗？"听他这么一说，我急忙下意识地伸出手来，知道自己今天逃不过这一顿板子。"你看看，你就是改不了粗心这个老毛病。"我仔细一看，原来组词时把"戍边"的"戍"字写成了"戌"，心想不就是差一点吗，有什么了不起的？先生似乎看出了我心思，声色俱厉地说："不要小看了这'一点'，一台机器少了一颗螺丝钉，也许就转不起来了；一架飞机哪怕是缺很小的一个零件，也会机毁人亡；就算你自己吧，如果不长鼻子，不就成了丑八怪？你说今天该打不该打？"先生说着，抓过我的手，"叭"的就是一板子，疼得我差点跳起来，手立刻又红又肿。"我就是要让你知道，一个人少了认真这一点，他将一事无成。"想起前几天，老师甩着啪啪作响的汗珠子带领我们复习时，窗外蝉声如雨，灿烂的阳光小鸟一般的在枝丫间来回跳跃，那时我的心早已经随之飞到九霄云外去了，哪里知道"戍"还是"戌"呢？"这是我第一次也是最后一次挨你的打。"我暗自发誓。

父母从来没有打过我，可先生那一板子，一直疼到我的骨子里，让我终生难忘。也许，没有先生这一次打，就不会有我的今天。

不久，我们班换了一位姓李的女教师。听说，先生患了肺病，很重。女教师不太负责，经常放我们的羊，然后回家做自己的事情。没有了先生的严格约束，我们一开始觉得非常轻松，非常快活，一个班几乎成了无王的马蜂，不去上课女教师也不管。撒野的时间长了，我们的成绩下降很快，伙伴们又不约而同地念叨起先生的好处来……但从那以后，先生就没再代过我们的课。

一晃好多年过去了，和先生很少见面。一年暑假回老家，从先生的屋后经过。屋还是那座老屋，和四周新起的大瓦房、小洋楼极不协调。走过老屋，猛然记起，先生年轻时不是闯过关东吗？难道连一点"黄货"都没有积下，至今还住这破旧的房子？回家问起也当教师的父亲，父亲指着街西头那排崭新的房舍说："这不，老先生藏了一辈子的那一点金子，全变成校舍了。"凝望不远处那一间间沐浴着阳光的红砖瓦房，我心想，那间在半个世纪的风雨中飘摇的老屋，比周围的洋楼不知要辉煌多少倍！

先生已经不在了，我做教师也已经十八年了。尽管岁月倥偬，世事苍茫，但我永远也忘不了启迪我心智、护持我成长的一生清贫的先生。

（选自《师道》，2003 年 5 期）

## 一位差生的老师／一路开花

**导　读**

> "天地间最大的人情失衡，第一产生于父母与子女之间，第二产生于老师与学生之间。子女和学生痛切地发现这种失衡时，大多已无法弥补。"为什么要等到人至中年或者垂垂老矣才能认识到呢？中学生，还都处于年轻气盛的年纪，对很多问题还来不及细细地思考，认真地应对。沉下心来想一想，我们人生观的形成，大都是在中学时期，而真正影响我们的，在我们生命最青涩的时候扶我们一把、催我们奋进的，其实就是这些老师啊。我们能在内心默默地记住他们的姓氏，记住他们的面容，记住他们对自己的点滴的好，记住他们的一声嘱托，记住他们的一次推心置腹的谈心甚至一个鼓励或安慰的眼神，这也是对老师的最基本的尊重和感激了。

当初她任班主任的第一天，他带领一帮最为调皮的孩子送了她一个终生难忘的礼物——十只鲜活的蛐蛐。那是他们几人奔忙半日的结果。

她满怀欣喜，小心翼翼地打开密封的盒子时，鲜活的蛐蛐顿时"吱吱"叫蹿起来。她还未看清楚，几只黑乎乎的虫子便跃上了她的肩头，她一瞬间吓傻了，竟然丝毫不顾场合与个人形象，在教室里乱跳乱蹦，惊惶失措，惹得众人捧腹。

事后，她气极了，委屈的泪，顺着洁净的脸庞簌簌而落。她不远千里，不辞劳苦地从北国之都前往这片荒村支教，却万万不曾想到，这些在贫困中生长起来的孩子，竟然会如此淘气。

她一个人，肩负三个年级的课程。偶然，哪位同学病了，她还得充当临时医生。一日下来，筋疲力尽。她时常会幻想她所在的城市。直到此刻她才明白，之前那座生自己养自己又让自己怨声载道的城市，其实，是多么美丽与诱人。她不止一次想要回去，可总觉得对不住那些村民。她刚来的第一天，还未当上班主任，便已向那些前来热情迎接的村民许诺，要在这穷乡僻壤待足三年，教会这帮孩子读书写字。

他不喜读书，即便他真切地知道，知识可以改变他的命运，可以带他离开这片贫瘠的土地。若按"调皮孩子多聪明"的常理来说，他该是班上最聪明的孩子。一无所有的荒村里，他总能找到让大家开心娱乐的法子，他总能让每一个老师哭笑不得，他总能让班上的那几个男同学都听他发号施令。

为了让他有责任心，发现自己的不足，她让他当了班长。原本以为，颇有威信的他会管理好班上的课堂纪律，殊不知，他却带着全班同学早退，逃到后山腰上采野果。

他的学习成绩每次都很稳定，保持倒数第一。所有的老师都对他绝望了，劝她，不要再在他身上花半点心思，他天生就不是读书的料。她不信，说，要证明给他们看，他只要努力，就一定能成为一名品学兼优的学生。

他逃课游泳，碰上大雨，通身湿透，不敢回家，怔怔地坐在教室里等待衣服被身体烘干。殊不知，却发起了高烧。她背着他，来不及换鞋，踏着高跟，"噌噌"地迈上山路。他伏在她的背上，微弱地撑着雨伞。

躺在诊所的病床上，他看着她浮肿的右脚，断脱的鞋跟，一言不发地流泪。她以为他怕自己回家后会被父亲责打，于是就轻抚着他的肩膀，安慰地说："别怕，别怕，待会儿到家了，我就跟你爸爸说，你在我家里补习功课。这样，你就不会挨打了。"

他哭得更凶了，"呜呜"地喘不过气。她不知道，他根本没有父母。他的父母在他很小的时候，一同南下外出打工，结果，一去不复返。这些年，他与奶奶相依为命。他之所以不敢回家，只是怕年迈的奶奶伤心罢了。

第二日，所有人都不明白，为何他听课忽然认真起来了。可与那些故事里不同，现实中，本就没有奇迹发生。他之所以这么做，完全是在做表面工作，他实在不想读书，可又不想让她伤心，只好这么做了。

毕业之时，尽管他的学习成绩仍旧保持"第一"，可性格却有了翻天覆地的变化。他不再恶作剧，不再喜欢让他人难堪，不再内向，孤僻，乖张。短短三年，他便长得高大，强壮，乐于助人，开朗，活泼，如换了一人。

离去的当天，所有孩子依依不舍地将她送上了山路。绿树滚滚，模糊了她的视野。她再三驱逐，都无法将他们撵去。她说："送君千里，终须一别。"孩子们站在松涛呼啸的山间，哭了。

他隐在人群中，几次欲上前告别，都未能鼓足勇气。他多想上前亲口说声"谢谢"，抑或，说声"对不起"。可最终上前时，却如鲠在喉，只得奋力地挥了挥手。

很多年后，在黄土地上徘徊过后的他和当年的父母一样，踏上了南下的列车。第一笔工资，他用来买了一双崭新的高跟鞋。

她收到这双高跟鞋时，几乎都忘却了他的名字。在城市中，她已经送走了很多届优秀的学生，他的名字，已在这些记忆中模糊。直到目及盒中的相片，她才恍然记起，那个在很多年前，让她难堪落泪的大眼调皮男孩儿。

照片背后，是一段让她泪湿的拙劣笔迹："感谢您，老师，直到我们别离的最后一刻，你都未曾将我这位最差的学生放弃！"

（选自《课外阅读》，2009 年 10 期）

## 一个鸡蛋的温暖 / 雪小禅

**导 读**

每个同学都要相信自己，在老师的心里你是最独特的。"每个人都是有尊严的，无论贫穷还是富有。"只要用心，哪怕一枚鸡蛋也会是最好的礼物。只要用心，最平凡的也往往是最有创意的。在老师面前，每一个学生都是同等重要，都是同样富有尊严的个体。而一个人的尊严不是别人给的，是自己挣来的。老师不求学生一定要送给自己什么贵重的东西，只求学生积极上进，只求学生懂得自尊，懂得自爱，懂得爱人。你如果能够做到这一点，就是对老师最好的感恩了。

他是一个自卑的孩子，十五岁，长得又瘦又小，而且他的家庭让同学们看不起，他父亲是卖水果的，母亲在学校边上做修鞋匠。

别的孩子全是这个城市中有钱的孩子，父母是有权有势的，他是一个例外，他的父亲没受过教育，花了很多钱让他上了这个重点中学。

从来的那天他就受歧视，他穿的衣服是最不好的，别的孩子全穿有牌子的衣服，书包和铅笔盒都要几百块，有人笑话他的破书包，他曾经哭过，可他没告诉过父母，因为怕父母伤心难过，因为这个书包还是妈妈狠下心给他买的。

对他最好的就是吴老师，吴老师总是鼓励他，笑眯眯地看着他，吴老师长得又年轻又漂亮，好多孩子都喜欢她。

圣诞节到了，所有孩子都给老师买了平安果，都是在那个最大的超市买来的。有包蛇果的，有包脐橙的，还有包苹果的。一个平安果便宜的要十块，贵的要几十块，他没有钱，他也不想和父母要钱，于是他煮了家里的一个鸡蛋送给了吴老师。

他小心翼翼地拿着那个鸡蛋，用一张好看的红纸包上，同学们问他，："你包的什么？怎么这么小这么难看？"他说："鸡蛋，送给吴老师的。"

所有人都哈哈地笑着，他自卑地低下头，他想，送给老师，老师会不会也笑话他？

但想不到吴老师不但没有笑话他，而且在全班同学面前说："同学们，这是吴老师收到的最与众不同的礼物，这说明这个同学很有创意，其实不必给老师买什么平安果，有这份心老师就很高兴很激动了。"

他哭了，觉得老师对他真好，他总以为自己是穷人的孩子会受到歧视，总以为自己没有尊严，但老师给了他极大的鼓励。老师还给他们讲了一个故事。

从前，一个小女孩，她们家很穷，她是个穷孩子，有一天，她的母亲带着她去给校长送礼，让孩子转到这个中心小学来，她的母亲把家里的唯一一只老母鸡送给了校长，那时的校长是村长的儿子，她和母亲说明了来意，并且把那只老母鸡送给了校长，校长说，谁要这东西？我们早吃腻了老母鸡，连小柴鸡都不爱吃了。

那句话刺伤了小女孩和她的母亲。她们没有去成中心小学，小女孩还在她们村子里上小学，但她明白了自己应该发奋努力，年年考第一，最后，她以全乡第一的成绩考上了县里的一中，后来，她又考上师范，在一所小学里教书。

孩子们听完那个故事都很感动，吴老师说，那个女孩子就是我。

他听了，眼里已经有了眼泪，没想到，老师也是穷苦孩子出身，老师也给人送过礼，而且被拒绝了！相比而言，他多幸福啊。

老师说："同学们，大家应该知道，每个人都是有尊严的，无论贫穷还是富有，所以，这个鸡蛋是不是老师收到的最好的礼物？"

大家都鼓起掌，而他趴在桌子上，哭了。

（选自《家庭科技》，2010 年第 9 期）

**延伸阅读**

## 要感谢就感谢老师／邓 笛　编译

我从我的校邮箱里取信时见到了一张纸条，上面写道："转告：请打电话到 5556167 联系玛格丽特。"

电话号码和人名都是我不熟悉的，但是由于我在一所中学教授《汽车维修》课程，所以也常有陌生人找我请人给他们修汽车。那天午餐时间，我拨了这个电话。

"我找玛格丽特。"我说。

"哦，我就是。"接电话的人说。

"我是罗恩·文因。我收到了一张便条，说你想和我联系。"我接着说，心里面猜着这个女人找我到底会有什么事情。

"哦，你给我打电话真是太好了。如果你给我几分钟的时间，我会告诉你一件事情，我想你一定会感兴趣的。"

"好吧。"我说，抬头看了一下办公室的钟。我只有几分钟的时间了，我马上要去给学生上课。

"我是圣·露克普瑞斯医院的一名护士，昨天我下班回家时车子在 290 公路上出了故障。"

"唔唔。"我说，又看了一眼墙上的钟。

"那时天已经很晚了，我孤身一人在那个人迹稀少的地方，心中不免生出几分害怕。"

我并不是故意想显出不耐烦，但是我真的要赶往教室了。"您是不是需要我找人帮您修理一下车子呢？"我问。

"请你听我把话说完。"女人答道。

我手中的铅笔不停地在办公桌的教案上敲打。玛格丽特继续往下说："突然，两个年轻人，二十岁左右，开着车子从我后面冲了上前，然后停了下来。他们走下车子，朝我走来。我不知道他们想干什么。我害怕极了。"

"他们问我是不是车子坏了，说他们或许能帮我把车子修好。所以，我打开了车子发动机的盖子。我心中祈祷这两个年轻人是两个好心的人，不会有什么歹意。几分钟后，他们叫我发动车子试一试。我真不敢相信，车子能够启动了！两个年轻人关上了车盖，说车子可以开了，不过车况不是很好，需要大修了。"

"那么，您是想让我找人帮你检查车况？"我问。

"哦，不，你听我说。"女人继续说道，"我当时很感谢他们，想给他们钱，但是他们坚决不收。这时他们告诉我，他们是你以前的学生。"

"什么？"我吃惊地问，"我的学生？他们叫什么名字？"

"他们没有说，他们只说了你的名字和你们学校的电话号码，并让我答应他们，一定要给你打电话向你表示感谢。"

我一时不知说什么才好。我除了教学生如何修理汽车外，我还告诉他们做人的道理——诚实、负责任、帮助别人。不过，我从来不知道我的这些道理有没有对学生起作用。

"文因先生，你还在听吗？"玛格丽特问。

"我在听。"我答道。

"我想让你知道我非常感谢你。"玛格丽特说。

"我也想让你知道我同样感谢你。感谢你与我联系。"

放下电话后，我朝教室走去，心中抑制不住的激动和自豪，我的学生能够用我传授的知识去帮助别人，对于老师而言，这真是最大的回报呀。

（选自《羊城晚报》，2009年9月7日）

## 我的老师/童蕙霖　斯国东

午后的阳光总是很好，只是因为是春天，才没有那灼人的温度，让人觉得懒洋洋的。就这样，伸了一下懒腰，把目光从窗外收回的时候，倏地落在那两个粉色的小巧的文件夹上。脑海中浮现的是一张还洋溢着青春的脸，随之迸出的是一个名字——胡亚菲，那个笑起来脸上还带着酒窝的年轻英语老师。

初识是在蝉鸣的夏天，不很热，但满满的全是夏的味道。一袭清凉的夏装，让人眼前为之一亮，是个年轻的女老师。"大家好，从今天起，由我教大家英语。我姓胡。"说罢，拿起粉笔挥手在黑板上写下一个潇洒的"胡"。脸上总有一抹笑意在流淌。我觉得爱笑的女生很美，所以胡老师给我的印象很好。冗长的夏天转眼就随蝉鸣消逝了，期末在即。又到了试卷漫天飞舞的时节了，副课老师在还没有停课的时候就早已集体退出我们的视线了。语数英科轮番上阵。气氛陡然间变得紧张起来了。英语课（课程表上实为体育课）："请大家拿出词组表，我们背诵词组。""唰"一排人把头钻进抽屉拿出一张试卷大小的纸，齐声诵读。突然，这种整齐划一的朗读声被胡老师略带怒意的责问打断："你的词组呢？"A抬头斜眼一瞥，从牙齿缝中挤出几个字："找不到了。"听见如此回答，我想没有一个老师会不生气吧。果然，胡老师的脸涨红："找不到？！又找不到，你的词组哪次找到过啊？"我们知道她是真的生气了，都知趣地闭了嘴。可A又冷冷地丢出一句："试卷这么多，怎么找得到？"底下又有了窃窃私语的声音："对啊，对啊，试卷太多了，很难找呢……"老师的脸色渐渐变回原来的颜色，也不再训斥A了，读书声再次响起。

次日，老师一如既往地笑着走进教室，两个酒窝仿佛盛满阳光，很温暖。可与以往不同的是她的手上多了一个小盒子，仔细一看，可以发现盒子中装的是一个个色彩各异的文件夹。讲台上的她显得格外漂亮，不是因为上帝赋予的脸蛋的美，而是那种所谓的心灵美。清亮的声音从她的喉咙发出："今天，我发给同学们每人两个小夹子，大家把所有的词组都夹起来，不要再弄丢了。"装文件夹的盒子像一个色彩斑斓的糖果罐，与窗外洒进来的阳光一样灿灿地生光，那是一个年轻的老师对于她的学生的爱的方式，很细小，但也很动人。夹子是胡老师亲自发到我们手上的。在老师把两个天蓝的夹子递给 A 时，我分明看见 A 的脸上红一阵白一阵，像灯光打在脸上不停地交替，有种不知所措的味道，手在瞬间石化，一动不动，老师却不在意，轻轻地放在了 A 的桌上。

手表的时针总是不知疲倦地打圈圈，一天又一天。当我们再次看见胡老师身上的衣服扑朔着夏的气息时，她却在不久之后与我们分别了，即使我们很不舍。视线落在那两个小夹子上，久久不肯抽回，望着它们就宛若看见那张笑靥如花的脸，我不自觉地笑了，那是我思念她的方式……

（选自东阳新闻网，2011 年 4 月 21 日）

茹玉霞／摄

## 知识链接

**世界各地教师节**

1.1985 年 1 月 21 日，第六届全国人大常委会第九次会议作出决议，把每年的 9

月 10 日定为中国的教师节。

尊师重教是中国的优良传统，早在公元前 11 世纪的西周时期，就提出"弟子事师，敬同于父"，古代大教育家孔子更是留下了"有教无类""温故而知新""学而时习之"等一系列至理名言。传道授业解惑的教师，被中国人誉为"人类灵魂的工程师"。

其实早在 1932 年，民国时期曾规定 6 月 6 日为教师节，新中国成立后废除了 6 月 6 日的教师节，改用"五一国际劳动节"为教师节，但教师节没有单独的活动，没有特点。而将教师节定在 9 月 10 日是考虑到全国大、中、小学新学年开始，学校要有新的气象。新生入学开始，即尊师重教，可以给"教师教好、学生学好"创造良好的氛围。1985 年 9 月 10 日，是中国恢复建立第一个教师节，从此以后，老师便有了自己的节日。

目前有部分人士在倡议将孔子诞辰日作为教师节。

2. 阿尔巴尼亚的教师节是每年的 3 月 7 日，正好在母亲节的前一天。在教师节这天，阿尔巴尼亚放假一天。

3. 捷克教师节是一个假日，定于 3 月 28 日，这一天是教育家夸美纽斯的生日。学童们会在教师节这天送花给他们的老师。

4. 印度的教师节是 9 月 5 日，纪念印度第二位总统萨瓦帕利·拉达克里希南（Sarvepalli Radhakrishnan），他也是一位教育家。在传统上，印度教师节这天，学校教书的工作是交给较高年级的学生负责，让老师们能够休假。

5. 拉丁美洲的教师节为 9 月 11 日，这个节日是 1943 年在巴拿马所举行的泛美教育会议上制定的。这天也是阿根廷教育家萨米恩托的逝世纪念日。

6. 一些拉丁美洲国家也会根据自己国家的历史，设立教师节。在巴西，教师节是每年的 10 月 15 日；墨西哥国家议会颁布 5 月 15 日为教师节，于 1918 年首次庆祝。

7. 美国的教师节是 5 月的第一个星期二，是个放假的节日。美国马塞诸塞州也曾采用 9 月 11 日为教师节。

8. 韩国的教师节是 5 月 15 日，在这天，学生们会送给老师们康乃馨，并和学生一起度过欢愉的一天。

9. 新加坡的教师节是 9 月 1 日，这天新加坡所有的学校放假一天。一般在教师节前一天在学校庆祝。

10. 马来西亚的教师节是 5 月 16 日。

11. 越南的教师节是每年 11 月 20 日。这日越南的所有学校都放一天假，学生们会向老师献花。

12. 俄罗斯的教师节是 10 月 5 日。按照传统，这一天许多中学、职业院校及高等院校的学生们将以各种形式向老师们祝贺节日：赠送鲜花、组织晚会、表演戏剧等等。此外俄罗斯主要的电视频道还将播放献给老师的电影和节日晚会。

**关于教师的名言**

- 三人行必有我师焉；择其善者而从之，其不善者而改之。 ——孔　子

- 古之圣王，未有不尊师者也 ——吕不韦

- 无贵无贱，无长无少，道之所存，师之所存也。 ——韩　愈

- 举世不师，故道益离。 ——柳宗元

- 古之学者必严其师，师严然后道尊 ——欧阳修

- 经师易遇，人师难遇。 ——司马光

- 学者必求师，从师不可不谨也。 ——程　颐

- 一日为师，终身为父。 ——关汉卿

- 学贵得师，亦贵得友。 ——唐　甄

- 身教重于言传。 ——王夫之

- 动人以言者，其感不深；动人以行者，其应必速。 ——李　贽

- 为学莫重于尊师。 ——谭嗣同

- 要想学生好学，必须先生好学。惟有学而不厌的先生才能教出学而不厌的学生。 ——陶行知

- 不管一个人取得多么值得骄傲的成绩，都应该饮水思源，应该记住是自己的老师为他们的成长播下了最初的种子。 ——居里夫人

- 教师是人类灵魂的工程师。 ——斯大林

- 要把学生造就成一种什么人，自己就应当是什么人。 ——车尔尼雪夫

- 使学生对教师尊敬的唯一源泉在于教师的德和才。 ——爱因斯坦

- 教师个人的范例，对于青年人的心灵，是任何东西都不可能代替的最有用的阳光。 ——乌申斯基

- 做老师的只要有一次向学生撒谎撒漏底，就可能使他的全部教育成果从此为之毁灭。 ——卢　梭

**赞美教师的歌曲**

《长大后我就成了你》

词：宋青松 曲：王佑贵

小时候我以为你很美丽＼领着一群小鸟飞来飞去

小时候我以为你很神气＼说上一句话来惊天动地

长大后我就成了你

才知道那间教室＼放飞的是希望＼守巢的总是你

长大后我就成了你

才知道那块黑板＼写下的是真理＼擦去的是功利

小时候我以为你很神秘＼让所有的难题成了乐趣

小时候我以为你很有力＼总喜欢把我们高高举起

长大后我就成了你

才知道那支粉笔＼画出的是彩虹＼洒下的是泪滴

长大后我就成了你

才知道那个讲台＼举起的是别人＼奉献的是自己

《每当我走过老师窗前》

词：金 哲 译：崔 彬 曲：董希哲

静静的深夜群星在闪耀＼老师的房间彻夜明亮

每当我轻轻走过您窗前＼明亮的灯光照耀我心房

啊＼每当想起您＼敬爱的好老师＼一阵阵暖流心中激荡

培育新一代辛勤的园丁＼今天深夜啊灯光仍在亮

呕心沥血您在写教材＼高大的身影映在您窗上

啊＼每当想起您＼敬爱的好老师＼一阵阵暖流心中激荡

新长征路上老师立功＼一群群接班人茁壮成长

肩负祖国希望奔向四方＼您总是含泪深情地凝望

啊＼每当想起您＼敬爱的好老师＼一阵阵暖流心中激荡

**推荐电影**

《凤凰琴》中国、《音乐之声》美国、《放牛班的春天》法国、《烛光里的微笑》中国、
《一个都不能少》中国、《死亡诗社》美国

## 感悟思考

1. 你最喜欢教师以下的哪个特点：

（1）仪表端庄，风度高雅

（2）精通所教学科，耐心辅导

（3）知识广博，热心教人

（4）平易待人，和蔼可亲

（5）热爱、相信、了解学生

（6）教学方法好，讲课清楚、动听

（7）对学生要求严格

（8）处理问题公平、合理

2. 你最不喜欢教师以下的哪个特点：

（1）讨厌学生，经常责骂学生

（2）和学生关系不够密切

（3）处理问题有偏心，不公正

（4）讲课枯燥无味

（5）说话没有条理，不易听懂

（6）不能以身作则

（7）没有什么学问，讲解时听不明白

（8）对学生要求解答的问题不能满足要求

3.感激老师的教育感恩活动：

（1）举行题为"老师我想对你说"的演讲活动。

（2）自选"四个一"——给老师写一封信，谈一次心，提一个建议，表一个决心。说出你想说的话，来表达对老师最真实的感激之情。

（3）"当一天教师"活动。高年级的学生到低年级的班级做一天老师,体验老师的生活。按老师的作息时间作息，批改作业、备课、上课、辅导学生、参加学校相关活动，准备家长会材料等等。

第九章

感恩朋友

## ▌导 语

　　在现代社会，人人都会有朋友。朋友是什么？朋友是一种相遇，于芸芸众生、茫茫人海中，能够彼此遇到，能够走到一起，彼此相互认识，相互了解，相互走近，可以说是一种幸运。朋友就是彼此有感情、彼此要好、志同道合的人。相对于亲情、爱情来讲，友情是一种最纯洁、最高尚、最朴素、最平凡的感情，也是最最动人、最坚实、最永恒的情感。

　　当一个人在困境的时候，当一个人在迷茫的时候，当一个人在心情低落的时候，当一个人在孤寂的时候，当一个人在沮丧的时候，当一个人在人生低谷的时候……当朋友出现在你的面前，当朋友默默陪伴着你的时候，当朋友扶你一把的时候，这会给你战胜困境的勇气和力量。因为有了友情，你在这个世界上就不会感到孤单和寂寞；因为有了友情，你对人生才会充满无尽的幻想和追求。当岁月积下尘土，亲身经历都一起涌上心头；当你在前行时遭到打击，当你在享受人生的幸福……要知道，朋友都会在身边或远方关心和关注你。这时，朋友是我们的精神支柱。

　　当你漫步在林荫小道，体味阳光下那一份清凉，此时想起朋友会更有一番难得的惬意；当你在雨中散步，听着雨打梧桐，此刻想起朋友，那种心心相印的美妙，真是无与伦比。人生的美妙和艰难，人性的善良和丑恶，历史的威严和曲折，道路的宽广和坎坷，凡此种种，我们都将亲身经历，而这些经历中，无时无刻不和朋友有着密切的联系，因为朋友是人生中不可缺少的重要一部分。在你幸福的时刻，或者在你伤心的日子里，朋友都会出现在你身边。这时，朋友是我们成长的伙伴。

　　朋友相处是一种相互认可，相互欣赏，相互感知的过程。对方的优点、长处、亮点，都会映在你脑海，尽收眼底；哪怕是朋友一点点的可贵，也会成为你向上的能量，成为你终身受益的动力和源泉。同时你的一切，也是朋友认识和感知你的过程。知心的朋友在你面前不说空话，不装高调，不弄虚作假，不曲意奉承，不违心作态。当你的意见、观点与朋友产生分歧时，朋友会毫不客气指出……这时，朋友是我们人生的镜鉴。

　　人最不能缺少的就是朋友，无论是谁。你的身边总会有这样一群叽叽喳喳的人，他们陪你笑陪你疯，给你鼓励和支持。可以一起闯祸，一起沉默，一起高唱心中的那首歌，他们陪着你度过了那些青春岁月。感谢一路上有朋友的陪伴，感谢朋友让我们学会宽容和理解，也感谢朋友丰富了我们多姿多彩的生命，是他们让我们在人生的旅程中不孤单不害怕。

　　我们还要感谢那些曾经背离了我们或者伤害了我们的朋友，这些伤害，促进我们成长，让我们坚强。岁月不能回头，我们也不能重新开始，但是无论我们彼此相隔多远，深深感谢朋友给我们带来的一切。无论悲喜，这都是我们最宝贵的财富。

　　常怀一颗感恩的心，感谢朋友对我们的理解与支持，感谢朋友的默默陪伴，感谢朋友的信任，感谢朋友的直言批评，这样我们的人生才能更加丰盈。感恩朋友有很多种方式，对他们表示尊重是一种最直接，也最有效的方式。朋友之间的友谊是最纯洁的，朋友对我们的帮助不求回报，只要你用心去尊重他们，就是莫大的感恩！

### ▎美文悦读

## 尘封的友谊 / 谢云鹏

> **导　读**
>
> 　　用了五十年的时间，才发现事情的真相。这个时间对一个人来说，似乎太过漫长，但是最终消除了对朋友的误解。真正的友情能经得起时间的考验，经得起生死的考验。像托尼那样能够不计前嫌，为朋友献出自己的生命，这样的友情，多么的珍贵啊。能够意识到朋友在我们生活中的重要性，并能够主动为误解自己的朋友无私地奉献，这需要勇气，需要智慧，需要开阔的胸怀。
>
> 　　在我们的人生过程中，正是朋友促进了我们的进步，促进了我们更快速的成长，促进了我们对人生的深刻体悟。记得感谢我们的朋友，而不是去做无谓的嫉恨。

　　1945 年冬，波恩市的街头，两个月前这里还到处悬挂着纳粹党旗，人们见面都习惯地举起右手高呼元首的名字。而现在，枪声已不远了，整个城市沉浸在一片深深的恐惧之中。

　　奎诺，作为一名小小的士官，根本没有对战争的知情权。他很不满部队安排他参加突袭波恩，然而，更糟糕的是，这次行动的指挥官是巴黎调来的法国军官希尔顿，他对美国人的敌视与对士兵的暴戾几乎已是人尽皆知。接下来两个星期的集训简直是一场噩梦，唯一值得庆幸的是，奎诺在这里认识了托尼——一个健硕的黑人士兵，由于惺惺相惜，这对难兄难弟很快成了要好的朋友。

　　希特勒的焦土政策使波恩俨然成为一座无险可守的空城，占领波恩，也将比较容易。而突袭队的任务除了打开波恩的大门外，还必须攻下一个位于市郊的陆军军官学校。而希尔顿的要求更加残忍，他要求每个突袭队员都必须缴获一个铁十字勋章——每个德国军官胸前佩戴的标志；否则将被处以鞭刑。也就是说突袭队员们要为了那该死的铁十字而浴血奋战。

突袭开始了，法西斯的机枪在不远处叫嚣着——不过是苟延残喘罢了。在盟军战机的掩护下，突袭队顺利攻入了波恩。然而他们没有喘息的机会，全是因为那枚铁十字。在陆军学院，战斗方式已经转变成了巷战，两小时的激烈交火，德军的军官们渐渐体力不支，无法继续抵挡突袭队的猛烈进攻，他们举起了代表投降的白旗。突袭队攻占了学之后迅速地搜出每个军官身上的铁十字。手里攥着铁十字的奎诺来到学院的花园，抓了一把泥土装进了一个铁盒，那是他的一种特殊爱好，收集土壤。他的行囊中有挪威的、捷克的、巴黎的，还有带血的诺曼底沙。他正沉浸在悠悠的回忆中，托尼的呼唤使他回到了现实，托尼神秘地笑了笑："伙计，我找到了一个好地方。"

他们的休息时间少得可怜，奎诺跟着托尼来到了二楼的一间办公室。从豪华的装饰来看，这个办公室的主人至少是一位少校。满身泥土和硝黄气息的奎诺惊奇地发现了淋浴设备，他边嘲笑着托尼，边放下枪支和存放着铁十字的行囊，走进浴室舒舒服服地洗了个澡。当他出来时，托尼告诉他说希尔顿要来了，他要了解伤亡人数，当然，还要检查每个士兵手中的铁十字。他马上穿好衣服背上枪支、行囊，与托尼下楼去了。

大厅里，每个人都在谈论手里的铁十字，奎诺也自然伸手去掏铁十字，然而囊中除了土壤外竟无别物。奎诺陷入了希尔顿制造的恐怖之中，他没想到会有人为了免受皮肉之苦而背叛战友。奎诺首先怀疑到托尼，并向其他战友讲了此事，当下大家断定是托尼所为。

所有士兵此时看托尼的眼光已不是战友的亲昵，而只是对盗窃者的鄙夷与敌视。他们高叫着、推搡着托尼，而此时托尼的眼中并不是愤怒，而是恐惧、慌张，甚至是祈求，他颤颤地走到奎诺的面前，满眼含着泪花地问到："伙计，你也认为是我偷的吗？"此时的奎诺狐疑代替了理智，严肃地点了一下头，托尼掏出兜里的铁十字递给了奎诺。

当那只黑色的手触到白色的手时，托尼眼中的泪水终于决堤，他高声朝天花板叫到："上帝啊，你的慈惠为什么照不到我？"

"因为你他妈是个黑人！"从那蹩脚的发言中，人人都听得出来是希尔顿来了。他腆着大肚子，浑身酒气，随之，一个沉沉的巴掌甩在托尼的脸上。而后检查铁十字，不难想到，只有托尼没有他要的那东西。

再之后，在盟军营地的操场上，托尼整整挨了三十鞭。

两个星期过去了，托尼浑身如鳞的鞭伤基本痊愈，但在这两个星期里，无人问津他的伤情，没有人关心他，奎诺也不例外。

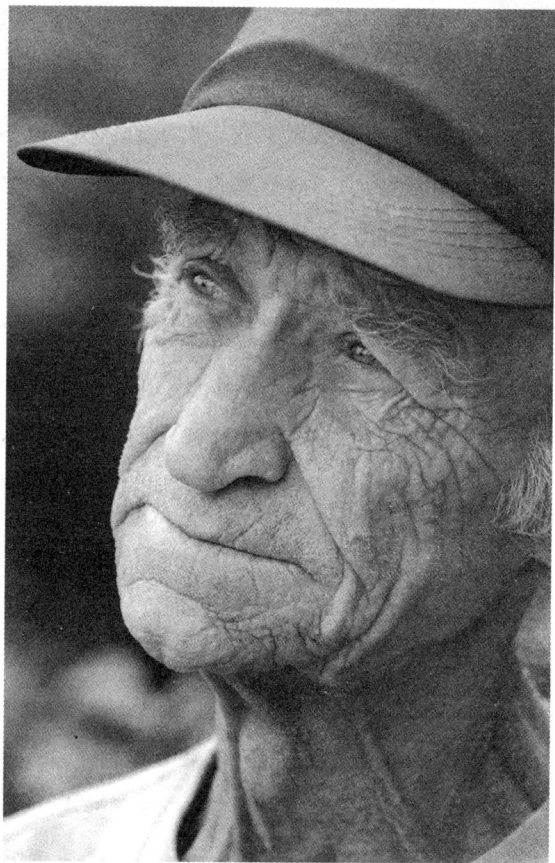

又是一个星期六，奎诺负责看守军火库，他在黄昏的灯光下昏昏欲睡，忽然，一声巨响，接着他被炸晕了。

等他醒来，发现自己躺在病榻上。战友告诉他，那天是托尼的巡查哨，纳粹残余分子企图炸毁联军的军火库，托尼知道库中的人是奎诺，他用身体抱住了炸药，减小了爆炸力，使军火毫发无伤，托尼自己却被炸的四分五裂。然而，他本是可以逃开的。

五十年过去了，奎诺生活在幸福的晚年之中，对于托尼的死，他觉得那是对愧疚的一种弥补。直到有一天，他平静的生活破碎了，因为他的曾孙，在一个盖子上写有波恩的铁盒中，发现了一枚写着"纳粹"的铁十字。

年近九旬的奎诺像孩子一样哭了起来，那眼泪，是因为悲哀而痛苦，不是为自己年轻时的愚鲁，而是为托尼年轻的生命；是因富有而喜悦，不是因为那锈迹斑斑的铁十字，而是为了那段尘封了大半个世纪的友谊。

（选自《现代语文·初中读写版》，2005 年第 9 期）

# 室友赔饭 / 巴 山

**导 读**

真正的友情不依靠事业、祸福和身份，也不依靠经历、地位和处境，它在本性上拒绝功利，拒绝归属，拒绝契约，它是独立人格之间的互相呼应和确认。它使人们独而不孤，互相解读自己存在的意义。因此，所谓朋友也只不过是互相使对方活得更加自在的那些人。

真正的朋友永远也不会忘记对方，真正的朋友懂得设身处地为对方着想，真正的朋友能够引领朋友走到正确的路上来，能够无私地分享生活的乐趣，正是因为有了这些不同的朋友，生命才会是一段令人爱恋和感动的岁月啊。拥有了友情，就如青山拥有了奔腾的小溪；拥有了友情，就如帆船拥有了顺风；拥有了友情，干渴的旅行者拥有了清泉；拥有了友情，在这个世界上，我们的灵魂就不再是形单影只。

我出生于一个农村贫困家庭，上大学后，家里每月只给我 60 元钱的生活费。就这每月的 60 元也要靠父母东拼西借，所以，很多时候，我不能保证每月按时拿到这钱。为此。我必须在每月结束时留有余钱，否则，下个月开始几天就有可能挨饿。

谁都明白，每月 60 元的生活费对于 20 世纪末大城市的消费水平意味着什么。

更让我自卑的是，我们寝室四个男生，除了我，杨斌、曹昌健和张涛都是来自城市家庭，他们都能尽情消费。而我就是每顿饭菜也必须捡最便宜的买，肉食更与我无缘。然而，强烈的自卑又换来我极端的自尊。我害怕同学尤其是室友看到我的窘境。每到吃饭时间。我都尽量避免与室友碰面，即使偶尔碰见了，我也会找各种理由避开，直到看到他们三人去食堂有一阵了，我才拿着饭盒独自一人前往。打好饭便躲到食堂那个角落去吃，这儿大多是外系或外班的学生，而且很多都足与我一样的穷学生的吃饭聚集地。

然而，这种局面在维持了三个月后被打破了。

星期五那天中午，我刚走到那角落里开始默默吞咽的时候，一个家伙突然从我身后撞了过来，我的饭盒连同刚只吃了几口的饭菜一起"啪"地掉在了地上。这一盒饭掉了。我心疼不已，正要发怒，一抬头才发现是我室友杨斌和曹晶健两人在一前一后追逐。看到他们，我的火气一下子没了，脸"刷"地红了。没等我开口，撞掉我饭盒的杨斌连声道歉说："对不起，对不起——""你撞掉了人家的饭，光说对不起有什么用，还不赶紧打盒饭来！"曹昌健催促杨斌道。"不用，不用——"可我话还没说完，杨斌立马从地上抓起我的饭盒就跑到卖饭窗口去了。一盒饭掉了岂能让同学赔，那不让别人笑话我吗？我要赶过去阻止杨斌，却被曹吕健一把拉住："别拦他，他这种冒失鬼就是得惩罚他！"正在我与曹昌健争执不休时，杨斌已端着饭盒回来了。"耽误你吃饭了，对不起，你慢慢吃。我们走了！"杨斌将饭盒一递给我，他们两个又嘻嘻哈哈跑了。

我打开饭盒一看，一个大饭盒装得满满的，里面不但有回锅肉，还有一份黄焖鱼和几片油炸鸡块。那是我进大学以来吃得最好最饱的一顿。事后，我本想对杨斌说点感谢的话，可想来想去又实在不好说什么，只好玩笑似的说了一句："杨斌，今天真不好意思啊，让你请了客！"本来，这事过去了就过去了，没想到的是，刚过了一周，这样的事再次发生在我身上，情形与上次差不多。只是这次是张涛追曹昌健，撞掉我饭盒的是曹昌健，赔我饭菜的自然是曹了。

回寝室后我没说什么感谢之类的话，我问他们："你们咋喜欢在食堂里追逐呢？""我们看到一个最新资料，说是饭后马上跑步利于消化。所以……要不，你也加入我们的饭后跑步？"他们明知道我平时就是一个不爱活动的人，更何况对于本就没吃得很饱的我，哪用得着跑步来消化？"我才不相信那些呢。"我装着不屑地说。

后来，他们饭后跑步的把戏让我渐渐产生了怀疑。因为再下一周，杨斌和曹昌健两人追张涛，张涛又成了我的"冤大头"。饭菜依然那么丰盛，至少都有三样肉食。食堂那么多学生，没听说他们撞别人，却偏就撞到我？而且每一周都是在星期五？

如果前三周还仅是怀疑的话，那么从接下来的第四周、五周、六周……我都会在星期五的中午遭遇他们三人中一人的撞，而且从三人轮流撞我这规律来看，我不得不断定他们是早有预谋的。

因为忙于期末考试，我一直没来得及揭穿他们。寒假离校的前一天晚上，我下定决心将这事抬了出来。见我摆出一副不达目的誓不罢休的架势，他们最终不得不承认了他们确实是"阴谋"。

原来在前三个月，他们就已经注意到我吃饭时的异常，后来终于发现了我的真相，而且又弄清了我的家庭情况，三人便合计出了一个恰当的"计谋"：轮流赔饭，让我每周打一次牙祭。

"实在对不起，明凯，我们是真想帮你，但又怕你不接受。所以……你不会怪我们吧？"此时此刻，我还能说什么呢？只能任眼泪哗哗地往下流……

（选自《2008年值得中学生珍藏的100篇校园小说》，华东师范大学出版社2009年版）

# 一辈子的承诺/吕　麦

**导　读**

兵无常势，水无常形，变是长法。要求友谊链在传递的过程中，像复印一样不走样，这是我们一厢情愿的幼稚。信任的含量，第一环是金，第二环是锡，第三环是木头，到第四环是蜡作的圈套，在火焰下化作烛泪。但是，就有人一诺千金，为了当初的诺言，搭上了自己的一生，而且无怨无悔。

巴尔扎克说过，遵守诺言就像保卫你的荣誉一样。中国也有句谚语，叫"一言既出，驷马难追"。我们可以和不同的人有不同的友谊，但不能跟同一个人有不同的友谊。为了朋友，走正直诚实的生活道路，必定会有一个问心无愧的归宿。

1950 年，来自山东的刘绍安与来自江苏泰兴的张志久，相遇、相识在朝鲜战场上。当时，刘绍安是志愿军排长，张志久是副排长。10 月，激烈的上甘岭战役拉开帷幕。两个好朋友在战壕里约定："如果，我们都牺牲了，就是新中国最可爱的人。如果，我们其中一个死了，另一个，就照顾对方的爹娘，视彼此的爹娘为亲生爹娘，为他们养老送终！"

誓言一出，两个好战友当场击掌为盟，并找来纸和笔，写下各自家乡的住址，分别揣进一枚空弹壳，藏到贴身的衣袋里。

在一次惨烈、悲壮的战斗中，刘绍安眼见众多战友倒在敌人的暗堡前。杀红了眼的他，愤怒地拎起一只爆破筒，准备冲过去炸毁敌人的碉堡。就在这一刹那间，一旁已经负伤的张志久，一跃而起，夺过他手中的爆破筒，向硝烟中冲去……和英雄王成一样，张志久炸飞了敌人的暗堡。

张志久牺牲后，刘绍安没有流泪。他掏出贴身藏着的子弹壳，打开，默念那一行文字，把陌生的地址背了下来。

此后，刘绍安模仿烈士的笔迹，每月给张母写"平安信"，并随信把自己微薄的津贴寄往张家。这样的日子持续了几年。1954 年，组织上派人慰问张家，送来张志久的抚恤金和烈士证。张家父母这才知道：原来，自己的儿子早已牺牲，是另一个"儿子"，一直在默默地慰藉、照料着他们。

1963 年，从军 22 年的刘绍安面临转业。按部队规定，他若选择去新疆生产建设兵团，可提级；若选择回山东老家，则按职级分配。刘绍安想起自己对战友的承诺，毅然只身来到张志久的泰兴老家。然而，这个家迎接他的，除了年迈多病的母亲、三间难遮风雨的泥草房，还有张志久那三个尚未成年的弟妹。面对清贫的家境和沉重的负担，刘绍安没有退缩和反悔。他在张家留了下来，并和张志久的大妹妹结为连理。

从此，承担起了一个长子兼女婿的义务和责任。

泰兴的地方领导听说了刘绍安的事迹，想安排他去县里当科长。但他拒绝了，要求到永安洲镇当供销社主任。因为那里离家较近，他是家里的主劳力、顶梁柱。

张母身体不好，俗话说"久病床前无孝子"，可刘绍安每天走几十里路，长年在单位和病床前奔波，没有丝毫怨言。1985 年冬，张母病危，临终时非常想吃黄瓜。寒冬腊月，哪里有黄瓜？为了满足老人最后的愿望，已退休的刘绍安跑遍了整个泰兴城，都没能找到一根黄瓜。最后，他去扬州寻到一种腌制的莴苣咸菜。回家放进温开水里泡，把颜色泡尽、盐分泡尽，抹上糖后给老人吃。老人说："安儿，怎么不像黄瓜？"刘绍安流着泪说："娘，这是冬黄瓜，冻过了，有点变味，你就吃一点吧。"

就这样，刘绍安用亲子之孝和战友的拳拳之心，为张家二老送了终，帮助张志久的弟妹完成学业，直至各自成家立业……

听完这个故事，心里涌动、升腾着一股股的温暖和感动。沧桑岁月中，这位抗美援朝战争中的老战士，为了纷飞战火里的一句诺言，用一辈子的时间履行、承载。

50 多年过去了，如今刘绍安已是 85 岁的古稀老人。耄耋之年，回首往事，他无怨无悔。

承人之诺，虽死不辞。

（选自《阅读与作文·高中版》，2007 年第 11 期）

## 十年对手成知己／叶　萱

**导　读**

用了十年的时间从对手变为朋友，这个时间对一个人的成长来说，似乎太过漫长。但是难能可贵的是没有从对手变为敌人。少年时的对手，多少带有一些年轻气盛，带有一种不服输的精神，带有一些青春期的生涩。但是能够意识到对手在我们生活中的重要性，并能够主动向有益的方向转化，这需要勇气，也需要智慧，需要开阔的胸怀。

在与对手悄悄地较量中，我们慢慢地品味出了其中的意味：正是对手促进了我们的进步，促进了我们更快速的成长。对手成了生活中的知己，这是件多么令人开心的事啊！记得感谢我们的对手，而不是去做无谓的嫉恨。

市里举行的歌唱比赛，每个学校都有一个参赛名额。所有人都知道，学校里唱歌最好听的两个女孩子，是六年级 4 班的许葱和好友何美竹。

我一直以为，那场歌唱比赛唯一的入场券非我许葱莫属。然而，代表学校去参加比赛的却是六年级 4 班何美竹。后来，听说何美竹的妈妈给参加评审的 5 位老师每人送了一箱上等猪肋排——1992 年，我水晶玻璃一样的童年，就这样被五箱排骨击碎。

那次，何美竹拿了市一等奖。这个奖，本应该是我的。

从何美竹参加完比赛的那天起，我就换上了淡淡的眼神，带一点不妥协的骄傲与冷漠，疏离是我们新的关系与状态。

就这样，我们在恍惚的距离中一起参加升中学的考试，一起考进全市最好的中学，只是我在 2 班，她在 3 班。

到这时候，我开始迷上了画画，最喜欢的是漫画《凡尔赛玫瑰》里那些漂亮的衣裳。我临摹了一张又一张，自习课上偷偷画画的时候，坐在我旁边的朱子辰就偏着脑袋认真地看。

他看很久，他的目光是那么清澈。短而硬的头发和那张好看的脸孔一起构成了我少年时代很美好的画面。

那年我 13 岁，看过我的画的姑姑婶婶们开始怂恿我妈送我去学美术。我妈动心了，送我去师范学院美术系一个老教授那里，从伏尔泰、海盗头像开始画起。

就这样，逢周末，我总是那么开心：因为我可以背着画夹，像个真正的小画家那样乘坐 52 路车去城市另一端的师范学院学美术——而更重要的原因是，朱子辰的父亲就是师范学院的教授。

我开始原谅何美竹了：是啊，动人的歌喉对于喜欢画画的我来说可能一辈子用不上，而何美竹注定要走歌唱的道路，我为什么不成全她呢？

就这样，我开始恢复了和何美竹的关系。公交车站遇见了，我们会点头微笑、打招呼、说你好。当然，因为某些我们无法抗拒的原因，我们的关系再也回不到从前了。

16 岁，我们一起考上本校的高中部，这次我、何美竹、朱子辰被编进同一个班。

逢周末，我们三个一起坐 52 路车去师范学院——这时候何美竹已经开始在师范学院随声乐老师一起学习发声方法与演唱技巧，何美竹的老师就是朱子辰的父亲。

然后，某一天，何美竹那样羞涩地讲起：我喜欢朱子辰啊，许蔺你喜欢他吗？我睁大眼睛看着她，没有回答。

再然后，朱子辰的父亲越来越喜欢这个聪明伶俐的女学生，开始留她在家里吃午饭，开始给她和朱子辰一起补习功课。而我，只能一个人走在从师范学院回家的路上。

寂寞的 52 路车，有我咬牙切齿的孤单。在那个年代除了好好读书似乎没有别的发泄方式。我狠狠读书，发誓要比何美竹学习好，发誓要考上比她更好的大学。我每天很认真地练画，很认真地温习功课。而何美竹也一样——我们终于还是渐渐再度变成同一个屋檐下熟悉的陌生人。

18岁高考，我居然考上了四川美院设计艺术系学习服装设计，而何美竹在本市师范学院学声乐。还有朱子辰，他去北京，在外国语学院学习阿拉伯语。我们的命运，就这样因为一场高考而变成一个三岔路口。2003年我们大学毕业，朱子辰考进中央人民广播电台，做阿拉伯语方面的翻译工作。我回到家乡的师范学院做一名专业课教师，而何美竹留在学校教务处工作。我和何美竹，我们纠缠、对抗那么久，终于还是回到同一起点。

做了同事，我和何美竹一起开会、一起旅游、一起听课，偶尔，还会一起应酬。

突然发现，我们同样年轻，有梦想。也是这时候才发现：从本质上来说，我和何美竹，是一类人。

我们以10年的时间垒一道柏林墙，然后再用很长时间去销毁彼此那些敌意的目光，彼此靠近，温暖成知己。静谧的时光流淌，让我恍若从梦中初醒：如果没有她的存在，我这个傻妞儿怎么能真的考上好的大学，直到今天走上讲台，成为园丁一名？

终于明白，在这个世界上，只有你的对手才是真正适合做你朋友的人。

（选自《知识窗》，2008年10月）

## 只想陪你坐一坐 / 何伟娇

1962 年，作家刘白羽由北京到上海治病。当时他的长子滨滨正患风湿性心脏病，他放心不下，便让滨滨也到上海看病。遗憾的是，由于治疗效果不佳，滨滨的病情不见好转，又要返回北京。刘白羽万般无奈，只得让妻子汪琦带病危的儿子回家。母子俩回北京的当天下午，刘白羽心神不定，烦躁不安。这时，巴金、萧珊夫妇来到了刘白羽的病房。两人进门后，谁都没有说一句话，默默地坐在沙发上。其实他们非常了解滨滨的病情，都在为他担忧，生怕路上发生意外。病房里静悄悄的，巴金伸手握住刘白羽微微发颤而又汗津津的手，轻轻地抚摸。萧珊则一边留意刘白羽的神情，一边望着桌子上的电话。突然电话响了，萧珊忙抢在刘白羽之前拿起话筒。当电话中传来汪琦母子已平安抵达北京的消息后，三个人长长地舒了口气，脸上都露出了笑容。

原来，巴金估计那天北京会来电话，怕有噩耗传来，刘白羽承受不了，于是携夫人萧珊专门前来陪伴他。当两人起身告辞时，刘白羽执意要送到医院门口。他紧紧地握住巴金的手，一再表示感谢。巴金却摆了摆手，淡淡地说，没什么，正好有空，只想陪你坐一坐。

在最沮丧、最无助的时候，那个愿意陪你坐一坐的人，才是你真正的朋友。

（选自《阅读与作文》，2009 年第 5 期）

## 因为她是我最好的朋友 / 佚名

那是发生在越南的一个孤儿院里的故事。飞机的狂轰滥炸之下一颗炸弹被扔进了这个孤儿院，几个孩子和一位工作人员被炸死了，还有几个孩子受了伤。其中有一个小女孩流了许多血，伤得很重。幸运的是，不久后一个医疗小组来到了这里，小组只有两个人，一个女医生，一个女护士。

女医生很快进行了急救，但在那个小女孩那里出了一点问题，因为小女孩流了很多血，需要输血，但是她们带来的不多的医疗用品中没有可供使用的血浆。于是，医生决定就地取材，她给在场的所有的人验了血，终于发现有几个孩子的血型和这个小女孩是一样的。可是，问题又出现了，因为那个医生和护士都只会说一点点的越南语和英语，而在场的孤儿院的工作人员和孩子们只听得懂越南语。

于是，女医生尽量用自己会的越南语加上一大堆的手势告诉那几个孩子，"你们的朋友伤得很重，她需要血，需要你们给她输血！"终于，孩子们点了点头，好像听懂了，但眼里却藏着一丝恐惧！

孩子们没有人吭声，没有人表示自己愿意献血！女医生没有料到会是这样的结局，一下子愣住了，为什么他们不肯献血来救自己的朋友呢？难道刚才对他们说的话他们没有听懂吗？

忽然，一只小手慢慢地举了起来，但是刚刚举到一半却又放下了，好一会儿又举了起来，再也没有放下！

医生很高兴，马上把那个小男孩带到临时的手术室，让他躺在床上。小男孩僵直着躺在床上，看着针管慢慢地插入自己的细小的胳膊，看着自己的血液一点点地被抽走，眼泪不知不觉地就顺着脸颊流了下来。医生紧张地问是不是针管弄疼了他，他摇了摇头，但是眼泪还是没有止住。医生开始有一点慌了，因为她总觉得有什么地方肯定弄错了，但是到底在哪里呢？针管是不可能弄伤这个孩子的呀！

关键时候，一个越南的护士赶到了这个孤儿院。女医生把情况告诉了越南护士。越南护士忙低下身子，和床上的孩子交谈了一下，不久后，孩子竟然破涕为笑。

原来，那些孩子都误解了女医生的话，以为她要抽光一个人的血去救那个小女孩。一想到不久以后就要死了，所以小男孩才哭了出来。医生终于明白为什么刚才没有人自愿出来献血了！但是她又有一件事不明白了。"既然以为献过血之后就要死了，为什么他还自愿出来献血呢？"医生问越南护士。

于是越南护士用越南语问了一下小男孩，小男孩回答得很快，不假思索就回答了。回答很简单，只有几个字，但却感动了在场所有的人。

他说："因为她是我最好的朋友！"

（选自《家教世界》，2009 年第 9 期）

## 知识链接

**建立友谊就像种树，因为友谊是一棵"树"——TREE**

- T：Trust（信任）
- R：Respect（尊重）
- E：Exchange（交流）
- E：Emotional Support（精神支持）

朋友就是无形中伴你走过风雨，永远支持你的力量；

朋友就是一种无法言喻的美好感觉；

朋友就是在别人面前永远护着你的那个人；

朋友就是即使是一点小感动，一点小事情都想与你一起分享的人；

朋友就是当你抱头痛哭的时候，扶着你肩膀的那个人；

朋友就是当你面对人生挫折时，一直紧握你的那双手。

### 关于友情的名人名言

• 友谊是一种温静与沉着的爱，为理智所引导、习惯所结成，从长久的认识与共同的契合中产生，没有嫉妒，也没有恐惧。 ——荷 麦

• 友谊永远是一个甜柔的责任，从来不是一种机会。 ——纪伯伦

• 真友谊像磷火——在你周围最黑暗的时刻显得最亮。 ——D.M. 琼斯

• 世间最美好的东西，莫过于有几个头脑和心地都很正直的严正的朋友。 ——爱因斯坦

• 对众人一视同仁，对少数人推心置腹，对任何人不要亏负。 ——莎士比亚

• 最能施惠于朋友的，往往不是金钱或一切物质上的接济，而是那些亲切的态度、欢悦的谈话、同情的流露和纯真的赞美。 ——富兰克林

• 真诚的、十分理智的友谊是人生的无价之宝。你能否对你的朋友守信不渝，永远做一个无愧于他的人，这就是你的灵魂、性格、心理以至于道德的最好的考验。 ——马克思

• 最好的朋友是那种不喜欢多说，能与你默默相对而又息息相通的人。 ——高尔基

• 如果说友谊能够调剂人的感情的话，那么友谊的又一种作用则是能增进人的智慧。 ——培 根

• 友谊像清晨的雾一样纯洁，奉承并不能得到友谊，友谊只能用忠实去巩固它。 ——马克思

• 友谊是美德之手段，并且本身就是美德，是共同的美德。 ——费尔巴哈

• 朋友之间感情真诚，敌人就会无隙可乘。 ——萨 迪

• 友谊是慷慨、荣誉的最贤慧的母亲，是感激和仁慈的姐妹，是憎恨和贪婪的死敌；它时时刻刻都准备舍己为人，而且完全出于自愿不用他人恳求。 ——薄伽丘

•保持友谊的最好办法就是任何事情也不假手于他，同时也不借钱给他。

——保　罗

•撇开友谊，无法谈青春，因为友谊是点缀青春的最美的花朵。——池田大作

**电影推荐**

《人海孤鸿》香港、《旺角卡门》香港、《兄弟连》美国、《拯救大兵瑞恩》美国、《珍珠港》美国

## ▌感悟思考

### 一、交友能力自我测试及鉴定

请在你认为"是"的选项序号上打"√"：

（1）除了父母或兄弟姐妹，你是否还有一个可以互诉衷肠的知心人？

（2）你有两个以上交了多年的老朋友吗？

（3）除了同龄人外，你是否还有一些忘年之交？

（4）当你遇到意外事故时，你是否能轻而易举地找到一个朋友帮你解难？

（5）你是否每周一次到朋友家去坐坐？

（6）遇到节假日，你是否常会想念朋友们？

（7）朋友邀你去玩时，在一般情况下，你是否会找点诸如"最近我太忙"之类的借口婉言谢绝？

（8）朋友遇到困难（如生病）时，你是否会主动去表示关心？

（9）你是否经常用打电话或写信的方式，同远方朋友保持较为紧密的联系？

（10）每过一段时间，你是否会增加新朋友？

（11）你交往的目的不是为自己获得某种"方便"，而是纯粹为了赢得友谊吗？

（12）你正忙时，恰遇朋友来访，这时你仍会热情接待吗？

（13）除了赠送礼品，你还有更多增进友谊的方法吗？

（14）当你遇到不幸或感到寂寞时，你会走出家门向朋友诉诉苦吗？

计分：一个"√"为1分，累计总分。

鉴定：总分如达到12分以上，说明你有很强的交友能力；9～11分，说明你有较好的交友能力；6～8分，意味着你尚能维持朋友的友谊；5分以下，意味着你的交友能力很差。

**二、问卷调查**

1.请你按照重要的程度，排列下列词语：

A.生命　B.友谊　C.爱情　D.亲情　E.金钱　F.权势　G.健康

H.事业　I.名誉　J.理想　K.前途　L.美貌　M.原则　N.信念

第一位：_____ 倒数第一位：_____

第二位：_____ 倒数第二位：_____

第三位：_____ 倒数第三位：_____

2.请你如实回答下列问题：

（1）你认为朋友就是（　　）

　　A.能玩到一起的人　　B.有共同语言的人　　C.能帮你忙的人

　　D.无条件支持你的人　E.有来往的人　　　　F.所有认识的人

（2）你认为什么样的人最容易与你结成朋友（　　）

　　A.年龄相仿　B.理想一致　C.爱好相同　D.性格相同　E.家境相仿

3.给自己的朋友写一封信，把你最想说的话告诉他。或者鼓励，或者批评，或者安慰，或者请求原谅，总之，真诚就好。

第十章

感恩陌生人

## ▌导　语

在你的生命中，有没有这样一个人？他，不是你的亲人，不是你的朋友，仅仅是只见过一面的陌生人，却在你的记忆深处留了下来，不论过了多久，只要一想起他，你心里依然是满满的感激。

人生之旅，总是会邂逅一些人，与这些人相见不相识，然后擦肩而过。他们只是我们生命中的过客，来也匆匆，去也匆匆，却是不可缺少的一部分。因为我们几乎每天都会遇到陌生人。我们与这个世界的诸多联系，常常是与陌生人的交接。那些面孔各异的人曾给予我们莫大的帮助，虽然只是适时的援手、关切的话语、柔和的眼神或者其他细微的举动，却饱含浓浓的真情，给我们带来巨大的慰藉，让我们不再孤独。

而我们生活中很多的熟人、亲人，就是由与我们交往的陌生人演变而来，之所以会如此，是因为我们一步步由陌生到相识到相知，或许还可以成为很好的朋友，成为亲人。

我们常常感慨，人心不古，常常抱怨在自己遇到难处时，无人伸出援手；那么反思一下自己，在别人需要帮助的时候，我们是否也能真诚地伸出援手呢？别人问路时，我们是否认真告知；别人拉车上坡时，我们是否伸手推上一把；别人遇到困难时，我们是否愿意说上一句鼓励的话？换位思考一下，如果自己不愿意做的话，为什么要强求别人，又有什么理由去指责别人呢？

当然不可否认，陌生人中有坏人，有骗子，但是那毕竟是少数。我们不能因此就否定陌生人在我们生命中的意义，就完全封闭自己，不跟陌生人说话，不跟陌生人打交道。其实我们一辈子遇到最多的，还是陌生人。

孔子说："四海之内皆兄弟也。"纽约联合国总部也挂上了这句名言。感谢那些与我们相遇的陌生人吧，感谢他们的善意，感谢人间的真情。旅途终将结束，途中的陌生人也随之隐去，不必伤感，想想他们曾经给予我们的帮助，那么真切，清晰如昨。世界上没有人不需要帮助，既然每个人都需要别人的帮助，那么理所当然，每个人都应该帮助别人，无所求地做些力所能及的事，不大但及时。且行且布施，送人玫瑰手留余香，将爱传承下去，帮助别人，快乐自己。让人间的温暖，如同多米诺骨牌一样传递下去！

即使有些陌生人做过不利于我们的事，我们还是要感谢他们。感恩伤害过我们的人，因为他磨炼了我们的心志；感恩绊倒过我们的人，因为他强化了我们的双腿；感恩欺骗过我们的人，因为他增进了我们的智慧；感恩蔑视过我们的人，因为他觉醒了我们的自尊；

感恩背弃过我们的人，因为他教会了我们独立。

　　陌生人的给予、帮助，我们更要学会感恩，谚语云："滴水之恩当涌泉相报。"唯有如此，才能体会到生活的多彩，才能体会到生命的责任，才能懂得人生道路上的那些细微的温情，曾经怎样地照亮过我们苍凉的内心。唯有如此，自己的内心才会丰盈，才会满足，才有心去帮助别人，从而让我们的社会变得和谐而温暖。

## ▊美文悦读

### 七年后的报恩／容　容

> **导　读**
>
> 　　"爱心"可以改变人，使人从不幸中脱离出来，因为"爱心"可以融化悲观和绝望，可以给人带来幸福和希望。它可以使人创造出种种奇迹。本文中的外婆悄然付出"爱心"，影响了一个陌生少年的一生，外婆付出的"爱心"，给了少年力量，使他从困难走向新生。或许我们不记得曾经帮助过谁，但接受帮助的人往往会永远记住曾经帮助过自己的人。他们在受到恩惠后，会牢记在心，在适当的时候给予相应的回报。在现在的社会中，像海滨这样的人还有很多，只要我们帮他们一把，他们的人生可能随之而改变。其实爱就藏在社会的每个角落里，适时的爱心小行动可以助人解决一时之急，给他以希望，如果人人都献出一份爱，那世界将变得更加美好。

　　2004年5月7日，一张汇款单打破了一个家庭的平静——整整30万元，来自四川成都那个遥远的城市，汇给已经去世多年的外婆。无论家中长辈如何回忆，"黄海滨"这个名字仍然很陌生。按照汇款单的联系方法，我们打电话找到了他——黄海滨。舅舅告诉他外婆已经去世，他当时就在电话那头失声痛哭。无论舅舅在这边如何追问，话筒里传来的只有他的哭声。后来再打电话过去，已无人接听。

　　第二天下午，当家里人决定把汇款单寄回去的时候，他出现了。在外婆遗像前跪拜之后，二姨问他究竟是谁，他很有礼貌地说："我叫海滨。"见我们一大家子都没有反应，他困惑地问："难道奶奶她没跟你们说起过我吗？"

　　"奶奶？"我们更加如坠云雾，屋里顿时一片惊讶声。"是的。七年前，我认识了奶奶，她挽救了我的一生。"只见他皱着眉，目光四处搜寻，"当年，有一个小女孩一直跟在奶奶身边，她应该知道我的。"

　　于是乎，屋里二十多双眼睛都对准了我。我是外婆一手带大的，跟在外婆身边的时间最长。

"我？我知道你是谁？"我摸了摸脑门，可这动作并没有帮我回忆起什么。

"你看！"这个叫海滨的人走上前来，拨开额前的头发，露出了一条伤疤，"还记得吗？"

记得！我忽然灵光一闪。我不该忘记的！七年前，在一家超市，一个少年被三名保安按倒在地，他的额头因为碰到柜台，血顺着额角流下。而他的一只手中还紧握着一块蛋糕，口中直喊："我不是小偷，我不是……"

我努力把那天的少年跟眼前的海滨联系起来。

当时，外婆走过去，拉开保安说："这是我孙子，我选了蛋糕，让他在这儿等我们的。"见我和外婆大袋小袋提了一堆，保安半信半疑地松开少年，走开了。

在超市门口，外婆先用清水洗干净了少年的伤口，然后一边用创可贴将伤口盖住，一边对少年说："孩子，我不知道你有什么难处，但如果一不小心做错了事，你会后悔一辈子的。不管怎样，别丧失了做人最基本的自尊啊！"

在那一刻，我看见少年眼中原先的疲倦和颓废变成了震惊和感动。当少年对外婆诉说起因为母亲再嫁，后父已有一子而对他百般刁难，而且他已经两天没有吃东西时，外婆立即掏尽了口袋，塞到少年手中。当时，少年跪在外婆面前，发誓说，总有一天他会十倍、百倍、千倍地还给外婆这笔钱。他请求外婆留下姓名和地址，外婆写给了他，要他经常跟她联系，有什么困难就来找她。少年拿着外婆写了字的小纸片，一转身就跑掉了。没想到，这一别，我们从此再没有了他的消息。

"其实，外婆根本就不记得她给了你多少钱，而且，她只希望你过得好，并不指望你还钱啊！"

"是285块钱。我用这些钱到了四川，从小工做起……今天，我是回来报恩的。奶奶不在了，钱可以给你们。"

"不，我们不会拿的。"去年动了大手术，欠下一大笔债的母亲站起来说，"如果我们拿了这笔钱，就违背了当初我母亲的意愿了。她只是想要帮你，而不是投资。"停顿了一下，母亲又说："如果你愿意，去帮一些需要帮助的人，这才是真正的报恩。"

第二天，海滨回成都去了。

5月12日，当地电视台连续播出了福利院感谢一位不留名的男士捐助给孤寡老人30万巨款的报道。家里人看着电视，都笑了。我们知道那位男士是谁。

（选自《读者》，2005年第3期）

## 幸福已经满满的／郭　葭

**导　读**

其实，对我们每一个人来说，陌生并不是那么可怕的距离。只不过，我们还没有在地球上的某一点上相遇而已。幸福其实很简单。之所以那么多人叫喊活得累，是因为抱怨不知道怎样包裹自己，或者还嫌包裹得不够严实。人和人之间筑起了藩篱，所有的问题都自己扛。或者生活在自己的小圈子里，不愿去与外界接触，百无聊赖，当然也就没有新鲜的生活感受，也就不懂得幸福的滋味。

"把窗儿打开，让月亮进来。"这句歌词所唱的也是人心的一种渴望，渴望敞开心扉，渴望互相理解。有人跟自己一起分享阳光，分担风雨，人生会更加美丽，也更加有意义。

中专毕业后我当了一名护士，和大多数人一样，我的生活平凡而平淡。我不太留意这个忙碌的世界，这个世界也以它的现实漠视着我。随着时间的推移，我发现我曾经不太留意的这个世界对我有着越来越多的诱惑。于是平静被打破了，总想得到更多。

我不是彻底的物质主义者，但我愿意享受生活。我希望可以过上一种足以称之为"幸福"的生活，却不能为"幸福"下一个准确的定义。上小学时有一篇课文《幸福是什么》，我想现在没有人愿意相信小学课本的东西，包括我。

去年夏天一个极普通的下午，我百无聊赖地在街上走着。街上人多车多，一辆摩托车撞到了一个农村小女孩。小女孩跟着她的父亲，那父亲苍老而贫寒。车主是城里所谓的"痞子"，撞了人后扬长而去。看着街头相依的父女俩我默默叹息，走上去看了小女孩的伤口，说："算了，我带她上医院包扎一下。"老农感激地带着女儿跟我上医院。路上他说没法子，乡下人穷，进城来卖点水果，没想到遇上这样的事。对我，他谢了又谢。我帮小女孩包扎好，说不碍事，过几天就好了。老农从口袋里掏出一卷零钞，战战兢兢不知要付多少医药费，我说不用了。父女俩千恩万谢地走了。

这件小事我很快就忘了，我策划着一种又一种的生活方式，然而一次又一次地碰了钉子，我在一个夜班时悲哀地想，幸福离我是越来越远了。那一个夜班我心乱如麻。清晨七点，我伏在窗口看外面忙碌的世界，不知道自己的位置在哪里。

有人叫我："医生，医生！"我回头，叫我的不是病人或家属，但似曾见过。想起来了，不久前我帮助过的农村父女。

小女孩拉拉她父亲的衣角："是那天的阿姨。"老农放下负着的大口袋，口袋很沉，他这么大岁数还背得动，还得背，我竟有些感慨，在这灯红酒绿的城市之外，他们简单而沉重地活着。老农笑着说他女儿头上的伤全好了，多亏好心的我，这次进城，他们是专程来谢谢我的。说着把沉沉的大口袋解开，天哪，里面是满满一口袋桃子！又红又大，多得让我吃惊。老农说那是他们全家细细挑的，乡下人没什么好送，就送些桃子表表谢意吧！我惊讶得说不出话来。真的，那一刻我竟有点眼睛湿润的感觉，为父女俩简单而质朴的谢意。我请他们坐下，突然想起现在才七点，哪儿有这么早的车？对我的询问，老农回答说，他们早上五点就出门了，走了两个小时才到这。我又问怎么不晚点好乘车来呢，老农憨然地笑了，说乡下人不比城里人，走惯了……

送走父女俩，我看着那足有三十多斤重的桃子，想到他们一家人走了二十几公里的路把桃子送给我，想到他们简单而纯朴的心愿：希望小女儿上城里的高中，希望成绩好的小女儿像我一样，有好的工作和生活……

我从不知道我是如此的幸福——年轻，能干，有学问，有一份好工作，有一颗好心。看着那满满一口袋鲜艳的桃子，我知道我拥有满满的幸福。那幸福就像这又大又红的桃子，一个一个地真实可触，是那么满满的、满满的。

我想我可以为幸福下一个定义了。珍惜你所拥有的每一样东西，你会发现，幸福简单得让人无法置信。

（选自《快乐作文·初中版》，2009年第7期）

# 生命是一种缘 / 张子选

**导读**

世上有很多事可以求，唯缘分难求。茫茫人海，浮华世界，多少人真正能寻觅到自己最完美的归属，又有多少人在擦肩而过中错失了最好的机缘。一段情谊的开始，总是生命中注定的缘分。缘分无需等待，缘分是人争取的，是人创造的，只有懂得努力创造缘分的人，才是最理智的。缘分不是诗，但它比诗更美丽缥缈；缘分不是酒，但它比酒更香浓悠远。

"如果说生命真是一种值得珍惜的缘分，在得人相帮之后，数十年如一日地相机助人，这又是怎样一种令人为之动容的惜缘方式呢？"

听朋友复述已故著名作家汪曾祺先生生前所讲的一个故事。

在大草原上，有事出远门的人只需背负一条生羊腿，便可以不必为一路上的食宿担心。每当日暮黄昏，孤独地行走了一天的旅人，只消将背负的生羊腿献给前往投宿人家的主人，便会蒙人以一饭相待、设一榻供眠；次晨客人动身前，主人会主动交给他一条新鲜的羊腿，让其带上继续赶路。汪老称，他本人就曾背负一条生羊腿，游历草原月余，及至返回住处，手上仍拎着一条戈壁深处牧羊人家馈赠的更大也更新鲜的羊腿。

乍听到这个故事时，我得承认，我内心的冷暖一时是说不清楚的。如果说人生是一趟远程串门，而生命又是一个去化缘、去结缘的过程，相信没有谁希望自己来这个世界一遭，仅仅是为了空手而归的。通常，我们给这个世界所能带来的礼物，仅仅是我们自己，当我们行将垂睫大去之际，反复检视肩头所负之物，倘若毕生渴望感动人间的奔行，换来的是来自人间的更加巨大与新鲜的感动，我想那份满意和知足，只有来自于对缘分二字的默默体认。

居住在沙漠地区的人们，有将吃剩的西瓜皮郑重地一块块覆盖在地上的习惯——人们会让有残瓤的一面朝下以延缓其水分蒸发的速度，说是没准儿会有从沙漠深处归来的饥渴难耐的旅人需要它们，这是另一种人与人的结缘方式，施受双方可能永不相识。被无缘谋面的同类远远地牵挂着，这又是人间怎样一种既使人幸福又让人怅惘的缘分啊！

那年夏天，在无人区拍摄纪录片；有一回在帮别人拖车时，自己的车也陷入泥沼。有位牧民见状二话没说，赶来自家一群牦牛将两辆车一并拉出了沼泽地。原来，若干年前，有过路的司机，曾经搭载过这位牧民病重的妻子，去乡医那里救治。此后他的家便一直安在沼泽地附近，没挪过地方，总想着，没准儿哪天会有过路的汽车遇到麻烦，需要他帮忙。多年以来，他把多少辆陷入沼泽的过路车给拖了出来，连他自己也说不清。但他知道的唯一一点，便足以使人肃然起敬了，那便是："这一带的司机师傅基本上都认识我！"

如果说生命真是一种值得珍惜的缘分，在得人相帮之后，数十年如一日地相机助人，这又是怎样一种令人为之动容的惜缘方式呢？

（选自《幸福·悦读》，2011年第1期）

## 钢琴上的黑白左右手 / 蒋光宇

**导 读**

我们每一个人都渴望一生平安。但是有时候灾难就像你豢养的小狗，时不时就跑到你的前边等着你。它不会事先跟你商量的。当灾难降临的时候，只靠自己的力量有时候可能无法摆脱厄运。我们需要和人联起手来，有时就是跟一个或一群陌生人。众人的力量，能够更快地战胜灾难的邪恶。就像玛格丽特和露丝的故事，让我们懂得了，人字的结构是互相支撑，爱能使我们相互扶持，走出人生的黑暗，更能在这个世界上创造出伟大的奇迹！

因为心存感恩，原本普普通通的故事，竟然变得如此美丽动人。原来，只要心存感恩，一粒干瘪的种子也能萌芽，最终生长成一片茂密的森林；一条涓涓细流也能壮大，最终汇集成一片蔚蓝的大海。

1983年春天，玛格丽特·帕崔克走进"东南老人疗养中心"，开始了她的疗养生活。

米莉·麦格修是疗养中心的一位细心的员工，当她向玛格丽特介绍疗养中心基本情况的时候，注意到玛格丽特盯着钢琴看的一瞬间，流露出异常痛苦的神情。

"怎么了？"米莉关切地问。

"没什么，"玛格丽特柔声说，"只是看到钢琴，勾起了我的许多回忆……"米莉默默聆听眼前这位黑人钢琴演奏家谈起她过去辉煌的音乐生涯，不禁为玛格丽特残废的右手深感惋惜。

"您稍等一下，我马上就回来。"米莉突然有所醒悟地说。过了一会儿，她回来了，身后紧跟着一位娇小、白发、带着厚重眼镜的白人妇女。

"这位是玛格丽特·帕崔克。"米莉帮她们互相介绍，"这位是露丝·艾因柏格，也曾是优秀的钢琴演奏家，但现在跟您一样，自从中风后，就没办法弹琴了。艾因柏格太太有健全的右手，而玛格丽特太太有健全的左手，我有种预感，只要你们默契合作，一定可以弹奏出优美的作品。"

"您熟悉肖邦降D大调的华尔兹吗？"露丝客气地问。玛格丽特点点头："非常高兴能认识您，我们的确可以试一试。"

于是，两人并肩坐在钢琴前的长椅上。琴键上出现两只健全的手，一只是黑色的手指，另一只是白色的手指。这黑白左右两只手，流畅、协调且很有节奏感地在键盘上跳动。

从那天起，她们经常一起坐在钢琴前——玛格丽特残废的右手搂住露丝的肩膀，露丝残废的左手搁在玛格丽特膝上。露丝用健全的右手弹主旋律，玛格丽特用灵活的左手弹伴奏曲。

她们同坐在钢琴前，共享的东西不只是音乐，除肖邦、贝多芬和施特劳斯的音乐外，她们发现彼此的共同点比想象的要多得多——两人在丈夫去世后都过着单身生活，两人都是很好的祖母，两人都失去了儿子，两人都有颗奉献的心。但若失去了对方，她们独自演奏钢琴是根本不可能的。

露丝听见玛格丽特自言自语地说："我被剥夺了演奏钢琴的能力，但上帝给了我露丝。"

露丝诚恳地对玛格丽特说："这5年来，你也深深地影响、温暖了我，是上帝的奇迹将我们结合在一起。"

随着时间的推移，她们的演奏越来越完美。她们在电视上、在教堂里、在学校中、在老人之家、在康复中心，频频露面，备受欢迎，甚至超越了过去的辉煌。因为她们不仅让听众、观众感受到了音乐的快乐，更让听众、观众感受到了爱的力量。

当灾难降临的时候，只靠自己的力量可能无法摆脱厄运。玛格丽特和露丝的故事让我们懂得了，爱能使我们相互扶持，更能在这个世界上创造出伟大的奇迹！

（选自《世界中学生文摘》，2004年第5期）

**延伸阅读**

## 感激陌生人/宋　怡

前几天看电视，听一位演员讲到了自己的从艺生涯，说自己会来北京发展非常神奇，完全是因为一位只有一面之缘的同车旅客的原因。"那天我和我妈妈托这位旅客买车票，并告诉他说买去北京和西安的都行。我们当时想就看天意吧，能买到哪儿的我们就去哪儿发展。结果他就给我们买了去北京的。当时他拿着车票来兴冲冲地跑来对我妈妈说：'阿姨，我给你们买了去北京的车票。你一定要带她去北京发展，我相信她在北京一定会有所作为的！'就这样，我就来了北京。也才有了今天的成绩。"讲到这里，这位演员的脸上充满了感激之情。感谢什么呢？是感激上苍为她送来了这位陌生人吗？

这让我想起了同事曾讲过的她女儿名字的故事。她说还在她怀孕的时候，就因为孩子名字的事和她的公公存在分歧，一直未达成一致。后来孩子出生，在医院登记名字时，她公公跑到护士那里先说了自己给孩子起的名，谁料那小护士一听就把眉头皱了起来："怎么叫'若'啊？写起来跟个'苦'似的。"老爷子一听，愣了，想想也对，可一时也想不起其他的名字，于是就用了儿媳给孩子起的名字。同事每每讲起这事都会庆幸得不得了，总是说那天多亏了这位素昧平生的小护士。要不还想不起来这个"若"字像个"苦"字，那孩子就得带着这个"苦名字"过一辈子。有时候觉得这也许是天意吧。这是天意吗？

前几周的周末，突发奇想想去天安门广场逛逛，于是放开嗓门大张旗鼓地在大街上给同事打电话："去广场吧……就在旗杆底下见吧，那儿好找！"放下电话发现一位陌生的老太太笑眯眯地站在自己面前，慢慢地说："姑娘，这两天开大会，广场上戒严了，你们进不去的。和你朋友说换个地方吧。"我诧异地望着她，脑子在搜索我是否认识她，可她说完就走了。我有些茫然地站在那儿，正好同事发来短信说她出门了，正在等车，手机快没电了，一会旗杆下面见就行了。我立刻拨通了她的电话："我们还是去西单吧，广场应该是戒严了。"于是我们省下了一笔打车的钱，少跑了一趟冤枉路。

在我们的生活中也许会有很多的"天意"，当我们为自己的幸运而暗自庆幸时，我们也许忽视了那一位位为我们带来好运的陌生人，是他们的善意举动给我们带来了今天的欢乐，是他们真诚的帮助使我们获得了今天的幸福。

于是常常告诉自己：如果我做一个善良的陌生人，也许你就是别人的天意。我开始习惯在路上为别人详细地指路；拉住跑着过马路的孩子，牵着他慢慢走过人行横道；用我那级别不高的外语帮外国人告诉卖瓜子的老大爷他想买瓜子种子……我发现自己慢慢地成为一个快乐的陌生人，真的，无论别人怎样，我快乐地享受着自己的这种快乐。

（选自北青网·天天副刊，2004 年 4 月 11 日）

## 谢谢你借给我一冬的温暖　／叶十朋

那张 50 元的纸币已经在掌心里捏出了汗，走过第一个摊位，第二个，第三个……他已经在这条小巷子里走了一个来回，嘴唇抿着又松开，松开又抿住。肚子发出"咕咕"的声音，不是听见的，他感觉得很清楚。10 月末的夜晚，北方已经到了零度以下的温度，饥饿带来加倍的寒冷。寒风中，他把身上并不太厚的衣服裹了裹，下定决心一般，在那个玻璃窗外停住了脚步。

灯光下，他年轻的倦容清晰起来，是很老实本分的一张脸，只是此刻的眼神是游移的。敞开的橱窗中，一个 50 多岁的老妇人正在利落地擀着面，旁边的锅里热气腾腾的蒸气蔓延开，迅速潮湿了他的目光。

他又下了一次决心，转身走进旁边敞开的门，甚至没有察觉钱在自己手里，已经握成了团。

新的一把面抻开来放到锅里，老妇人转身热情地招呼他："小伙子，吃面吧？"

"嗯，要一碗面。"他说，又小声重复，"一大碗。"然后他找了灯光微微暗淡的角落坐下。

"马上好马上好。"老妇人飞快地盛了一碗面汤到他面前："看你冻的，脸都紫了，晚上寒气重，你也不多穿点儿，快先喝碗汤暖暖。"带着责备的温暖笑容，让他想起远在家乡的母亲。母亲说话，也是这样的口气……他低了一下头，握着纸币的手飞快地藏到了桌下，那一刻，他几乎想要站起来逃跑了，可面汤的味道却飘过来，袭击了他。

他太饿了，又冷。他太需要一碗热腾腾的面。这条街上的面馆并不少，他观察过，店主大多是中年人，只有她上了一些年纪，温和的眼神里充满真诚，没有一般生意人的精明。或者，只有她不会防范，所以他选择了她的面馆。

老妇人不再看他，已经转身去照看那锅已经散发出浓浓香气的面。他再也等不下去，迫不及待用力喝了一大口面汤。一股暖意顺着喉咙流遍了全身，这引发了他更加强烈的饥饿感。

他决定不再多想了，对自己说，这也是没有办法。

面很快端了上来，满满的一大碗，放到桌上，老妇人又送上来一盘拌好的油辣子，说："这是我专为我闺女准备的，她吃面，离不开辣椒，吃了驱寒开胃，要是不怕辣，你也放一点。"

他应着，拿了小勺添辣子，手却莫名其妙地抖了一下，才想起，手中还握着那50块钱。匆忙地塞进裤兜里，依旧没有抬头，挑起面来让散发的热气遮挡着自己的目光。

"面汤是免费的，可以再续。"老妇人拍拍手，不再同他说什么，转头招呼其他顾客了。

茹玉霞／摄

面很筋，细，不粘连，很像出自母亲的手。他大口地吞咽着，再来不及细细品尝味道，只想快点吃完离开。过来给其他客人送面的老妇人看到他的吃相，又笑："慢点慢点，别噎着。"

终于把最后一口汤喝下，他擦了一下嘴站起来，问："多少钱？"

"三块。"老妇人笑眯眯地看着他，"吃好了？"

"嗯。"他又低低地应了一声，把裤兜里已经揉成团的50块钱拿出来看也不看地递过去，"给。"

老妇人把钱接过来，展开，并没有怀疑什么，依旧微笑着说："这么大的钱啊，小伙子，换张零的吧，不好找呢。"说着，把钱递还给他。

"没……没有零钱。"他不敢抬头也不去接钱，声音更加慌张起来，感觉到脸也发烫了。

"真的没有零钱吗？"老妇人又温和地问了一声。

他几乎没有勇气回答，只是不住地点头。

"那，我找给你吧。"老妇人却没有再继续说什么，转身去给他找钱去了。他的目光飞快地跟着扫过去忽然瞥见桌上的一台验钞机，心一下提到了嗓子眼。但老人似乎忘记了那台机器。没有检验那张50块钱的真伪就拉开抽屉放了进去，然后一张张朝外找零钱。

他感觉时间仿佛凝固了。终于，老妇人拿着一把零钱朝他走过来，说："小伙子，给，数一下，47块，对不对？"

"不用数了。"他几乎是一把把钱抓过来，转身冲出了老妇人的小面馆。

跑出去好远，他才停下脚步，冷风穿过夜晚的街道吹过来，他发觉自己竟然出了一身冷汗。慢慢摊开手掌里的钱，十元的、五元的、两元的钱，新崭崭的那样有质感，不像自己给她的那张软塌塌的，图像模糊，可当时，她竟然没有看出来那是假的。

那是他帮人做了三天搬运的报酬，是他仅有的一点钱。他到城里快一个月了，没有找到合适的工作，带的很少的钱也花光了，最后碰上搬东西的活，干完活领了钱拿去买吃的，钱却被店主扔出来，他还被人骂了一顿，说他拿假钱骗人。而他想回去找人都不知道应该找谁。就这样晃荡了一天，他饿得快撑不住了，才选了那个地方，可是，她竟然真的被他蒙蔽了。

47块钱被折叠好装进裤兜，这让他的心踏实了一点，至少，这几天他不会为吃饭发愁了。住处倒好说，随便找个地方就能凑合一晚……这样想着，他开始朝前走去，走了几步却又停下了，说不出为什么，他想再回去看看刚才吃饭的那家店。

真的就转身走了回去。那是条热闹的小吃街，很多人穿行其中，没有谁注意到他，他一家一家地走过去，很快又到了那个橱窗口，站在对面的暗影里，他看到身形微胖的老妇人依旧在忙碌着，擀面、抻面、下锅、盛面……忙碌中腾出手来把一缕散乱的头发塞到耳后。头发已经半白了。

他仰起头来，看到小面馆黑色招牌的烫金字："张妈妈手擀面"。怔了一小会儿，他的眼泪就直直地落了下来。他的母亲也姓张。母亲也擀得一手好面，也是这般年纪，头发花白……50块钱，他简单计算了一下，老妇人要卖17碗面，17碗，要费多少力气呢？想着，心渐渐缩成一团，后悔得什么似的，他觉得他骗的不是一个陌生的老妇人，而是自己的母亲。只是，他却没有勇气回头去说明一切，他怕看到她对他的失望，他害怕一个母亲失望的眼神。

再一次，他转身跑着离开。

第二天，他用那47块钱批发了一些水果去了一个偏僻的小区出售，认真地称秤，小心地收钱找钱……一天下来，竟然赚到了10块钱。

第二天，除去吃饭花的，他又拿着53块钱去了水果批发市场……

三个月后，他在市场有了自己的水果摊，算是安定下来。

那天晚上，他再次来到"张妈妈手擀面"的门前，面馆的外面和里面都很安静，还不是吃饭的时候。

他走进去，桌几干净整齐，却没有人。在他喊了两声后，有个女孩应声从里间走出来，看着他说："对不起，现在还没有面呢。"

女孩二十五六岁的样子，眉眼有些像那个老妇人，笑容也像。

他不好意思笑笑："我不是来吃饭的，我是来找，找那个大妈的。"

"你找我妈？"女孩歪歪脑袋，"我妈早走了，现在我是老板，我妈跟我爸回乡下享福去了，说在城里待腻了。找她有什么事吗？"

他的心一松，一路上都在为见到老妇人而感到难堪，没想到，她已经离开了。但随即又有了一丝遗憾，竟然，他连当面跟老妇人道歉的机会都失去了。

女孩依旧疑惑地看着他，他定定神，说："是这样的，我曾经，曾经借过您母亲的50元钱，大概三个月以前了，真是非常抱歉，因为忙一直没有过来，现在，我来还给她。"说完，他拿出一张准备好的崭新的50元钱，连同一兜新鲜的水果一块儿递过去，说："是我自己摊子上的水果，挑了点好的想送给大妈的，没想到她走了。"

女孩先是愣了一下，忽然地，眼神里就流露出一丝惊喜，欢快地说："我知道你，我妈说过，你一定会回来，我妈说她相信你是遇到了难处才那样做的……"

忽然意识到自己说漏了嘴，女孩住了口，招呼他坐。

他礼貌地拒绝了，然后借口忙，跟女孩说了"再见"便走出门去。

腊月了，还有十几天就过年了，天着实冷得很，天空却湛然。深深呼吸一口清冷的空气，他的心在这一刻彻底释然，他知道女孩要说的是什么。是的，那天晚上老妇人是知道的，她怎能分辨不出他的钱是真是假，可是她没有揭穿他，因为看到了他的窘迫。她几十年的阅历使她相信，他不是那种恶意使诈的人，也许他只是需要帮助，所以她把那50块钱"借"给他，因为善良的她相信总有一天，他会回来改正自己的过错。

他做到了，他没有辜负她的信任，没有辜负一个母亲的希望。而因为她的"借"，因为他的"还"，在他们心里，这必定是个温暖的冬天。

（选自《读者》，2007 年第 5 期）

## 还原善意的本来模样／祝洪林

故事发生在加拿大魁北克省的一个小城。

一个风雪飘飞的傍晚，寒冷和积雪让往日川流不息的马路变得静谧而安详。在风雪的簇拥中，一辆白色的轿车像年迈的老人慢慢地向前蠕动，车上的鲁尼兹小心翼翼地驾驶着，他接到了儿子高烧住在医院的电话，作为父亲他必须赶到医院，守候在儿子身边。他心急如焚又全神贯注。

走出不远，鲁尼兹便看到在前边不远处，有一个蹒跚的身影在晃动。善良的鲁尼兹似乎连想都没想，就把车子缓缓地停在那个身影旁边。"请问，需要我的帮助吗？"他探出头大声地问道。

上车的是一个约有六十开外的老者，说前面不远处的农场就是自己的家，上午出来办事，没有想到回来时，公交汽车因雪大停运了，只好徒步走回去。

主动搭载与人方便对鲁尼兹来说是再寻常不过的一件事了，可他没有想到这一次的善举却非比寻常。

车在一个长长的斜坡上滑行，迎面有一辆汽车喘息着踉跄驶过来，鲁尼兹下意识的开始踩刹车，然而，意想不到的事情发生了，车像醉汉一般，固执地调转车头，向路边撞去，一头撞在一棵大树上。

等鲁尼兹醒来，他已经躺在医院里，所幸，他只是断了两根肋骨，脑部受到震荡。他急于知道老人的情形，护士告诉他，老人做了开颅手术，还在昏迷中。鲁尼兹心里猛地一沉：他的好心，竟会给老人带来如此重创。这是他没有想到的，他又想起自己不太富裕的家庭，他不知该如何应对这场突如其来的灾难。

老人的家人来了，很友好地握了鲁尼兹的手，安慰并感谢他，感谢他对老人在风雪中的帮助。即便如此，老人的家人请来的律师也如期而至，按照当地的法律，鲁尼兹要为自己的过失负责，承担老人70%的医疗费。那一年的冬天似乎特别的寒冷，鲁尼兹觉得心像浸在冰冷的白色里，不知什么时候能走出这长长的冬季。

老人在沉沉昏睡了二十多天后奇迹般地醒过来了，谁也没有想到，清醒后的老人，开口说的第一句话竟是："要感恩，不要赔偿，善意都是美好的，不要伤了好人的心。"家人愣住了，接着，律师也怔住了，继而，小城里的人被震住了，老人的肺腑之言在人们心里引起了共鸣。小城被感动了，人们纷纷走上街头，打着"让善意不再尴尬""拯救爱心"的条幅，为仁慈的老人募捐。一时间，爱心像空中飘飞的雪花纷至沓来，收到的善款之多，超出了人们的想象，更令人钦佩的是，老人又把这些善款全部捐出来，成立了"爱心救助基金"，专门用来帮助那些因爱而遭遇尴尬的好心人。

多少年过去了，老人早已离开了人世，但以老人名字命名的基金却像滚雪球一样的发展壮大，爱与被爱也宛如吻合的齿轮，互相带动，循环传送，小城的人们把人性中最高贵的品德——仁慈善良演绎得淋漓尽致。

在魁北克省举行的最受爱戴人物评选活动中，人们毫无争议地写上老人的名字——卢森斯，人们这样评价老人：爱原本就是喜悦的关怀和无求的付出，当爱心遭遇法律的碰撞，善意被扭曲时，是老人还原了善意的本来模样，让人们可以毫无戒备地去爱，再没有什么能比生活在和谐有情的社会更让人愉悦和欢欣的了。

"照亮世间的不是日月，而是人心。"倘若赠人玫瑰，手留尖刺，谁还愿赠与？每一颗爱心都是真诚美丽的，都应该得到尊重和赞赏；每一个善意都是美好的，都应该馥郁芬芳。

（选自《青年博览》，2007年第23期）

## 知识链接

### 麦当劳的"温柔、友爱、细致（TLC）"服务理念

T是英文Tender的第一个大写字母，意为细心、仔细。麦当劳要求员工在提供服务时，必须全身心地投入，，细心服务，不能忽视任何一个细节，而且还要有人情味。

L是英文Loving的第一个大写字母，意为爱心。麦当劳不仅注重赚钱，而且还热心社会公益事业。为此，麦当劳经常出资赞助社会慈善事业。

C 是英文 Care 的第一个大写字母,意为关心、关怀。麦当劳除了通过广告来塑造"善良""关怀""分享""大家庭""儿童乐园"等亲切的企业形象外,还通过餐厅服务人员来传递麦当劳的关怀和照顾。

### 《天亮了》

词曲：韩　红

那是一个秋天风儿那么缠绵 \ 让我想起他们那双无助的眼

就在那美丽风景相伴的地方 \ 我听到一声巨响震彻山谷

就是那个秋天再看不到爸爸的脸 \ 他用他的双肩托起我重生的起点

黑暗中泪水沾满了双眼 \ 不要离开不要伤害

我看到爸爸妈妈就这么走远 \ 留下我在这陌生的人世间

不知道未来还会有什么风险 \ 我想要紧紧抓住他的手

妈妈告诉我希望还会有 \ 看到太阳出来妈妈笑了 \ 天亮了

这是一个夜晚天上宿星点点 \ 我在梦里看见我的妈妈

一个人在世上要学会坚强 \ 你不要离开不要伤害

我看到爸爸妈妈就这么走远 \ 留下我在这陌生的人世间

我愿为他建造一个美丽的花园 \ 我想要紧紧抓住他的手

妈妈告诉我希望还会有 \ 看到太阳出来 \ 天亮了

看到太阳出来 \ 他们笑了 \ 天亮了

### 推荐电影

《你好陌生人》泰国、《亲密的陌生人》法国、《一个陌生女人的来信》中国

## ▌感悟思考

### 一、寄一封信给陌生人，寄去惊喜、关怀

1. "寄一封信给地震灾区的同龄人"活动。地震重建工作已经开始，给灾区学校的孩子写一封信，寄去自己的关心和爱。

2. "寄一封信给未来的自己"。将一封写给若干年后的自己的信寄给一个自己信赖的人（连同邮资），他会为你保存，并在指定的时间寄出。

请注意：要耐心地用笔将文字写在信纸上，像写信给笔友、给亲人那样，敞开心扉，心怀虔诚，倾诉那些对朋友也没法说的话。可以是有主题抒发情感，也可以无主题谈天说地，但是，请用心来书写。

把信寄出，连同一个陌生人的祝福。要相信，你寄出去的，不仅仅是一些文字，还有无限的温情和力量。

## 二、拓展训练

1.认识更多的陌生人：在一个互相陌生的团体中，"自报家门"介绍自己的情况。（要求：抓住自己特点，简明扼要，具有亲和力。）

2.试着单独去社区联系一项班级社会活动。

3.记住感谢那些帮助你的陌生人，并试着帮助那些需要帮助的陌生人。